KB202667

성령의 불로 충만받는 법

성령의 불로 충만해야 하나님이 사용하신다.

성령의 불을 받았으면 이제 심령에서 나오게 해야 한다.
하나님의 축복을 받으려면 성령의 불로 충만해야 한다.

마음에 참 평안을 유지하려면 성령의 불로 충만해야 한다.

성령

성령의 불로 충만 받는 법

성령

들어가는 말

목회자와 성도들이 성령의 불을 받기를 사모합니다. 성령의 불을 받겠다고 기도원이나 성령센터에 상주하면서 은혜를 받기도 합니다. 이렇게 모두 사모하는 성령의 불을 받는 방법에 대한 명확한 원리가 없는 것도 사실입니다. 그냥 막연하게 기도하고 막연하게 기다리는 실정입니다. 성령의 불은 명확한 원리를 적용하면 좀 더 성령의 불로 충만 받을 수가 있습니다.

이 책에는 성령의 불로 충만받는 다양한 사례와 원리가 제시되어 있습니다. 누구나 바른 원리를 적용하면 성령의 불로 충만 받을 수 있을 것입니다. 이 책을 통하여 모두 사모하는 성령의 불을 받으시기 바랍니다.

왜 성령의 불을 받으려고 할까요? 불은 여러 가지 기능이 있기 때문입니다. 먼저 불은 에너지의 원동력입니다. 자동차, 기차, 비행기, 전자제품 등을 움직이게 합니다. 그리고 불은 모든 것을 깨끗하게 태웁니다. 불로 태우는 것은 가장 좋은 소독법입니다. 또한 불은 어두움을 밝혀 줍니다. 그런데 성령의 불은 3가지가 있습니다. 첫째, 성령의 불은 심령을 뜨겁게 하고 열정을 갖게 하며 권능을 주셔서 증인이 되게 하여 주십니다(행 1:8). 둘째, 성령의 불은 우리의 죄와 정욕을 태우고 아집을 녹이는 역할을 합니다. 셋째, 성령의 불은 가난, 실패, 저주, 질병의 어두움을 몰아내고 신령한 빛을 비추어서 성공적인 삶을 살게 합니다. 그래서 예수님께서는 성도들이 성령의 불을 받기 원하셨습니다. "내가 불을 땅에 던지러 왔노니 이 불이 이미 붙었으면 내가 무엇을 원하리요"(눅 12:49)라고 하셨습니다.

필자가 이번에 **"성령의 불로 충만 받는 법"**이라는 책을 통하여 성령의 불로 좀 더 쉽게 충만 받을 수 있도록 할 것입니다. 이 책을 통하여 성령의 불을 받고 나오는 원리들을 이해하기 쉽게 제시합니다. 성령의 불로 충만 하기를 원하는 분들의 소원을 이루게 할 수 있을 것입니다. 예수님이 승천하시기 전에 제자들에게 분부하여 말씀하셨습니다. "예루살렘을 떠나지 말고 내게 들은 바 아버지의 약속하신 것을 기다리라 요한은 물로 세례를 베풀었으나 너희는 몇 날이 못 되어 성령으로 세례를 받으리라"(행 1:4)고 하셨습니다. 이 책을 통하여 모두 예수님의 명령대로 성령의 불로 충만 받기를 소원합니다.

주후 2013년 09월 10일

충만한 교회 성전에서

저자 강요셉목사.

성령의 불 목차

1부 성령의 체험을 바르게 알자

1장 성령의 불로 늘 충만 받은 체험사례

(롬8:9)"만일 너희 속에 하나님의 영이 거하시면 너희가 육
신에 있지 아니하고 영에 있나니 누구든지 그리스도의 영이 없
으면 그리스도의 사람이 아니라"

하나님은 성도들이 성령의 불로 충만한 하나님의 군사가 되기
를 소원하십니다. 그런데 세상의 삶이 너무나 복잡하여 성령의
불로 충만한 삶을 살지 못하도록 적극적으로 방해를 합니다. 성
도들이 이구동성으로 하는 말이 세상 살아가기가 너무 힘이 든다
는 것입니다. 스트레스를 너무나 많이 받게 된다는 것입니다. 자
연스럽게 영성에 지대한 영향을 미치게 됩니다. 성도들이 성령의
권능으로 세상을 이기기보다는 세상의 복잡함에 빠져들어 가는
실정입니다. 이렇게 지나다가는 많은 성도들이 정신적인 질병에
걸리는 것은 당연한 것일 수가 있습니다. 이를 어떻게 극복해야
하는 가요. 성령의 불로 충만한 삶을 살아가도록 교회에서 훈련
을 해야 합니다. 세상의 스트레스를 이기는 길은 성령의 불로 충
만한 삶 외에는 다른 방법이 없습니다.

최근 한 국정조사에 의하면 경기도내 중 · 고생의 정신 질환을

유발할 수 있는 정밀검사가 필요한 학생의 비율이 약 20% 정도인 것으로 나타났습니다. 무릇 청소년들의 건강은 이 나라의 미래를 책임지는 국가의 건강인데 이에 대한 대책의 시급성은 알면서 거의 무방비한 상태인 것이 매우 안타까운 현실입니다. 중고생의 청소년기는 자아를 정립하는 매우 중요한 시기입니다. 따라서 가치관의 확립 과정에서 갈등하고 때로는 방황할 수가 있습니다. 이를 예방하기 위하여 교회에서 성령의 불로 충만한 삶을 살도록 영성훈련을 하면 되는 것입니다. 저는 이 책에서 성령의 불로 충만한 삶을 살 수 있도록 다양한 방법을 쉽게 적용할 수 있도록 제시 할 것입니다. 다음은 성령의 불을 받고 변화된 삶을 사시는 분들의 간증입니다.

1.방언으로 기도하다 성령을 체험했어요.

저는 "방언기도에 숨은비밀"책을 읽고 충만한 교회를 알게 되었습니다. 책을 읽고 감동을 받아 성령치유 집회에 참석하여 은혜를 받았습니다. 영의 찬양을 부를 때부터 뜨거운 성령의 역사를 체험했습니다. 그리고 통성으로 기도할 때 벌써 나에게 성령이 강하게 사로잡고 있다는 것을 체험적으로 알게 되었습니다. 전하는 말씀을 열심히 들었습니다. 말씀을 들을 때 저의 가슴이 답답해지는 것을 느꼈습니다. 그래서 나는 직감적으로 성령의 역사로 인하여 나타나는 현상이라는 것을 알았습니다. 말씀을 듣고 찬양을 부르고 기도 시간이 되었습니다. 강 목사님이 알려주신 대로 숨을 들이쉬고 내쉬면서 배에서 나오는 방언기도를 열심히 했습니다.

숨을 들이쉬면서 마음에서 올라오는 감동을 받았습니다. 그리고 숨을 내쉬면서 방언기도를 했습니다. 이렇게 기도에 몰입을 했습니다. 그러자 저에게서 진동이 오기 시작 했습니다. 손이 떨리기 시작 하더니 온몸이 떨리는 것입니다. 그래도 기도에 몰입을 했습니다. 그러자 이제 손가락이 게발같이 오그라드는 것입니다. 그러면서 내 몸이 뒤틀리는 현상이 일어나는 것입니다.

이제 내의지로 무엇을 할 수가 없었습니다. 성령이 역사하는 대로 따라서 기도를 했습니다. 그러니까 내 안에서 불이 올라오는 것입니다. 아주 뜨거운 불이 올라옵니다. 온몸이 뜨거워집니다. 얼굴이 뜨거워집니다. 몸은 뒤틀립니다. 아주 정신을 차릴 수가 없이 성령이 역사를 하는 것입니다. 그러기를 한 30분 한 것 같습니다. 이제 제가 잠잠해지기 시작을 했습니다. 그러자 강 목사님이 오셔서 안수를 해주셨습니다. "이렇게 뒤틀리게 했던 더러운 영은 물러갈지어다." "기침을 통해서 떠나갈지어다." 하며 명령을 했습니다. 그러자 기침이 사정없이 나오는 것입니다. 그러면서 내 속에서 새로운 방언기도가 터져 나오는 것입니다. 제가 지금까지 하던 방언이 아닌 제 3의 방언기도가 터지는 것입니다. 그때 나에게 감동이 오기를 이제 성령의 불세례를 체험하고 영에서 나오는 방언기도를 하는 것이라는 것입니다. 너무나 감사했습니다. 그래서 계속 방언기도를 하니 몸이 가벼워지면서 머리가 상쾌해졌습니다. 그러면서 마음에서 음성이 들리기를 "내가 너를 사랑한다. 내가 너를 높여 주리라."하는 음성이 들렸습니다. 생전 처음 하나님의 음성을 들은 것입니다. 저는 이 체험을 하고 정말 말로 표현 못하는 여러 영적인 현상을 체험하고 있습니다. 이제 성경을 보면 말씀의 비밀이 보여 집니다. 하나님 감사합니다.

2.내적치유 받으며 성령의 불세례를 받은 사례

1)내적치유를 받고 성령의 불세례를 받았어요.

경상남도에서 올라오셔서 성령체험하고 치유 받은 목사님의 간증입니다. 이목사님이 성령의 불세례를 체험하려고 7년을 서울로 수원으로 성령집회에 다녔다고 합니다. 이번에 가면 성령 체험 하겠지 하고 경남에서 서울까지 큰마음을 먹고 오라왔으나 허탕을 쳤답니다. 또 수원에 어느 교회에서 집회하는데 성령의 역사가 강하다고 하여 올라왔다가 허탕을 쳤습니다. 이 목사님이 이렇게 성령의 불세례를 체험하려고 하는 대는 이유가 있었습니다. 혈기와 분노의 상처로 인하여 사모님과 관계가 엉망이고 자녀들에게 혈기를 유발하여 가정이 하루도 평안하지를 않았습니다. 교회에서도 자주 혈기 때문에 성도들에게 상처를 주어 성도가 떠나가는 일이 많았다고 합니다. 그래서 모든 것이 자신의 마음의 상처 때문이라고 인정하고 이것을 치유하려면 성령을 체험해야 한다고 생각하고 의지를 가지고 꼭 성령체험을 하고야 만다는 마음가짐으로 경남에서 서울 수원까지 7년을 다닌 것입니다. 그것도 사모님이 이 목사님이 변하는 것은 성령체험 밖에 없다고 생각하고 계속 등을 밀어서 서울로 수원으로 가도록 했다고 합니다. 그러다가 우리교회가 성령의 역사가 강하다는 소문을 듣고 오신 것입니다. 저는 목회자나 성도들에게 성령을 체험하게 하는 영적인 비결을 터득하여 사용하고 있습니다. 제가 인도하는 대로 만 하면 성령의 불세례를 체험하지 못하는 분이 없습니다. 이 목사님이 제가 하라는 대로 순종하여 몇 주 안 되어 성령을 체험했습니다. 성령을 체험하고 나니 목사님 속에서 역사하던 수많은 상처들이 떠나갔습니다. 상처가 떠나가니 목사님의 근본 문제인 분노의 영이 시골에서 돼지를 잡으려고 돼지 목을 따면 지르는 괴성을 한 50분간 지르다가 떠나갔습니다. 성령의 강한 임재로 얼굴이 어그러지고 손이 뒤틀리고 발버둥을 치며 귀신들이 떠나갔습니다. 차츰 목사님의 얼굴이 성령으로 충만해졌습니다. 성령으로 충만하여 치유되면 얼굴이 먼저 변합니다. 유순하고 평안한 얼굴로 변합니다. 그 멀리 경남에서 한 주도 빠짐없이 몇 주를 다니셨습니다. 많은 치유를 경험했습니다. 그렇게 은혜를 많이 받던 어느날 목사님이 저에게 식사를 대접하겠다고 했습니다. 식사를 하면서 목사님이 저에게 하시는 말씀이 이렇습니다. 목사님은 사역을 참 순진하게 하십니다. 뭐 그렇게 열심히 기도를 해주느냐고 하는 겁니다. 대충해서 오래오래 다니게 해야지 그렇게 오래 붙 잡고 집중 기도를 하니 성령의 불세례를 체험하고 능력 받고 오지 않는 것이라고 이제는 슬슬하라고 하는 것입니다. 그래서 제가 목사님! 하나님이 저의 이런 모습을 보고 사용하십니다. 앞으로도 순진하게 사역을 하겠습니다. 했습니다. 그러고도 몇 주를 더 다녔습니다. 그러던 어느날 집회를 종료하고 목사님! 이제 치유가 어느 정도 되고 능력도 나타나니 교회에서 기도하며 유지하겠습니다. 그래서 그렇게 하라고 했더니 이제 올라오시지 않았습니다. 그러다가 년 말이 되었습니다. 그 목사님으로부터 택배가 왔습니다. 물건을 열어보니 보약을 두 제를 지어서 보낸 것입니다. 그 안에 편지를 동봉하였습니다. 편지에 이렇게 쓰어있었습니다. 목사님 감사합니다. 성령체험하게 하시고 치유 받고 변화되게 하시니 감사합니다. 내가 변하니 가정이 변하고, 가정이 변하니 교회가 성장합니다. 사모도 자녀들도 아주 좋아합니다. 가정이 천국이 되었습니다. 교회성도들도 무척이나 좋아합니다. 교회도 많이 부흥했습니다. 사역하시느라고 수고가 많으신데 제가 한약방에 가서 몸과 건강에 좋은 것을 지어서 보냅니다. 드시고 건강하게 저같이 고생하는 사람들을 치유해주세요. 감사합니다. 목사님의 교회성장과 사역의 번성을 기도드립니다. 할렐루야!

2)성령체험하고 상처치유 받다.

어느 기도원에서 목회자 치유집회가 있다고 국민일보에 광고

가 나서 사모의 성화를 이기지 못하고 참석했습니다. 가보니까 목회자들이 많이 참석하였습니다. 그런데 3일이 지나자 성령의 임재로 많은 분들이 고생을 하였습니다. 원래 성령이 임재하면 악한영이 도출되어 가슴이 답답해집니다. 이 상처를 사역자가 도와서 뽑아내 주면 굉장히 마음의 평안을 느끼는데 뽑아주지 아니하면 굉장히 고생을 합니다. 그런데 젊은 목사님 부부가 치유를 받으러 왔는데 사모님이 얼굴이 험상해 지면서 자꾸 쓰러지는 것이었습니다. 그때마다 성령께서 저에게 감동하시기를 안수기도를 해주라는 감동을 주었습니다.

그런데 거기서 남의 사모를 주제넘게 안수 기도해주다 뺨을 맞습니다. 3번씩이나 성령께서 감동을 주어서 남편 목사님에게 사모님이 왜 저렇게 쓰러지는지 아느냐고 물었더니 모르는데 어제는 가래가 주먹만 한 것이 나왔다고 했습니다. 그래서 목사님 사모님은 상처가 드러났는데 빼내주지를 않으니까 가슴이 답답하여 저러는 것이라고 설명을 하였습니다. 그리고 사모님뿐만 아니라, 다른 분들도 다 그런 현상이라고 설명을 했더니 상처를 빼줄 사람이 없다고 하였습니다.

그래서 내가 할 수 있다고 하니까 목사님이 자신도 빼내달라고 하였습니다. 그래서 강단 옆에서 약 2시간동안 상처치유를 했습니다. 성령의 임재를 요청하고 기도를 하니까, 사모님은 약 30분 정도 되니 절제가 되었는데 목사님은 엉엉 우시면서 가래를 토해냅니다. 제가 그 목사님 상처를 치유하며 많이 울었습니다. 야!

이 젊은 목사님이 대관절 무엇을 하셨기에 이렇게 상처가 많이 있단 말인가? 그래서 사모님에게 목사님이 상처가 엄청납니다. 왜 이렇게 상처가 많습니까? 그랬더니 부교역자를 8군데 다니면서 했는데 가는 곳마다 담임목사님과 관계가 좋지 못하여 10개월 만에도 나오고, 8개월만에도 나오고 했답니다. 그러니까 마음에 용서 못할 사람이 8명이나 있는 것입니다.

두 시간이 지나도 절제가 되지를 않습니다. 그때 가래가 나온 것을 그릇에 담았다면 아마 한 말은 되었을 것입니다. 금방 끝날 줄 알았는데 두 시간을 넘게 사역을 한 것입니다. 나중에 알고 보니 목사님이 이렇게 상처가 많으니까, 사모님이 머리가 너무 많이 아파서 생활을 제대로 하지 못하여 치유를 받으러 온 것입니다. 얼마 전에는 머리가 너무나 아파서 119구급차를 두 번이나 타고 종합병원에 가서 엠 알 아이를 찍어도 아무런 문제가 없다는데 머리가 아파서 생활을 거의 못한다고 합니다. 그런데 그 사모님이 목사님이 치유를 받고 나니 머리가 깨끗하게 나았습니다. 그때 그래서 두 분을 기도하여 드리고 저희 교회에 오시게 하여 치유하여 드렸습니다. 하루는 사모님이 이렇게 말하는 것입니다. 목사님 우리 교회 성도들이 목사님의 찬양하는 소리가 달라졌다는 것입니다. 영으로 찬양을 하신다는 것입니다. 그래서 제가 생각하기를 이 목사님이 내적치유를 받고 성령으로 불세례를 받으니 영적으로 변해가는 것입니다. 사모님이 하시는 말씀 너무나 평안하고 좋다는 것입니다. 그때 나는 이런 감동을 받았습니다. 아 하나님이 나에게 이런 성령의 능력을 준 것은 목회자들의 상처를 치유하라고 주셨다고 감동을 받았습니다. 그 뒤로 사명을 가지고 성령치유 사역을 하였습니다.

3)상처치유와 성령을 체험한 목사.

60대 초반의 목사님의 이야기입니다. 제가 이 목사님을 기도원에서 만났습니다. 제 옆에서 주무시던 이 목사님은 13년간 하던 목회를 접고 은혜를 받으러 다니던 길이었습니다. 그때 한참 저도 말씀에 은혜를 받으러 다닐 때입니다. 그때 저는 조금 눈이 열려서 사람을 보면 상처가 있는지 질병이 있는지 알 수 있던 시기였습니다. 그 목사님에게 상처가 아주 많아 보였습니다. "목사님은 말씀이 없어서 목회를 못 하신 것이 아니라, 상처가 많아서 목회를 잘 못한 것입니다. 내적 치유를 받으셔야 합니다."

그랬더니 그 후에 그 목사님이 저희 교회에 찾아오셔서 치유를 받으셨는데 목사님이 방언기도를 하시는데 잘 들어보니 "에이 시팔! 에이 시팔!" 하면서 기도를 하십니다. 이런 분들이 종종 있습니다. 이런 분들은 90%는 분노가 있는 분들입니다.

그러더니 악을 정말 크게 쓰시는데 약 1시간 30분을 악을 쓰면서 치유를 받습니다. 그러다가 속에서 더러운 상처들이 수없이 나왔습니다. 옆에서 계속 기도를 해드리니까 잠잠해졌습니다. 일어나시더니만 아무도 없으니까, 저보고 감사하고 미안하다고 하면서 저녁식사를 같이했습니다.

"목사님, 상처가 정말 많이 있었습니다. 어렸을 때 상처를 많이 받으셨나 봅니다." 이렇게 묻자 말씀하셨습니다. "목사님 제가 어려서 우리 아버지께 정말 많이 얻어맞았습니다. 치유 받을 때 그때 모습이 보이면서 악을 썼습니다. 목사님, 제가 오늘 치유 받으면서 느낀 것은 신학대학과 신대원에 다니는 분들은 모두 내적 치유를 받아야 된다는 사실입니다. 제가 조금이라도 일찍 상처에 대하여 알았더라면 목회에 실패하지 않았을 것입니다. 목회하면서도 분노가 올라와 고생을 많이 했습니다."

목사님은 계속 다니면서 기본적인 치유를 받았습니다. 그리고 치유의 원리들을 적용하면서 차차로 영성이 회복되고 얼굴에 성령 충만이 나타나고 새 사람으로 변화되어 지금 목회를 아주 잘하십니다. 성령의 능력도 내면이 치유되어야 강하게 나타납니다. 시간 낭비하지 마시고 내면부터 치유하시기를 바랍니다.

3. 말씀을 들으면서 성령의 불세례를 받다.

성령집회에 참석하여 성령의 불을 체험한 간증입니다. 저는 성령의 불세례를 사모하여 충만한 교회 성령집회에 참석했습니다. 목사님이 하라는 대로 말씀을 듣는 중에도 끊임없이 기도를 했습니다. 호흡을 들이쉬고 내쉬면서 성령님 임하소서. 역사하여 주옵소서. 저를 사로잡아 주옵소서하면서 기도했습니다. 그러자 서서히 제 몸이 뜨거워지는 것을 체험하게 되었습니다. 그러면서 몸이 앞뒤로 흔들렸습니다. 저는 그래도 개의치 않고 계속적으로 성령의 불세례를 요청하면서 호흡을 들이쉬고 내쉬면서 기도를 했습니다. 어느 정도 시간이 흘렀습니다. 그러자 내 속에서 불이 올라오는 것입니다. 아주 뜨거운 기운이 저의 속에서 올라왔습니다. 그러면서 얼굴이 화끈거리기 시작 했습니다. 정말 뜨겁게 화끈 거렸습니다. 저의 생애에 처음으로 느껴보는 체험이었습니다. 얼굴이 뜨거워지더니 이제는 등이 뜨거워지기 시작을 했습니다. 저는 계속 성령님의 임재를 요청하면서 마음으로 기도를 했습니다. 강사 목사님이 말씀을 마칠 때까지 계속하여 기도를 했습니다. 말씀을 마치시고 찬양을 하게 했습니다. 찬양을 하는데 속에서 서러움이 올라오는 것입니다. 그래서 울었습니다. 울음이 터졌습니다. 울음이 터지고 나니까, 막 기침이 나왔습니다. 그러면서 방언이 터졌습니다. 계속 방언을 하다가 몸이 흔들려서 의자에서 떨어졌습니다. 강사목사님이 오셔서 안수를 해주시는데 갑자기 몸이 오그라들면서 발작을 했습니다. 발작을 하는 중에도 속에서 계속 불이 올라왔습니다. 그러면서 기침이 사정없이 나왔습니다. 조금 지나니 발작이 멈추었습니다. 완전하게 성령의 불로 장악을 당한 것입니다. 정말 말로 표현 못하는 환희를 체험했습니다. 이 체험을 하고 나니 세상만사를 다 얻은 것 같은 기분이 들었습니다. 무엇인지 모르는 기쁨이 저를 사로잡았습니다. 그러면서 마음에서 찬양이 올라왔습니다. 마음에 참 평안이 임하는 것이었습니다. 제가 그렇게도 사모하던 성령의 불세례를 체험한 것입니다. 하나님 감사합니다. 서울 박성도.

4.몸이 부상되는 체험을 하다.

필자인 내가 목회를 하기로 작정을 하고 본격적으로 능력을 받으러 기도원도 다니고 치유센터도 다닐 때입니다. 어느 기도원에 금식기도 하러 올라갔습니다. 저는 기도원에 가면 기도를 산에서나 공동묘지에서 잘 합니다. 공동묘지 옆에 있는 넓은 바위 위에 앉아 방언으로 기도를 시작했습니다. 기도를 하는 분들이 두 분이 있었습니다. 그분들과 함께 한 세 시간 정도 기도를 했습니다. 서로 기도의 주도권을 빼앗기지 않으려고 열심히 방언으로 기도를 했습니다. 한 세 시간 정도 기도를 하니까, 깊은 경지에 몰입이 되기 시작했습니다.

이제 방언으로 기도하는 것이 힘이 들지 않고 술술 기도가 나왔습니다. 그런데 이상한 영적인 현상이 나타나기 시작했습니다. 갑자기 필자의 몸이 불같이 뜨거워지면서 솜 털 같이 가벼워지는 것이었습니다. 그래도 계속 기도를 멈추지 않고 계속 했습니다. 그러자 이제 몸이 지상에서 부상되는 느낌이 들기 시작을 했습니다. 계속 기도를 하다가 갑자기 이런 생각이 들었습니다. 내가 이렇게 기도하다가 하늘로 올라가 버리면 우리 사모가 어린 자식들을 데리고 어떻게 살아간단 말인가 하고 인간적인 걱정이 들었습니다. 그래서 기도를 중단했습니다.

그리고 산에서 내려오는데 꼭 구름 위를 걷는 기분이었습니다. 방언으로 몰입하여 몇 시간을 영으로 기도를 해보시기를 바랍니다. 그러면 저와 같은 말로 표현을 할 수 없는 신비를 체험할 수도 있습니다. 저는 공수부대에서 근무를 했기 때문에 낙하산을 매고 공중에서 뛰어 내리기도 수없이 해봤습니다. 그런데 처음 낙하할 때 낙하산이 펴지면 꼭 구름위에 내가 떠있는 느낌을 받습니다. 영으로 기도가 깊어지니까, 꼭 그런 느낌을 체험하게 했습니다.

정말 산에서 내려오는 데 마치 구름 위를 걷는 그런 체험을 했습니다. 그래서 저는 성령으로 충만해지면 사람의 몸이 가벼워지고 머리가 맑아진다는 것을 체험적으로 알게 되었습니다. 그런 체험이 있은 후 환자에게 안수 기도할 때 성령의 역사가 나타나고, 질병들이 치유되고, 내적치유 사역할 때 많은 분들의 깊은 상처가 잘 치유되었습니다. 성령의 임재가 되었는데 머리가 아프다든지 몸이 무겁다든지 모두 영적인 문제로 발생하는 현상입니다. 치유하세요. 그래서 내적치유가 중요합니다.

5.성령의 불세례 받은 체험

할렐루야! 주님께 감사와 영광을 올립니다. 저는 질병과 영적 탈진으로 고생을 하다가 충만한 교회를 친구의 소개로 알게 되었습니다. 충만한 교회에 와서 성령과 내적치유 훈련을 통하여 많은 은혜를 받았습니다. 충만한 교회의 성령 내적치유훈련에 참여하여 체계적이고 영성 깊은 말씀들을 접하고 배우게 되어서 감사합니다. 매일 성령의 인도에 순종하였습니다. 성령께서 울라고 하면 울었습니다. 팔을 흔들라면 흔들었습니다. 회개를 하라면 회개를 했습니다. 누구를 용서하라면 용서를 했습니다. 그때마다 성령께서 강하게 저를 만져주셨습니다. 이렇게 성령의 인도에 순종하며 매 시간 성령의 강한 불세례를 체험하고 영성 깊은 치유 사역을 체험하다가 보니 영육의 많은 질병들이 치유되었습니다. 또 매주 다른 과목을 가지고 훈련을 받다가 보니 영안이 열려 영적인 일에 눈이 뜨이게 되니 감사합니다. 저는 충만한 교회에 오기 전에 15년간의 목회사역을 통하여 몸과 마음이 많이 피폐해져서 힘든 상태였습니다. 몸과 마음이 병들어 사역을 포기하려는 상태였는데 훈련을 통하여 치유 받고 새 힘을 얻었습니다. 특히 50여 년간 태아 때부터 아토피 피부병으로 고생을 많이 했는데 이곳에 와서 매시간 불같은 성령님의 역사를 체험하고 고질적인 아토피 피부병이 깨끗이 나았습니다. 하나님께 영광을 돌립니다. 참고로 이 아토피 피부병으로 좋다는 피부약은 있는 대로 다 먹고 바르고, 병원을 수 없이 많이 다녔지만 순간적으로는 나은듯하다가 다시 재발하고 더 심해지기도 했습니다. 이 고질적인 아토피가 성령의 불의 역사로 깨끗하게 태워져서 치유되니 정말로 감사합니다. 무엇보다도 영적인 눈이 열리니 이제 목회에 자신감이 생기고 예언의 은사와 지식의 말씀의 은사와 지혜의 말씀의 은사,

영을 분별하는 은사가 나타나니 감사합니다. 그리고 마음에 참 평
안이 찾아서 마음이 안정되니 감사합니다. 서울 이목사

6.성령은 살인자도 변하게 한다.

한때 우리 한국사회를 뒤흔들어 놓았던 어마어마한 흉악범 사
형수 고재봉입니다. 그는 이웃집 라디오를 훔쳤는데 이웃집에서
그것을 고발해서 잡혀 들어가 감옥살이를 하고 원한을 품고 나와
서 도끼로 이웃집 사람을 부부, 어린아이 다 몰살시켰습니다. 그
결과로 체포되어 재판을 받고 사형언도를 받고 사형수가 되어 감
옥에 갇혔는데 너무나 포악해서 그 사람 근처에 갈수가 없습니
다. 간수들도 근처에 못갑니다. 한번은 교도소장이 고재봉이 어
떻게 있는지 보려고 창살사이로 얼굴을 들였다가 고재봉이가 쏜
살 같이 일어나서 손가락으로 눈을 찔러가지고서 쓰러진 적도 있
습니다. 이와 같이 흉악한 고재봉이가 되어서 아무도 그 근처에
가려고 하지 않았는데 어떠한 예수 믿는 사람이 고재봉이를 방문
해서 성경책 한권을 주었습니다. 그는 이렇게 말합니다. "나도 당
신처럼 죽을 수밖에 없었던 죄인이었으나 이 성경을 읽고 구원을
얻었습니다. 그러니 당신도 성경을 한번 읽어 보십시오." 고재봉
이가 별 도리도 없고 독방에 혼자 있으니까 성경을 읽기 시작했습
니다. 또 읽고, 또 읽다가 성령의 감동을 받아 눈물을 흘리고 회
개하고 예수님을 구주로 모시고 보혈로 씻었습니다. 혼자서 기도

하다가 성령을 충만하게 받았습니다. 성령이 충만해지자 고재봉이가 변화되었는데 그 표정이며 행동 그 모든 것이 부드러워지고 사랑이 넘치게 되었습니다. 가장 포악했던 사형수 고재봉이 가장 온유한 사람으로 변화되었습니다. 이처럼 큰 인격적인 변화를 가져오니 소문이 온 교도소에 퍼지게 되었습니다. 고재봉은 자나 깨나 예수 믿고 구원받으라고 전도를 했습니다. 그래서 형무소에 있던 재소자 2천 명 중에 1,800명이 예수를 믿고 구원을 받게 된 것입니다. 온 형무소가 교회가 되어 버리고 만 것입니다. 흉악범, 살인범이 회개하고 성령받자 성령의 열매로 이렇게 사랑이 충만하고 온유하고 은혜로운 사람으로 변화된 것입니다. 사형이 집행되기 전에 마지막 기도를 드리는 목사님이 목이 메어 기도를 끝맺지 못하자 그는 기도를 이어 받아 이렇게 마무리 지었습니다. "사랑하시는 하나님 아버지, 저를 구원하신 하나님! 감옥에 있는 모든 영혼들을 구원해 주시고 군 장교는 장교가 되기 전에 먼저 크리스천이 되게 해주시며, 저에게 총을 쏴서 사형을 집행하는 사수도 저를 주님께 보내기 위하여 총을 쏘는 것이니 용서해 주옵소서. 제가 세상에서 지은 죄를 용서받고 주님을 뵙게 되었으니 감사 찬송 드립니다." 마지막으로 그는 나라와 민족을 위해 기도한 후에 '하늘가는 밝은 길이 내 앞에 있으니' 하고 찬송을 부르면서 총살형을 당했습니다. 복수심에 불타서 한 가족을 몰살시켰던 흉악범이 예수를 영접하고 성령을 받고 난 다음에 천사와 같이 변화된 것입니다. 사람의 힘으로는 속사람을 변화시킬 수 없습니다. 오직 성령만이 속사람을 변화시켜 영적 생명을 누리고 열매를 맺게 하는 것입니다. 성령이 임하면 흉악범도 변화 되게 되어있습니다. 모두 성령으로 세례 받고 성령으로 충만하여 변화 된 심령으로 성령의 열매를 맺으면서 사시기를 바랍니다.

7.방황의 세월을 끝내다.

할렐루야! 저는 청주에서 믿음생활을 하는 김 집사입니다. 지난 세월 저는 참으로 방황을 많이 했습니다. 15년을 방황했습니다. 열심히 신앙생활을 해도 영적인 만족을 얻지 못하고 이곳저곳 많이 돌아다녔습니다. 기도를 해도 가슴에 알지 못하는 뭉치가 있어서 늘 가슴이 답답했습니다. 국민일보에 광고 나오는 집회란 집회 모두 가서 보았습니다. 항상 느끼는 것은 형장에서는 은혜가 되는 것 같은데 돌아서면 갈급했습니다. 하나님에게 가슴을 치며 기도도 많이 했습니다. 그래도 응답이 없었습니다. 우연하게 기독 서점에 갔다가 "영의 통로가 뚫려야 성공 한다"라는 책이 눈에 들어왔습니다. 책을 밤을 세워가며 다 읽었습니다. 충만한 교회에 한번 가보라는 감동이 왔습니다. 그래서 전화를 했습니다. 집회에 대하여 문의하니 매주 화요일부터 목요일까지 항상 있다는 것입니다. 시간을 내서 충만한 교회 집회를 참석했습니다. 말씀을 듣는데 눈물이 하염없이 흘렀습니다. 은혜가 되어 상담과 특별안수를 신청하였습니다. 상담을 하는데 목사님이 하시는 말씀이 상처로 인하여 영의 통로가 막혔다는 것입니다. 영의 통로가 막히니 성령으로 기도할 수가 없어서 영의 만족을 누리지 못하고 방황을 했다는 것입니다. 기도시간에 목사님이 하라는 대로 하면 막힌 영의 통로가 뚫린다고 하셨습니다. 기도 시간이 되어 목사님이 시키는 대로 기도를 했습니다. 조금 있다가 목사님이 안수를 하시면서 기도하라는 대로 했습니다. 그러자 가슴이 답답해지더니 목에서 주먹만 한 덩어리가 쿡하고 떠나가더니 기침이 사정없이 나오는 것입니다. 한참을 기도하니 기도가 술술 되는 것입니다. 목사님이 앞으로 나오라고 하셨습니다. 앞에 나가서 특별 안수를 받았습니다. 목사님이 안수를 하시자 뜨거운 불이 속에서 나오면서 울음이 터졌습니다. 말로만 듣던 성령의 불세례를 받은 것입니다. 기침이 나오면서 울음도 나왔습니다. 사지가 뒤틀리면서 기침이 나왔습니다. 조금 지나니 나도 모르게 방언기도가 랄랄랄 하고 나왔습니다. 방언기도가 열리면서 속에서 더러운 것들이 떠나갔습니다. 가슴이 시원해지면서 세상을 다 얻은 것 같았습니다. 집회를 끝내고 돌아가 기도를 하니 정말로 기도가 술술 나오는 것입니다. 그러면서 마음 안에서 기쁨이 올라왔습니다. 저는 이렇게 해서 15년 동안의 영적 방황을 끝냈습니다. 하나님 감사합니다.

2장 성령세례와 성령 임하심을 분별하는 법

(행 11:16-18)"내가 주의 말씀에 요한은 물로 세례를 베풀었으나 너희는 성령으로 세례를 받으리라 하신 것이 생각났노라. 그런즉 하나님이 우리가 주 예수 그리스도를 믿을 때에 주신 것과 같은 선물을 그들에게도 주셨으니 내가 누구이기에 하나님을 능히 막겠느냐 하더라. 그들이 이 말을 듣고 잠잠하여 하나님께 영광을 돌려 이르되 그러면 하나님께서 이방인에게도 생명 얻는 회개를 주셨도다 하니라"

성령의 역사에 대하여 바르게 알고 체험해야 합니다. 우리나라 일부 교회의 무분별한 성령체험 현상으로 영적분위기가 혼탁한 경우가 많습니다. 그리고 기도하다가 환상을 보고 음성을 한 번 들으면 영적으로 성숙된 성도라고 자처하는 분들이 있습니다. 저는 하나님의 은혜로 성령사역을 13년을 하고 있는 목사입니다. 저 역시 초기 성령사역 시에는 분별력이 없어서 성도들에게 일어나는 영적현상에 대한 바른 진리를 알려주지 못한 것이 사실입니다. 이는 우리나라에 성령사역을 전문으로 하신 목회자가 별로 없었다는 것입니다.

그래서 저도 외국 목사님들이 쓰신 영적인 서적을 사서 읽고 영적인 면을 터득했습니다. 그런데 지금에 와서보면 제가 그때 읽은 외국 목사님의 책은 성령의 역사와 체험에 대한 아주 기초적인 내용으로 저술되었다는 것입니다.

이제 제가 집중적으로 성령사역을 하고 임상적인 경험을 하여 성령의 역사와 체험을 정리해보니 일부 교회는 잘못된 성령의 역사를 참인 줄 알고 따라가고 있다는 것입니다.

얼마 전에 인터넷에 보니까 조금 이해하기 힘든 현상이 나타나는 것을 성령 체험할 때 일어나는 현상으로 자랑스러워하는 내용이 있었습니다.

"저의 두 팔이 슬슬 움직여지면서… 나중에는 급기야 아주 빠르게 빙빙빙 돌려지면서… 꿇어앉은 저의 무릎의 앞쪽이 진동과 함께 들려지면서… 몸이 붕붕 뜨면서… 약 30센티미터 정도… 운동을 심하게 했을 때 근육이 뻐근하고 결리는 것과 같은 통증도 수반될 때도 있답니다. 지각이 흔들리고 온 지구가 들썩거릴 것과 같은 환상체험이 오면서… 꼭 콘크리트 바닥을 내 옆에서 거대한 굴착 기계로 파 들어갈 때 흔들림처럼, 온 몸이 덜덜덜덜 두두두두 떨리다가 저의 손이 바람개비처럼 빠르게 돌려지며 펄럭이듯 했습니다. 흡사 선풍기를 틀어놓은 것처럼 빙글빙글 돌며 온 몸이 붕붕 뜨듯 들리며 진동을 했습니다."

저도 처음 성령사역을 할 때는 이런 현상이 성령을 체험할 때 보통 일어나는 현상이라고 알고 행하고 있었습니다. 지금에 와서 보니 참으로 위험천만한 성령의 역사가 교회에서 일어나고 있다는 것입니다. 위의 현상은 분명하게 양신역사입니다. 성령이 임재 하니 사람 속에 숨어있던 악한 영이 정체를 폭로할 때 일어나는 현상입니다. 제가 얼마 전에 성령사역을 하면서 위와 같은 현상을 일으키는 성도를 안수 했습니다. 그랬더니 악한 영이 말로 표현할 수 없을 정도로 떠나갔습니다. 3일 동안 지속적으로 안수하니 위와 같은 영적현상이 일어나지 않았습니다. 일어나지 않을 뿐만 아니라, 본인의 마음이 너무 편안하고 기도가 술술 나온다고 간증을 했습니다.

그래서 본인에게 기도할 때 이런 현상이 일어난 것이 얼마나 되었느냐고 질문했습니다. 3년 정도 되었다는 것입니다. 3년 동안 귀신에게 속은 것입니다. 이 성도가 잘못된 것이 아닙니다. 이런 현상을 보고 양신역사라고 하면서 바로잡아줄 영적인 사역자가 없었다는 것입니다. 이 성도의 말에 의하면 3년 동안 성령의 역사가 있다는 곳은 안 가본 곳이 없을 정도로 다 다녀 보았다는 것입니다. 그런데 어느 한곳에서 바로 잡아주는 곳이 없었다는 것입니다.

이 성도가 하는 말이 성령의 역사가 있다는 곳에 가서 2박 3일 또는 3박 4일 은혜를 받고 오면 한 일주일은 충만하게 지낸답니다. 그런데 2주가 되면 슬슬 마음이 답답하고 기도가 잘되지 않아서, 또 다른 곳을 가게 되었다고 했습니다. 이 현상은 이렇게 설명할 수 있습니다. 성도는 영의 만족을 누려야 모든 것이 좋아집니다. 자기 나름대로 성령이 충만하다고는 하지만, 저와 같은 전문적인 성령사역을 하는 분들의 눈에는 이렇게 보입니다. 이 성도의 마음 안에 있는 성령의 역사가 밖으로 나타나지 않는 것입니다.

즉, 영의 통로가 막혔다는 것입니다. 성도는 마음 안에 있는 성령의 불과 성령의 생수가 심령에 부어져야 영의 만족을 누리는 것입니다. 그런데 영이 막혀서 심령에서 성령의 역사가 밖으로 나오지 못하니 은혜 받을 때는 괜찮은데 시간이 지나면 답답해지는 것입니다.

이 문제가 왜 생길까요. 첫째, 성령의 불을 밖에서 받는다는 잘못된 이론 때문입니다. 이는 뒷장에서 상세하게 설명을 합니다. 둘째, 성령의 불을 받으려고 밖에만 관심을 가지니 정작 자신의 심령에 관심을 갖지 않으니 영의 통로가 열릴 이유가 없는 것입니다. 셋째, 자신의 심령 상태에는 관심을 갖지 않고, 그저 보이는 면, 역사가 나타나는 것에만 관심을 가진 결과입니다.

지금 많은 교회와 성령사역을 하는 곳들이 모두 이렇습니다. 성령의 불을 밖에서 받으려고 능력이 있고 불이 있다는 강사에게만 관심을 가지기 때문입니다. 저도 초기 성령사역을 할 때와 성령의 능력(불)을 받으러 다닐 때 모두 이런 식이었습니다.

저는 다행하게도 내적치유를 하면서 내면에 관심이 많았기 때문에 쉽게 내면관리를 하다 보니까, 성령의 불은 자신의 영 안에 계신 성령으로부터 나와야 된다는 것을 알게 된 것입니다. 그래서 내면관리를 집중해서 하다 보니까, 앞의 성도와 같이 잘못된 성령의 역사를 분별하여 치유할 수가 있었습니다. 이런 분들이 우리교회 집회에 오면 먼저 기도 시간에 제가 안수를 일일이 하면서 성령의 역사가 성도의 마음 안에서 일어나도록 합니다.

조금만 지나면 강력한 성령의 역사가 일어나 속에서 더러운 상처와 귀신들이 떠나갑니다. 이렇게 2일만 하면 거의 모두 이해할 수 없는 성령의 역사가 정리됩니다. 점차 안정을 찾아 심령에서 불이 나오는 성도들로 바뀌게 됩니다. 기도는 성령으로 해야 합니다. 자신의 마음 안에 계신 성령의 역사가 밖으로 나오면서 치유도 되고, 귀신도 떠나가고, 자신의 안에 계신 성령으로부터 '레마'도 들리게 되는 것입니다.

귀신은 축사하면 능력 있는 목사가 불러내어 쫓아내는 줄로 알고 있습니다. 이것은 잘못알고 있는 것입니다. 자기 안에 계신 성령의 역사가 밖으로 나오면서 귀신을 몰아내는 것입니다. 귀신은 전적으로 귀신의 영향을 받는 성도의 성령의 권능에 의하여 밀려나오도록 해야 합니다. 그래서 성령의 세례가 중요한 것입니다. 성령의 세례가 임해야 귀신을 축귀할 수 있기 때문입니다.

영적인 사역자는 어떻게 하면 피 사역자에게 성령의 역사가 강하게 일어나게 할 수 있는지 비결을 터득하고 행할 수 있는 사람이 진정 영적인 사역자입니다. 방법은 그리 어렵지 않습니다.

피 사역자의 심령에서 성령의 역사가 일어나 밖으로 나오게 하면 되는 것입니다. 그런데 성령의 불을 밖에서 받는다고 인식하고 밖에만 관심을 가지고 있으니 영의 통로가 뚫리는데 시간이 많이 걸립니다.

성도들이 영의 만족을 누리지 못하고 방황을 합니다. 성령의 불을 밖에서 받으려고 관심을 밖에 두니 심령을 치유할 수가 없습니다. 심령치유가 되지 않으니 예수를 20년을 믿어도 변화되지를 않는 것입니다. 구습은 반드시 성령의 역사가 일어나야 치유가 됩니다. 바른 성령의 역사를 알고, 바르게 기도하고, 성령을 체험하면 성도가 변하지 않으려고 해도 변화될 수밖에 없습니다.

이를 시정하여 해결해야 될 문제는 첫째, 성령의 불은 심령에서 나와야 합니다. 물론 처음에는 밖에서 역사하는 불을 받아야 합니다. 그러나 시간이 경과되면 자신 안에서 성령의 불이 나오도록 영성관리를 해야 합니다. 그래야 영이 자랍니다. 영은 생명의 말씀과 성령의 역사에 의하여 영이 깨어나고 자라게 됩니다. 둘째, 기도를 바르게 해야 합니다. 성령으로 심령에 관심을 두고 기도해야 합니다. 머리를 써서 아무리 장구한 말을 많이 한다고 해도 변화되지 않습니다.

왜냐하면 인간적인 3차원의 기도이기 때문입니다. 성령으로 기도하여 심령에서 초자연적인(5차원) 성령의 역사가 일어나야 변화되기 시작 합니다.

제가 지금까지 설명한 말을 오해해서 들을 수가 있어서 다시 한 번 말씀 드립니다. 성령님은 인격체이시지만 실제적인 어떤 능력과 에너지로써 충만하게 임하면 우리가 육체적으로도 어떤 느낌과 감각을 느끼게 됩니다. 일반적으로 불의 뜨거운 느낌, 전류가 흐르는 것과 같은 느낌, 몸이나 신체의 일부가 가벼워지는 부양감, 또는 반대로 무거워지는 것과 같은 느낌, 환한 빛이 비추어져 오는 것과 같은 느낌, 때로는 향기가 풍겨오는 것과 같은 느낌, 한없이 포근한 느낌, 시원한 느낌, 때로는 편안하여 졸리는 것과 같은 느낌 등 다양하게 느껴집니다.

그러나 이와 같은 현상은 성령체험의 초기에 나타나는 현상입니다. 어느 정도 신앙이 자라고 영이 깨어나 성령이 자신을 장악하면 서서히 몸으로 느끼거나 볼 수 있는 가시적인 현상이 없어집니다. 왜 그럴까요? 성령이 자신을 완전하게 장악하여 성령님과 친밀하게 되니, 육체가 성령에게 장악당하여 성령과 하나가 되었기 때문입니다.

제가 그동안 성령사역을 하면서 체험한 결과 성령의 체험현상은 항상 일어나는 것이 아닙니다. 성령으로 변하여 영이 자라면 자란 만큼씩 몸으로 느끼거나 볼 수 있는 가시적인 현상이 현저하게 줄어듭니다. 그래서 자신이 몸으로 느끼거나 볼 수 있는 가시적인 현상이 나타났다고 영적으로 다된 것이 아니라는 것입니다. 이는 이 책을 읽고 있는 분이 말씀과 성령으로 깊은 영성을 개발하여 성령님과 인격적이고 친밀한 관계가 되면 이해할 수가 있습니다. 이는 성령님과 이런 관계가 된 것입니다. 성령이여! 임하소서. 하면 이미 성령님이 자신을 장악한 것으로 믿는 것입니다.

이를 믿고 담대하게 성령님이 주신 레마를 가지고 사역을 하면 성령이 역사하여 주시는 관계이기 때문입니다. 한마디로 성령님과 주거니 받거니 하는 관계가 되었기 때문에 성령의 임재현상이 필요가 없는 것입니다. 너무 성령의 임재현상에 관심 갖지 마시고 말씀과 성령으로 변하여 성령님과 인격적인 관계가 되려고 노력해야 합니다. 성도들을 이렇게 지도해야 성도들의 믿음이 자라서 영의 자립을 하면 영적인 군사가 되어 하나님에게 쓰임을 받을 수가 있는 것입니다.

히브리서 저자는 5장 12절에서 이렇게 말합니다. "때가 오래 되었으므로 너희가 마땅히 선생이 되었을 터인데 너희가 다시 하나님의 말씀의 초보에 대하여 누구에게서 가르침을 받아야 할 처지이니 단단한 음식은 못 먹고 젖이나 먹어야 할 자가 되었도다" 성도는 영이 자라야 합니다.

능력 있다는 목사님만 바라보고 성령의 불 받으려고 하는 무지한 성도들을 만들지 말아야 합니다. 스스로 자기에게 임재 하여 계신 성령님으로부터 불을 받고 레마를 받아 살아가는 성도를 만들어야 합니다. 다시 말하면 영적인 자립을 하는 성도를 만들어야 한다는 것입니다. 그래야 어디를 가더라도 자기 안에 계신 성령님과 친밀한 관계를 가지면서 자기가 위치해 있는 곳을 하나님의 나라를 만드는 군사가 될 수 있는 것입니다.

성령은 성도의 마음 안에 있는 영 안에 임재 하여 계십니다. 임재 하여 계시는 성령님과 인격적인 관계를 만들도록 영성훈련을 해야 합니다. 그래야 성도 한사람, 한사람이 하늘나라가 될 수 있는 것입니다. 이것이 하나님의 뜻입니다. 하나님은 성도의 심령에 관심이 많습니다. 하나님은 육체에 성령의 불을 뒤집어 쓴 성도를 원하시지 않습니다. 심령이 하나님의 나라가 되게 하려면 심령에서 성령의 불이 나와야 하나님의 나라가 될 수가 있습니다. 심령에서 성령의 불이 나오도록 기도하고 영성훈련을 합시다. 그리하여 하나님을 기쁘시게 해드립시다. 이제 제가 성령 체험의 가시적인 현상이 점차 없어지는 체험을 정리하여 말씀드리겠습니다.

1. 강한 진동

얼마 전에 목회자 부부가 지방에서 올라와 저희 교회집회에 참석 했습니다. 저희 교회는 집회 시에 1시간 말씀을 전하고 40분 이상 개인 기도를 합니다. 개인 기도시간에 제가 일일이 안수를 해드립니다. 첫 시간 안수를 하면서 목사님을 보니 진동을 아주 심하게 했습니다. 더 자세히 보니 무당의 영이 정체를 폭로하고 흔들어대는 것이었습니다.

그래서 첫 시간에는 아무 말도 하지 않고 안수만 해드렸습니다. 둘째 시간이 되었습니다. 안수를 하면서 목사님에게 질문을 했습니다. 목사님 언제부터 이렇게 진동하며 기도를 하셨습니까? 상당히 오래되어 얼마나 되었는지 모르겠다는 것입니다. 목사님! 목사님은 이러한 진동을 하는 것이 성령 충만해서 나타나는 것이라고 알고 있으시지요. 예! 맞습니다. 저 아주 성령 충만합니다. 그런데 여기에 왜 오셨습니까? 사모가 아파서 치유 받으러 왔습니다.

그래요. 목사님 혹시 집안에 무당이 없으십니까? 목사님이 하시는 말씀이 이렇습니다. 예! 무당은 없고 고모가 점쟁이를 하고 있다고 아버지에게 들었습니다. 목사님 오해하지 마시고 들으세요. 지금 목사님은 무속의 영이 진동을 하고, 손을 흔들면서 기도를 따라 하고 있습니다. 목사님이 이를 인정하지 않고 성령의 역사라고 믿으니 떠나가지 않는 것입니다. 축사를 해드릴까요? 했더니 해달라는 것입니다. 그래서 이 더러운 무속의 영아! 정체를 밝혀라. 하니 아주 심하게 손을 흔들어 댑니다. 예수 이름으로 명하노니 더러운 무속의 영은 떠나갈지어다. 했더니 기침을 사정없이 하면서 오물을 토하면서 귀신들이 떠나갔습니다. 2일째 되는 날도 진동을 약하게 하며 손을 흔들고 기도를 하여 축사를 했습니다. 3일째 되는 날은 진동을 하지 않고 손도 흔들지 않고 아주 편안하게 기도를 하셨습니다. 무속의 영이 떠나간 것입니다.

그런데 문제가 하나 있었습니다. 사모님이 질병으로 시달려서 정상적인 생활을 못하시는 것입니다. 그래서 사모님을 치유하려고 지방에서 올라온 것입니다. 목사님 집안에 역사하던 무속의 영이 사모님을 괴롭히는 것입니다.

그래서 사모님을 앞으로 모시고 나와서 안수를 하니 귀신들이 말로 표현할 수 없을 정도로 많이 나갔습니다. 근육통과 관절염으로 아프지 않는 곳이 없었다고 합니다. 원래 무속의 영이 역사하면 근육통과 관절이 아플 수가 있습니다. 안수 받고 날아갈 것 같다고 하면서 내려가셨습니다.

허리에서부터 얼굴까지 반신불수가 되어 12월 20일부터 다음해 4월 25일 충만한 교회에 오기 전까지 반신불수가 되어 거동을 못하며 집안에서 지내던 목사님의 이야기 입니다. 친한 친구 목사님들이 충만한 교회에 가면 치유가 된다는 말을 듣고 차에 실려 우리 교회 성령치유 집회에 참석하여 은혜를 받았던 이야기 입니다. 그런데 참석한 첫날부터 강한 성령의 불을 받고 온 몸이 불덩어리가 되더니 몸이 뒤틀리기 시작 했습니다. 악한 귀신들이 발작을 한 것입니다. 제가"예수 이름으로 명하노니 허리를 잡고 있는 더러운 귀신은 떠나가라"하고 안수 기도를 할 때마다 수많은 귀신들이 발작을 하면서 떠나고 소리를 지르면서 떠나갔습니다.

목사님의 이야기입니다."저는 이때까지 내가 허리디스크와 좌골 신경통으로 이렇게 거동을 못하게 되었지, 악한 영의 역사로 이렇게 되었다고는 꿈에도 생각을 하지 않고 병원치료만 하였습니다. 한마디로 영적인 무지한 이었습니다. 성령님의 인도로 충만한 교회에 와서 성령의 불을 받고 아~ 이것이 영적으로 문제가 되어 발생한 것이구나! 체험적으로 인정을 했습니다.

저는 충만한 교회에 오기 전에 영적인 집회에 참석을 많이 했습니다. 심지어는 미국에 가서 빈야드 집회도 참석을 했습니다. 그때도 몸이 뒤틀리고 발작을 했습니다. 거기 있는 사역자들이 성령의 불을 받은 것이라고 했습니다. 저는 성령의 불을 받았기 때문에 저에게 악한 영이 역사한다는 것은 꿈에도 생각을 못했습니다. 저의 허리를 아프게 하는 것은 악한 영의 역사라고 인정을 하니 귀신이 떠나가고 치유되기 시작하다가 며칠 지나니 저 혼자도 걸을 수가 있었습니다.

강 목사님이 안수 기도를 하면 할수록 몸이 편안해졌습니다. 허리 아픈 것이 점점 없어졌습니다. 몸이 뒤틀리고 발작하는 것도 없어졌습니다. 정말 신기할 정도로 안정을 찾았습니다. 치유되고 능력을 받으니 심령이 읽어지는 지식의 말씀의 은사가 나타나고 안수 기도하면 강요셉 목사님 같이 성령의 역사가 강하게 나타납니다.

그래서 다시 목회를 시작하니 교회가 점점 부흥이 되었습니다. 몇 개월 다니면서 치유를 받으니 이제 몸도 완치가 되었습니다. 저를 치유하신 하나님에게 영광을 돌립니다.”

이렇게 안수를 받고 치유하면 진동하는 것이 현저하게 줄어듭니다. 이분도 몸이 뒤틀리고 발작하는 것이 없어졌습니다. 첫째

날과 둘째 날은 교회의 접의자를 다 차고 다닐 정도로 몸이 뒤틀리고 발작을 했습니다. 점차 치유되어 안정을 찾고 심령에서 성령의 불이 나오는 기도를 하니 목사님에게 역사하던 귀신들이 떠나간 것입니다. 이렇게 기도하고 안수하면 할수록 안정을 찾아야 바른 성령의 역사를 체험하는 것입니다. 우리 속지 맙시다.

이분도 외국 빈야드 집회에 까지 참석했다는데 누구하나 바로 알려줘서 치유해준 사역자가 없었다는 서글픈 사실입니다. 지금 외국이나 한국이나 성령의 역사에 대한 영적인 분별 수준들이 이렇습니다.

여기에서 한 가지 더 알아야 할 것은 일반적인 교회에서 열심히 신앙생활을 하면서 부흥회 때 성령을 체험한 분들입니다. 저에게 전화가 오는데 목사님 저는 3년 전 부흥회에서 성령체험을 했습니다. 그런데 기도가 안 됩니다. 왜 그런가요? 이런 분들은 모두 영이 막힌 것입니다. 한마디로 성령을 체험했을 때 심령을 정화시켜야 하는데 그렇지 못하여 상처와 악한 영의 역사가 심령에서 일어나 영이 막힌 것입니다. 이런 분들은 모두 성령의 임재가운데 내면의 상처를 치유하면서 악한영의 역사를 몰아내야 합니다. 그래야 영의 통로가 열려 기도가 됩니다. 심령의 문제를 해결하지 않으면 성령으로 기도가 되지 않습니다.

최초 성령을 체험하면 이런 현상이 나타날 수가 있습니다. 몸이 뻣뻣해집니다. 몸이 뜨겁거나 따뜻합니다. 몸이 시원해집니다. 바람이 느껴집니다. 몸에 전기가 감전된 것같이 찌릿찌릿합니다. 감동이 옵니다. 눈물이 납니다. 자꾸 뒤로 넘어지려고 합니다. 손에 힘이 주어집니다. 몸에 힘이 빠지기도 합니다. 기분 나쁘지 않는 소름이 끼칩니다. 향기가 납니다. 몸이 떨리거나 흔들립니다. 저리는 느낌을 받습니다. 몸이 떨리거나 흔들립니다. 근육이나 피부의 한 부위가 떨립니다. 호흡곤란을 느끼기도 합니다. 신체 부위가 커지는 느낌이 듭니다. 물을 먹는 것 같습니다.

잔잔하게 내려오는 것 같습니다. 기뻐집니다. 영적인 생각이 나면서 흥분됩니다. 소리가 질러집니다. 입으로 바람이 불어집니다. 자신은 낮아지고 하나님의 경외하심이 느껴집니다. 방언 찬양이 나오기도 합니다. 눈이 부셔 눈을 깜빡깜빡거립니다. 배가 묵직해지면서 힘이 들어갑니다. 술에 취한 것 같이 어지러움을 느낍니다. 잠이 오는 것 같이 졸음이 옵니다.

성령을 초기에 체험하면 이와 같은 현상을 느끼고 체험합니다. 왜냐하면 성령께서 자신에게 역사하고 있다는 것을 알게 하기 위해서 일으키는 역사입니다. 성도가 체험과 믿음이 없어서 성령님이 자신에게 역사한다는 것을 잘 믿지 못하기 때문입니다. 성령님은 인격이시기 때문에 이렇게 알고 느끼게 역사하시는 것입니다. 그러나 차츰 성령의 깊은 임재에 장악이 되면 잔잔해지면서 몸으로 느끼는 가시적인 현상이 점차로 줄어듭니다. 점차로 줄어든다면 자신이 성령으로 장악이 되고 있는 증표입니다. 그러나 계속적으로 임재 체험 현상이 나타나면 문제가 있는 것입니다. 알고 대처하기를 바랍니다.

우리는 무슨 현상을 보고. 체험하는 것에 중점을 두지 말고, 자신이 예수님의 성품과 같이 변화되고 있는지에 관심을 두어야 합니다. 너무 나타나는 현상에 눈을 돌리면 영안이 열리지를 않습니다. 바른 성령의 역사가 일어나면 변화되지 말라고 해도 변화되게 되어 있습니다. 그리고 성령 사역을 하시는 분들은 영들을 분별하는 능력을 깊고 수준 높게 개발하여 성도들이 불필요한 고통을 당하지 않도록 지도할 수 있어야 합니다.

2.이상한 소리

성령이 임재 하여 역사하면 이상한 소리를 하는 경우가 있습니다. 소리를 잘 분별하여 해결해야 합니다. 흐흐흐 하면서 흐느끼기도 합니다. 이는 상처로 인하여 흐느끼기도 합니다. 귀신이 정체가 폭로되니 흐느끼기도 합니다. 쉬쉬쉬! 쉬쉬쉬! 하면서 뱀 소리를 내는 경우도 있습니다. 이때 예수 이름으로 명하노니 더러운 영은 떠나가라, 하며 명령하면 피사역자가 입에서 뱀을 뽑아내는 시늉을 하는 경우가 많습니다.

엉엉엉! 우는 경우도 있습니다. 우는 소리가 들리지 않고 등에다가 손을 얹으면 손으로 우는 소리가 감지되어 전해옵니다. 조금 지나면 울을 소리가 밖으로 나오면서 웁니다. 울도록 내버려두다가 우는 소리가 약해지면 서러움의 영을 몰아내야 합니다.

예수 이름으로 서러움의 영은 떠나갈지어다. 하면 기침을 사정 없이 하면서 떠나갑니다. 바르게 알아야 할 것은 울 때는 서러움의 상처가 치유되는 것입니다. 운다고 상처 뒤에 역사하는 서러움의 영은 떠나가지 않습니다. 예수 이름으로 떠나보내지 않으면 성령의 임재만 되면 웁니다. 반드시 축사를 해야 합니다.

우리 교회는 매주 토요일 날 "개별집중 능력은사전이와 개별집중치유"사역을 합니다. 얼마 전 토요일 날 집중치유를 하는데 따따다! 따따다! 하면서 방언기도를 했습니다. 그런데 성령께서 악한 영의 역사이니 속지 말라고 감동하십니다.

그래서 예수 이름으로 명하노니 지금 방언기도로 속이는 더러운 영은 떠나가라. 했더니, 막 기침을 하는데 사정없이 하면서 귀신들이 떠나갔습니다. 성령치유 사역을 하면서 소리분별을 잘 해야 합니다. 성령의 임재로 방언기도 한다고 믿어버리면 귀신에게 속는 것입니다.

3.환상 · 음성 · 깊은 임재

많은 성도들이 기도하다가 환상을 보거나 깊은 임재나 음성을 들으면 다 된 것으로 믿어버립니다. 얼마 전에 성령사역을 한다는 교회를 다니는 성도가 치유를 받으러 왔습니다. 상담을 요청하여 상담을 하는데 자기는 환상을 볼 때도 있고, 음성을 들을 때도 있다는 것입니다.

저희 교회에 치유 받으러 온 것은 다름이 아니고 얼마 전에 기도하다가 음성을 들었는데 종말을 준비하라고 들었다는 것입니다. 자기는 하나님이 종말을 준비하라고 하시니 지금 하고 있는 일을 그만두고 다른 일을 하려고 하다가 저에게 상담을 해보고 결정하려고 왔다는 것입니다.

제가 성령님에게 질문을 했습니다. 이 성도가 하는 말이 맞습니까? 아니다. 지금 이 성도는 이랬다가 저랬다가 하는 양신역사를 일으키고 있다. 그러면 어떻게 합니까? 다시 물어보라는 것입니다. 종말에 대하여 음성을 이번에 처음 들었느냐고… 성도에게 질문을 했더니 육년 전에도 종말을 준비하라는 음성을 듣고 사업하던 것을 정리하여 많은 손해를 보았다는 것입니다.

제가 이렇게 말했습니다. 성도님은 지금 양신역사가 일어나고 있습니다. 종말을 준비하라는 소리는 마귀가 하는 소리입니다. 만약에 지금 하는 일을 그만두면 육년 전과 같이 큰 손해가 납니다. 쓸데 없는 곳에 관심두지 말고 지금 하는 일이나 열심히 하십시오. 일을 그대로 하면서 심령을 말씀과 성령으로 치유하세요. 그러면 양신역사가 정리 될 것입니다. 성도가 이렇게 말합니다. 아니 목사님! 기도하면서 환상도 보고, 음성도 듣는데 양신역사가 일어날 수 있습니까?

그래서 나는 성령의 음성을 듣고 성령사역을 시작했는데 그때부터 귀신에게 말도 못하게 공격을 당했습니다. 그래서 내적치유를 1년을 받았습니다. 그래도 귀신이 떠나가지를 않았습니다. 7개월을 교회에서 잠을 자지 않으면서 기도하여 내면을 정리했습니다. 음성을 듣고, 환상을 보고 해도 양신역사가 일어납니다. 하나님은 환상과 음성을 들으면서 자신의 심령을 치유하라고 환상과 음성을 들려주시는 것입니다. 경거망동하지 말고 내말을 듣고 순종하라고 조언한 적이 있습니다. 요즈음 많은 목회자와 성도들이 환상을 보고 음성을 들으면 다 된 줄로 착각을 합니다.

이는 한마디로 착각입니다. 하나님은 심령에 관심이 많습니다. 심령관리에 시간과 물질과 마음을 투자하시기를 바랍니다. 또 바르게 알아야 할 것은 성령의 인도를 받으면 종말 준비 하지 않아도 성령께서 천국으로 인도하십니다. 종말이 무어니 하는 감언이설에 속지 마시기를 바랍니다.

4.아무런 현상을 느끼지 못함.

성령 사역을 하다가 보면 다른 사람은 기침도 나오고 울기도 하고 떨기도 하는데 자기는 아무런 현상이 나타나지 않는다고 의기소침하는 성도가 있습니다. 우리가 알아야 할 것은 성령은 사람의 인격을 존중합니다. 그래서 인격에 따라 역사하십니다. 제가 지금까지 성령사역을 하면서 임상적으로 체험한 결과 성령의 역사가 가시적으로 나타나지 않는 사람은 첫째, 성령의 역사가 잔잔하게 장악하는 경우입니다. 둘째, 자신이 둔하여 성령의 역사를 감지하지 못하는 경우입니다.

셋째, 모든 것을 합리로 이해하는 이성주의자입니다. 넷째, 상처가 강하여 악한 영의 역사가 강하게 묶인 경우입니다. 얼마 전에 여성도가 기도 시간에 아무리 안수를 해도 역사가 일어나지 않았습니다. 분명하게 상처와 악한 영의 역사가 있는데 역사가 나타나지 않는 것입니다.

그래서 토요일 집중치유를 권했습니다. 집중치유를 하는데 한 시간을 기도하고 안수하니 역사가 일어나기 시작하여 상처가 치유되고 귀신들이 떠나갔습니다. 그리고 우울증이 치유가 되기 시작을 했습니다.

그러므로 기도를 해도 성령의 역사가 나타나지 않으면 성령님에게 문의 하여 원인을 알고 조치해야 합니다. 그러나 지속적으로 주중에 성령 치유집회에 참석하여 집중적으로 은혜를 받으면 영이 예민해 지면서 성령의 역사를 느끼기 시작을 합니다.

결론적으로 가시적으로 나타나는 성령의 역사는 심령이 성령으로 장악되면 서서히 없어집니다. 그러나 상처를 축출하고, 귀신을 축사하지 않으면 현상이 그대로 일어난다는 것을 알아야 합니다. 성령의 역사를 바르게 알고 대처하여 불필요한 고난을 당하지 말아야 합니다.

3장 성령의 불은 받는가? 나오는가?

(행 19:2-7)"이르되 너희가 믿을 때에 성령을 받았느냐 이르되 아니라 우리는 성령이 계심도 듣지 못하였노라. 바울이 이르되 그러면 너희가 무슨 세례를 받았느냐 대답하되 요한의 세례니라. 바울이 이르되 요한이 회개의 세례를 베풀며 백성에게 말하되 내 뒤에 오시는 이를 믿으라 하였으니 이는 곧 예수라 하거늘, 그들이 듣고 주 예수의 이름으로 세례를 받으니, 바울이 그들에게 안수하매 성령이 그들에게 임하시므로 방언도 하고 예언도 하니 모두 열두 사람쯤 되니라"

성령의 불을 받아야 한다. 그곳에 가면 성령의 불을 받는다. 이렇게 성령의 불을 받는다고 표현을 많이 합니다. 그래서 성도들이 불을 받는 것으로 알고 있는 경우가 많습니다. 과연 성령의 불을 받는 것이 맞을까요? 아닙니다. 예수를 믿고 성령으로 거듭난 성도는 성령의 불이 나오는 것이 맞습니다. 지금 성령은 성도의 마음속에 계시기 때문입니다. 그럼 왜 성령의 불을 받는다고 할까요? 근원은 이것 때문입니다. 하나님의 자녀가 기도할 때 불로 응답을 하신 것을 성경 여러 곳에서 볼 수가 있습니다. 아브라함이 기도할 때 응답으로 횃불로 임하셨습니다."해가 져서 어두울 때에 연기 나는 화로가 보이며 타는 횃불이 쪼갠 고기 사이로 지나더라."(창15:17). 그리고 갈멜산에서 엘리야가 기도할 때 불로 임하셔서 응답을 했습니다. "여호와여 내게 응답하옵소서 내게 응답하옵소서 이 백성에게 주 여호와는 하나님이신 것과 주는 그들의 마음을 되돌이키심을 알게 하옵소서 하매 이에 여호와의 불이 내려서 번제물과 나무와 돌과 흙을 태우고 또 도랑의 물을 핥은지라."(열상18:37-38). 호렙산 떨기나무에서 모세를 부르실 때도 불로 임재 하셨습니다. "여호와의 사자가 떨기나무 가운데로부터 나오는 불꽃 안에서 그에게 나타나시니라 그가 보니 떨기나무에 불이 붙었으나 그 떨기나무가 사라지지 아니하는지라. 이에 모세가 이르되 내가 돌이켜 가서 이 큰 광경을 보리라 떨기나무가 어찌하여 타지 아니하는고 하니 그 때에 여호와께서 그가 보려고 돌이켜 오는 것을 보신지라 하나님이 떨기나무 가운데서 그를 불러 이르시되 모세야 모세야 하시매 그가 이르되 내가 여기 있나이다. 하나님이 이르시되 이리로 가까이 오지 말라 네가 선 곳은 거룩한 땅이니 네 발에서 신을 벗으라."(출3:2-5). 솔로몬이 성전 건축을 마치고 낙성식에 기도할 때 불로 임하셨습니다. "솔로몬이 기도를 마치매 불이 하늘에서부터 내려와서 그 번제물과 제물들을 사르고 여호와의 영광이 그 성전에 가득하니."(대하7:1).

그리고 오순절 날 열흘 동안 일심으로 인내하며 기도하던 사람들에게 성령이 불의 혀같이 갈라지는 것이 온 사람위에 하나씩 임했다고 했습니다. "마치 불의 혀처럼 갈라지는 것들이 그들에게 보여 각 사람 위에 하나씩 임하여 있더니."(행2:3). 이렇게 우리가 기도할 때 불이 하늘로부터 임한다는 것은 하나님의 임재를 상징합니다. "그의 반석은 두려움으로 말미암아 물러가겠고 그의 고관들은 기치로 말미암아 놀라리라 이는 여호와의 말씀이라 여호와의 불은 시온에 있고 여호와의 풀무는 예루살렘에 있느니라."(사31:9).

이스라엘 민족이 애굽에서 나와서 광야를 걸어갈 때 낮에는 구름기둥으로 밤에는 불기둥으로 이스라엘 민족을 인도하셨습니다. "여호와께서 그들 앞에서 가시며 낮에는 구름 기둥으로 그들의 길을 인도하시고 밤에는 불기둥을 그들에게 비추사 낮이나 밤이나 진행하게 하시니."(출13:21). 그래서 우리가 기도할 때 불이 임하는 것은 하나님의 임재를 상징하는 것으로 우리의 기도를 들으시고 기도에 응답을 했다는 약속의 증거가 되는 것입니다.

그러나 앞에 말씀드린 모두는 구약시대에 일어난 일들입니다. 불이 임했다. 불이 태웠다. 이 말씀을 들은 성도들이 확인도 하지 않고 불은 하늘에서 임하는 것이다. 이렇게 믿고, 자아가 되어 지금 성령이 역사하는 교회시대에도 성령의 불이 임하는 것으로 알고 있는 것입니다. 성령이 역사하는 교회 시대의 성령의 불은 각자 성도 안에 있습니다. 성도 안에서 나오는 것입니다. 오순절 마가의 다락방에서 성령이 하늘로부터 임했습니다. 사도행전 2장 1-4절을 보겠습니다. "오순절 날이 이미 이르매 그들이 다같이 한 곳에 모였더니, 홀연히 하늘로부터 급하고 강한 바람 같은 소리가 있어 그들이 앉은 온 집에 가득하며, 마치 불의 혀처럼 갈라지는 것들이 그들에게 보여 각 사람 위에 하나씩 임하여 있더니, 그들이 다 성령의 충만함을 받고 성령이 말하게 하심을 따라 다른 언어들로 말하기를 시작하니라."

이후로는 오순절 날 마가의 다락방에서 성령의 불을 받은 사람들이 기도할 때 임했습니다. 사도행전 4장 28-31절을 보겠습니다. "하나님의 권능과 뜻대로 이루려고 예정하신 그것을 행하려고 이 성에 모였나이다. 주여 이제도 그들의 위협함을 굽어보시옵고 또 종들로 하여금 담대히 하나님의 말씀을 전하게 하여 주시오며, 손을 내밀어 병을 낫게 하시옵고 표적과 기사가 거룩한 종 예수의 이름으로 이루어지게 하옵소서 하더라. 빌기를 다하매 모인 곳이 진동하더니 무리가 다 성령이 충만하여 담대히 하나님의 말씀을 전하니라"

오순절 날 성령의 세례를 받은 성도들이 뜨겁게 기도할 때 성령이 충만해졌다는 말입니다. 사도행전 9장에 보면 사울(바울)의 성령 받은 사건이 기록되어 있습니다. 사울은 예루살렘에서 대제사장으로부터 허가를 받아서 시리아의 땅 다메섹으로 피난 간 신자들을 모조리 잡아끌고 와서 감옥에 넣고 형벌하기 위해서 그는 군졸들을 데리고 시리아로 갔습니다. 다메섹으로 가는 길에서 바로 다메섹 성이 눈앞에 보입니다. 그런데 시리아의 햇볕은 마치 소나기처럼 쏟아진다고 했었습니다. 공기가 습기가 없고 맑기 때문에 소나기처럼 햇살이 비춰 내려옵니다.

그런데 갑자기 대낮의 햇빛보다 더 밝은 빛이 하늘에서 비치므로 모든 사람들이 놀라서 땅에 엎드렸습니다. 사울도 말에서 떨어져서 땅에 엎드렸습니다. 그러자 하늘에서 소리가 났습니다. '사울아, 사울아 네가 왜 나를 핍박하느냐?' 그는 엎드려서 말했습니다. '주여, 뉘시오니까?' '나는 네가 핍박하는 예수라' 깜짝 놀랐습니다. 자기는 하나님 일한다고 해서 기독교회를 훼파하고 교인들을 죽였는데 바로 그 훼파하는 기독교회의 주인인 예수가 하나님이라는 것을 깨달았습니다.

그는 일어나 보니 눈이 장님이 되었습니다. 사람들에게 끌려서 다메섹에 들어가서 사흘 낮, 사흘 밤을 금식하면서 회개하고 부르짖었습니다. 그러자 하나님의 영광이 임하시기 시작한 것입니다. 하나님께서 아나니아라는 사람에게 나타났습니다. 그리고 말씀하기를 '아나니아야, 사울이라는 사람에게 찾아가서 안수하여 보게 하고 성령으로 충만함 받게 하라'고 했었습니다. 아나니아가 말했습니다. '그 사람은 예루살렘에서도 많은 교인들을 죽이고 감옥에 가둬 놓고 교회를 훼파했습니다. 이 자리에도 예수교인을 잡으러 왔는데요" "그렇지 않다. 그 사람은 내가 택한 그릇이다. 나를 위해서 많은 어려움을 당하게 될 것이다. 직가라 하는 곳에 가서 사울을 찾아서 기도해 주어라'

그래서 아나니아가 사울에게 찾아와서 네가 길에서 올 때 만난 그 예수가 나를 보내서 왔다 하고, 사울에게 안수하고 사울에게 성령으로 충만하게 하자. 눈에서 비늘 같은 것이 떨어져서 눈이 보이게 되고 그는 성령으로 충만함 받습니다. 오순절 날 성령의 세례를 받은 아나니아가 안수할 때 사울(바울)에게 성령의 세례가 임한 것입니다. 바울은 그 때로부터 일어나서 기독교 역사상 최대의 사도가 되어서 천하에 복음이 전파되는데 가장 큰 기여를 한 분이 된 것입니다. 바로 이는 성령으로 충만함 받고 난 다음부터 그의 생애 속에 의심은 다 사라지고 믿음, 소망, 사랑이 충만해서 마지막 로마에서 목이 베어질 때까지 복음을 증거한 것입니다.

오늘날도 성령을 받은 사람에게 안수 받을 때 성령을 받을 수 있습니다. 지금은 혼자 기도할 때 하늘에서 성령의 불이 임하지 않습니다. 성령 받은 사람에게 안수를 받을 때 성령의 불이 임합니다. 한마디로 성령의 불을 처음은 받을 수가 있다는 말입니다. 그러나 계속 성령의 불을 받으면 안 됩니다. 영적자립을 할 수 없는 성도가 되기 때문입니다. 자기 안에 있는 성령의 불을 밖으로 나오게 해야 합니다. 자기 마음 안에 있는 불을 밖으로 나오게 하는 것이 성령의 세례입니다.

자신 안에 계신 성령이 순간 자신을 장악하는 것을 성령의 세례라고 합니다. 성령의 세례를 받은 후에는 성령의 불세례가 임하면서 자신을 완전하게 장악을 합니다. 그러므로 한번 성령세례 받았다고 다된 것은 아니라는 것입니다. 성령의 충만이 계속되어야 합니다. 고로 성령의 세례를 받아야 우리가 정말 하나님이 살아 계신 것을 체험하게 됩니다. 능력과 권세가 임하여서 우리의 모든 유혹을 물리치고 하나님의 위대한 일꾼이 될 수가 있는 것입니다.

사도행전 10장에는 고넬료 가정에 성령의 불이 임한 사건이 나옵니다. 고넬료는 이탈리아 사람이었습니다. 이탈리아의 육군대위였습니다. 그는 유대인이 아니었습니다. 그럼에도 불구하고 그는 구제를 많이 하고 하나님께 기도를 많이 했는데 오후 3시에 간절히 기도하니까 갑자기 천사가 그 앞에 나타났었습니다. '고넬료아, 고넬료아' 하매 깜짝 놀라서 소스라쳐 쳐다보니까 '네 구제와 기도가 하늘에 상달되었다. 욥바에 사람을 보내서 베드로라는 사람을 청하라. 그가 구원에 대한 말을 해줄 것이다.' 원래 교넬료는 그 식구들과 함께 기도를 많이 했었습니다.

그래서 베드로가 오기 전까지 온 친지들을 모아 놓고 간절히 기도하고 있는데 베드로가 와서 하나님의 말씀을 증거 합니다. 모세의 율법으로도 의롭다 함을 받지 못한 사람이 예수를 믿으면 그 피로 말미암아 죄 사함을 받고 의롭게 된다는 설교를 하자. 그것을 믿고 그것을 믿자마자 성령이 하늘에서 임하신 것입니다. 그래서 고넬료와 그 가족들이 다 성령의 충만함을 받고 하나님을 높이며 방언을 말하고 역사가 일어났었습니다.

그 결과 고넬료 같은 이탈리아 사람이 군대 복무를 마치고 로마로 돌아가서 얼마나 열심히 전도했던지 주후 300년 만에 로마가 거꾸러져 예수를 믿고, 그 당시 온 구라파가 주 예수께로 돌아오게 된 것입니다. 고넬료와 같은 이러한 군인이 정말 성령의 충만함을 받고 하나님의 능력으로 로마의 고향 땅에 돌아가서 열심히 하나님의 능력을 전도했기 때문에 로마가 온통 예수를 믿고 나온 역사가 일어날 수 있었던 것입니다.

이러므로 아무리 종교를 가졌다고 해도 성령의 능력을 받지 아니하면 종교는 아무런 힘도 없습니다. 우리가 의식적인 형식적인 신앙을 아무리 가졌다고 해도 그것이 우리 자신과 다른 사람을 구원할 능력도 없는 것입니다. 이러므로 주께서는 예루살렘을 떠나지 말고 아버지의 약속하신 것을 기다리라. 요한은 물로 세례를 베풀었거니와 너희는 몇 날이 못되어 성령으로 세례를 받으리라고 말씀하신 것입니다.

그러므로 성령세례 받지 아니한 사람은 성령 받기를 간절히 사모해야 될 것입니다. 성령을 받으려면 성령을 받은 사람에게 말씀을 듣고 안수를 받아야 성령의 세례를 받을 수가 있습니다. 그러나 계속적으로 성령의 불을 받으려는 생각을 버려야 합니다. 성령으로 깊은 영의기도를 하여 자신의 영 안의 성령으로부터 성령의 불이 올라오게 해야 합니다.

사도행전 10장에는 에베소 교회의 성도들이 성령으로 세례를 받은 사건이 기록되어 있습니다. 에베소 교회는 아볼로라는 유명한 웅변을 잘하는 목사님의 설교로 세워진 교회입니다. 웅변을 통해서 사람들이 주님께로 나왔지만은 신앙의 힘이 희미합니다. 이렇게 성령의 체험 없는 신앙은 언제나 희미합니다. 그래서 에베소 교회의 교인들은 웅변만 듣고서 감동으로 나왔으나 기도에 힘이 없고 하나님을 바라는 신앙에 힘이 없었습니다.

바울이 와서 보니까 열두 명쯤 되는 사람이 살았다 하나 죽은 상태입니다. 그래서 바울이 물었습니다.'너희가 믿을 때에 성령을 받았느냐?''우리는 성령이 있음도 알지 못하노라'바울이 그들에게 그리스도를 전도하고 물로 세례를 베풀고 안수하고 기도해 주었더니 성령을 받아 방언도 하고 예언도 하니 모두 열두 사람쯤 되었습니다.

그 결과 에베소에서 이 열두 사람이 성령을 받자 불길이 일어나기 시작한 것입니다. 하나님의 역사가 에베소 일대를 뒤흔들었습니다. 얼마 있지 아니하여 소아시아 전체가 그리스도의 복음을 듣게 되고 하나님의 영광이 하늘에 사무치게 된 것입니다. 이 사람들이 성령을 받자 그 열두 사람으로부터 시작해서 가장 큰 성령의 운동이 소아시아 일대에 일어나게 된 것입니다.

이렇게 볼 때에 성령이 역사하는 교회 시대인 지금은 성령을 받은 사람이 말씀을 전하고 기도할 때 임합니다. 이는 말씀을 전하는 사람의 심령에 임재 했던 성령이 나타난 것입니다. 성령은 먼저 성령세례를 받은 성도 안에 임재 하여 계십니다. 그리고 성령으로 세례 받은 성도들이 모인 장소에 임재 하여 계십니다. 성령으로 세례를 받은 목회자가 전하는 말씀 안에 임재 하여 계십니다. 그러므로 성령의 불은 성령으로 세례를 받은 성도의 마음 속에서 나오는 것입니다.

그런데 아직도 많은 목회자나 성도가 성령의 불이 하늘에서 떨어지는 줄로 압니다. 저에게 질문을 많이 합니다. 목사님! 우리 교회에서는 성령의 불이 하늘에서 떨어진다는데, 왜 목사님은 성령 받은 성도의 심령에서 올라온다고 하십니까? 그래서 제가 잘 설명을 합니다. 지금 하나님은 예수를 영접한 성도의 마음 안에 계십니다. 예수님은 요한복음14장 20절에서 "그 날에는 내가 아버지 안에, 너희가 내 안에, 내가 너희 안에 있는 것을 너희가 알리라" 하셨습니다.

로마서8장 10-11절에서는 "또 그리스도께서 너희 안에 계시면 몸은 죄로 말미암아 죽은 것이나 영은 의로 말미암아 살아 있는 것이니라. 예수를 죽은 자 가운데서 살리신 이의 영이 너희 안에 거하시면 그리스도 예수를 죽은 자 가운데서 살리신 이가 너희 안에 거하시는 그의 영으로 말미암아 너희 죽을 몸도 살리시리라" 하셨고, 고린도전서 3장 16절에서는 "너희는 너희가 하나님의 성전인 것과 하나님의 성령이 너희 안에 계시는 것을 알지 못하느냐"했습니다. 빌립보서 2장 13절에서는 "너희 안에서 행하시는 이는 하나님이시니 자기의 기쁘신 뜻을 위하여 너희에게 소원을 두고 행하게 하시나니"라고 하십니다.

이렇게 볼 때에 분명히 성령의 불은 내 안에서 나오는 것이 맞습니다. 하나님이 성도의 마음 안에 계시기 때문입니다. 성령의 불이 자신 안에서 나오는 것을 인정하지 않으면 이런 현상이 나타납니다. 밖에서 역사하는 불만 받으려고 하기 때문에 영의통로가 뚫리지를 않습니다. 왜냐하면 밖에다가만 관심을 집중하기 때문입니다. 내 안에 관심을 가져야 자신이 보이는데 밖에다가 관심을 두니 자신이 보이지 않는 것입니다.

그래서 밖에다가 관심을 두니 영의통로가 열리지를 않습니다. 영의통로가 막혀있으니 항상 갈급합니다. 성도는 심령에서 은혜가 올라와야 영의 만족을 얻을 수가 있습니다. 밖에서 들리고 보이는 것을 가지고 은혜를 받으려고 하니 항상 심령이 갈급한 것입니다. 교회나 은혜의 장소에 가서 말씀을 듣고 예배를 드릴 때는 은혜를 받는 것 같습니다.

그러나 마치고 돌아서면 허전합니다. 기도를 할 때도 마찬가지입니다. 기도를 하면 마음이 편안해지는 것 같습니다. 조금 지나면 심령이 갑갑해 집니다. 밖에서 역사하는 성령의 불을 받아서 몸은 뜨거운데 마음은 평안하지 못합니다. 마음이 평안하지 못하니 성품이 변하지 않습니다. 남이 하는 조그마한 소리에도 참아내지 못하여 혈기를 냅니다. 성령의 불이 마음에서 올라오지 않으니 육체에 역사하는 세상신이 역사하기 때문입니다.

좀처럼 심령이 변하지 않으니 그리스도인으로서 본을 보이지 못합니다. 세상 믿지 않는 사람들보다 더 악하고 혈기를 잘 냅니다. 이런 성도가 기도하는 것을 보면 거의 목에서 나오는 소리로 기도를 합니다. 기도할 때 나름대로 생각하기는 성령으로 충만하다고 생각하는데 절대로 그렇지 못합니다.

이런 성도가 밖에서 역사하는 성령의 불을 잘 받습니다. 밖에서 역사하는 불로 인하여 육체가 훈련되어 있기 때문입니다. 성령이 역사하면 뜨거움도 강합니다. 그러니 성령의 불을 받았다고 믿어버리는 것입니다. 마음속에서 불이 나오게 하지 않으니 육체에 역사하던 세상신이 떠나가지를 않습니다. 기도를 해도 세상신이 적응을 하여 같이 기도하면서 꼼짝도 하지 않습니다. 이런 분들이 모두가 이구동성으로 하는 말이 얼마 전에 어디에서 성령의 강한 불을 받았다고 합니다.

예를 든다면 이런 경우입니다. 제가 어느 기도원에 간적이 있습니다. 기도 시간이 되었습니다. 강단에서 집회를 인도하시는 목사님이 성령의 불을 받아라! 불! 불! 불! 하니까? 어느 여성이 욱욱하는 것입니다. 제가 물었습니다. 왜~ 그렇게 몸을 움츠리면서 욱욱합니까? 그랬더니 이렇게 대답을 합니다. 강사 목사님의 성령의 불이 강하기 때문에 자기에게 그런 현상이 나타난다는 것입니다. 이는 잘못 이해한 것입니다. 우리 안에 역사하는 성령의 불은 밖에서 역사하여 나에게 와서 느끼게 할 수도 있습니다. 그렇다고 욱욱하는 것은 아닙니다.

제가 지금까지 성령치유 사역을 하면서 욱욱하는 분들을 안수하여 영의통로를 뚫으면 속에서 말로 표현하기 힘들 정도로 더러운 것들이 나옵니다. 이 더러운 것들이 나가고 나면 절대로 욱욱하지 않고, 조용하고 평안하게 영으로 기도를 합니다. 얼굴이 평안하게 보일 정도로 평안해집니다. 욱욱하게 하는 것은 상처 뒤에 역사하는 악한 영들입니다. 이들이 떠나가고 나면 잠잠해지면서 평안을 느끼고 영으로 깊은 기도를 합니다.

이렇게 성령의 불을 받는다고 하는 분들이 상처를 많이 가지고 있습니다. 자신의 속에서 떠나보내지 않고 받아들이기 때문입니다. 은혜의 장소에 가서 말씀 듣고 기도할 때는 충만한 것 같습니다. 3일만 지나면 갈급해 집니다. 혈기가 나고 괜히 짜증을 많이 냅니다. 심령의 영이 막혀있어서 일어나는 현상입니다. 이런 분들은 절대로 영의 만족을 누리지를 못합니다.

마음의 상처와 상처 뒤에 역사하는 세상신이 영을 압박하기 때문입니다. 치유를 받으려면 호흡을 깊게 들이쉬고 내쉬면서 배에서 나오는 소리로 주여! 주여! 주여! 를 한 5분만 하면 영의 통로가 뚫리기 시작하는 것을 본인이 느끼게 됩니다. 성령의 임재를 지속적으로 받았기 때문에 영의통로를 뚫기가 쉽습니다. 그런데 보통 이런 분들이 자아가 강하여 주여! 주여! 주여! 하면서 기도를 하지 않습니다. 몸을 움츠리고 으으으 하면서 자신만 인정해주는 성령의 불을 받았다고 믿기 때문입니다.

자신이 성령의 불을 받는 방법을 터득하여 그대로 행동합니다. 이런 분은 좀처럼 변화되지 않습니다. 자아가 강하기 때문입니다. 제가 지금까지 십 년이 넘도록 성령 사역을 하면서 나름대로 체험한 결론에 의하면 영의통로를 뚫어야 되는 분들은 이렇습니다. 기도할 때나 안수를 받을 때 몸이 뜨거워지면서 경직이 되는 성도입니다. 기도를 하루라도 쉬면 마음이 갑갑하여 죽을 것 같다고 말하는 분입니다. 기도할 때 몸의 진동이 심하게 나타나는 성도입니다. 방언 기도할 때 몸이 뜨거워지면서 땀을 많이 흘리는 성도입니다. 안수를 받을 때 으으으 하면서 몸이 굳어지고 뜨거워지는 성도입니다. 일어서서 기도하다가 잘 넘어지는 성도입니다. 기도하다가 깜박깜박하면서 의식을 놓는 성도입니다. 기도할 때 뿐이고 돌아서면 갈급한 성도입니다. 다른 성도가 자신에게 조금이라도 거슬리는 말을 하면 분이 나와서 참지 못하는 성도입니다. 예배는 열심히 참석하고 기도는 많이 하는데 항상 심령이 갈급한 성도입니다. 나름대로 신앙생활은 잘한다고 생각하는데 몸이 이곳저곳 아픈 분입니다. 마음의 상처로 고생하는 분들입니다.

그리고 교회에서나 세상에서 사람들과 대화할 때 머리가 아프다던가. 속이 거북스러운 분들은 영의통로를 뚫어 속에서 불이 나오게 해야 합니다. 이런 분들은 자신의 마음속에서 불이 나오지 않아 영이 약하기 때문에 일어나는 현상입니다. 대화할 때 상대방의 나쁜 기운들이 자신에게 침투하기 때문에 영이 알아차리고 조심하라고 육이 느끼게 하는 것입니다. 이런 분들은 대화할 때 마음으로 호흡을 하여 성령의 역사를 일으켜야 합니다. 그래야 상대방의 나쁜 기운들이 타고 들어오지 못합니다. 대화를 한 후 호흡을 깊게 들이쉬고 내쉬면서 심령을 정화해야 합니다. 그렇지 않으면 나쁜 기운들이 자신 안에서 집을 지을 수도 있습니다. 경각심을 가져야 합니다.

이런 분들은 성령이 충만한 장소에 가서 은혜 받고 기도하면서 영의통로를 뚫어야 합니다. 호흡을 들이쉬고 내쉬면서 배에서 나오는 소리로 주여! 주여! 주여! 를 지속적으로 하면 기침이 나오면서 영의통로가 열립니다. 체험 있는 사역자의 도움을 받는 것이 빠릅니다. 사역자가 안수할 때 이렇게 하시기를 바랍니다. 피사역자의 머리에 한 손을 올리고, 다른 손은 등 뒤에 올립니다. 피사역자에게 지시를 합니다. 호흡을 들이쉬고 내쉬라고 말입니다. 최대한 방광이 있는 곳이 부풀어 오르도록 호흡을 깊게 들이쉬게 합니다. 호흡을 들이쉬고, 내쉬고 하면서 한 3분 동안 기다리면 웬만한 성도는 모두 영의통로가 뚫립니다. 영의통로가 뚫리면 더러운 것들이 나오므로 사전에 꼭 휴지를 준비해야 합니다. 말로 표현 할 수 없도록 많은 오물들이 나옵니다. 피사역자의 마음 안에 있는 영으로부터 권능이 올라오니 더러운 것들이 밀려서 나오는 것입니다.

이렇게 몇 번만 하면 영의통로가 열려서 깊은 영의기도가 됩니다. 마음이 평안해집니다. 구습이 변합니다. 말로 표현 할 수 없는 평안이 올라옵니다. 우리는 성령의 불이 심령에서 올라오게 해야 합니다. 그래야 영적으로 변합니다. 영의 만족을 누리게 됩니다. 성령의 불이 심령에서 올라와야 예수님의 성품으로 변합니다. 영의통로가 뚫리니 영의 만족을 찾아 방황하지 않습니다.

분명하게 성령의 불은 받는 것이 아닙니다. 자신의 영 안에서 성령의 불이 나오는 것입니다. 자신의 영 안에서 성령의 불이 나오도록 영성을 깊게 해야 합니다. 우리 예수를 믿고 성령으로 거듭난 성도는 바르게 알고 바르게 행해야 합니다. 명확한 근거도 없는 샤머니즘적인 용어에 속지 말고 바르게 체험하기 바랍니다.

무엇이든지 받아들이지 말고 말씀으로 분별해 보는 습관을 들이시기를 바랍니다. 마귀는 어찌하든지 성도들을 속이려고 합니다. 그것도 하나님의 말씀과 성령의 역사를 교묘하게 위장하여 침투합니다. 분별력을 길러야 합니다. 성도는 하나님의 말씀과 바른 성령 체험을 하면 변하게 되어 있습니다. 무엇이든지 열매를 보시기를 바랍니다. 아무리 뜨거운 불을 받았다고 할지라도 구습이 변하지 않으면 분별의 대상입니다. 무엇인가 잘못된 것이 있다는 것입니다. 수준을 높이시기를 바랍니다.

4장 성령 세례는 꼭 받아야 하는가?

(행 11:15-16)"내가 말을 시작할 때에 성령이 저희에게 임하시기를 우리에게 하신 것과 같이 하는지라. 내가 주의 말씀에 요한은 물로 세례를 주었으나 너희는 성령으로 세례를 받으리라 하신 것이 생각났노라"

성령세례에 대한 여러 견해가 많아서 성도들이 혼동하는 경우가 있습니다. 그러나 하나님은 성령으로 세례를 받으리라(행 1:5). 말씀하십니다. 사도행전 2장 1-4절에 보면 "오순절 날이 이미 이르매 그들이 다 같이 한 곳에 모였더니, 홀연히 하늘로부터 급하고 강한 바람 같은 소리가 있어 그들이 앉은 온 집에 가득하며, 마치 불의 혀처럼 갈라지는 것들이 그들에게 보여 각 사람 위에 하나씩 임하여 있더니, 그들이 다 성령의 충만함을 받고 성령이 말하게 하심을 따라 다른 언어들로 말하기를 시작하니라." 했습니다. 성령으로 세례를 받으니 성령의 충만함을 받고 다른 언어(하늘의 언어)로 말을 했습니다. 성령으로 세례를 받으니 하늘의 사람으로 변하여 하늘언어를 했다는 것입니다.

저는 십 년이 넘도록 성령치유 사역을 했습니다. 성령치유 사역을 하다가 보니 성령의 세례를 받으면 그때부터 치유가 이루어지기 시작 했습니다. 저는 성령의 세례를 이렇게 표현하기도 합니다. 성령의 세례는 예수를 영접할 때 내주하신 성령께서 순

간 폭발하여 전인격을 사로잡는 것이라고 하기도 합니다. 예수
를 믿으면 성령이 내주하십니다. 즉시로 죽었던 영은 살아납니
다.

그러나 육체는 성령으로 장악당하지 않은 상태입니다. 육체
는 구습을 따르는 옛 사람이 그대로 있다는 말입니다. 그러므로
옛 사람에게 역사하던 세상신이 여전히 주인노릇을 하고 있다는
뜻도 됩니다. 하지만 성령으로 세례를 받으면 성령께서 전인격
을 사로잡으므로 옛 사람에게 역사하던 세상신이 떠나가기 시작
을 하는 것입니다.

그래서 하나님은 성도들이 성령으로 세례를 받아 영적으로 변
하기를 소원하십니다. 성령으로 세례를 받아야 전인격이 하나님
을 따를 수 있기 때문입니다. 목회자나 성도나 할 것 없이 성령
의 불 받기를 사모합니다. 그러나 성령의 세례를 받아야 성령의
불로 세례를 체험할 수가 있습니다. 저의 개인적인 견해로는 성
령의 세례가 없이 성령의 불세례를 받을 수가 없습니다. 성령의
불세례를 받으려면 먼저 성령의 세례를 체험해야 합니다. 성령
의 세례를 받으려면 세례를 받을 수 있는 영육의 상태가 되어야
합니다.

성령의 세례를 받으려면 먼저 마음을 열어야 합니다. 성령은
사람의 영 안에서 역사하십니다. 영은 사람의 마음 안에 있습니
다. 그래서 마음을 열어야 영 안에 계신 성령이 역사하는 것입니
다. 성령이 역사해야 사람이 영적인 상태가 되는 것입니다. 영적

인 상태가 되어야 하나님과 교통할 수가 있는 것입니다. 그러므로 우리는 회개의 세례인 물세례로 만족하지 않고 다음은 성령의 세례를 받아야 합니다.

세례요한은"나는 너희로 회개하게 하기 위하여 물로 세례를 베풀거니와 내 뒤에 오시는 이는 나보다 능력이 많으시니 나는 그의 신을 들기도 감당하지 못하겠노라 그는 성령과 불로 너희에게 세례를 베푸실 것이요"(마 3:11)라고 말씀한대로 물세례를 받기 이전이든지 이후든지 성령의 세례를 반드시 받아야 합니다.

어떤 성도들은 성령의 세례 받으면 물세례를 안 받아도 되느냐 묻는 사람이 있는데 그것은 잘못된 것입니다. 예수님께서도 세례요한에게 직접 물세례를 받았습니다. "이때에 예수께서 갈릴리로부터 요단강에 이르러 요한에게 세례를 받으려 하시니, 요한이 말려 이르되 내가 당신에게서 세례를 받아야 할 터인데 당신이 내게로 오시나이까, 예수께서 대답하여 이르시되 이제 허락하라 우리가 이와 같이 하여 모든 의를 이루는 것이 합당하니라 하시니 이에 요한이 허락하는지라"(마 3:13-15)고 했습니다.

세례를 행하므로 하나님께 의를 이루는 것임으로 성도는 물세례를 받아야 합니다. 그렇지만 물세례로 만족하지 말고 성령의 세례를 사모해야 합니다. 사모해야 성령으로 세례를 체험할 수가 있습니다. 물세례는 예수를 믿고, 구원 받은 사람 즉 중생한 사람의 표로 받는 것이라면 성령의 세례는 구원받은 사람이 하나님의 사역을 위해 권능을 받는 것입니다. 그래서 "성령이 너희에게 임하면 권능을 받고 예루살렘과 유대와 사마리아 땅끝까지 이르러 내 증인이 되리라"(행 1:18)고 말씀하셨습니다.

우리는 전도의 사명이 있는데 전도하는데 필수적인 도구는 성령의 세례를 받는 것입니다. 성령의 권능으로 전도하는 것입니다. 성령의 권능 없이 전도할 수가 없습니다. 세상은 마귀에게 처해 있기 때문입니다. 마귀의 종 되어 있는 세상 사람을 전도하는 것은 인간의 힘만으로는 한계가 있습니다. 반드시 성령의 권능으로 전도를 해야 합니다.

성령의 세례는 보편적으로 두 가지 견해가 있습니다. 첫째가 성령의 내주하심입니다. 두 번째가 예수를 믿고 특별한 체험을 하는 경우입니다. 제가 성령세례를 받아야 한다고 강조하는 것은 바로 두 번째 사건을 말하는 것입니다.

이는 사도 베드로께서는 예루살렘에 올라갔을 때, 고넬료가 믿게 된 사실을 말씀하면서 "내가 말을 시작할 때에 성령이 저희에게 임하시기를 우리에게 하신 것과 같이 하는지라. 내가 주의 말씀에 요한은 물로 세례를 주었으나 너희는 성령으로 세례를 받으리라 하신 것이 생각났노라"(행 11:15,16)고 하셨습니다. 이것은 자신이나 고넬료에게 있어서 성령의 세례가 최초성을 가지고 있음을 설명한 것이었습니다.

사도 바울께서 "주의 이름을 불러 세례를 받고 너의 죄를 씻으라"(행 22:16)고 하신 말씀과 "주 예수 그리스도의 이름과 우리 하나님의 성령 안에서 씻음과 거룩함과 의롭다 하심을 얻었느니라"(고전 6:11)고 하신 말씀을 비교해 보면, 우리는 성령의 세례에 정결성이 있음을 봅니다. 또 사도 바울께서는 고전 12:13에서 "다 한 성령으로 세례를 받아 한 몸이 되었고, 또 다 한 성령을 마시게 하셨다"고 하심으로서, 성령 세례의 보편성에 대해 말씀했습니다.

우리는 성경에 성령의 세례는 받으라는 명령이 없는 사실과, 한 번 성령의 세례를 받았던 사람이 다시 받았던 예도 없었던 사실을 통해, 성령의 세례가 하나님의 주권성과 단회성을 가지고 있음을 알게 됩니다.

성령께서 하시는 사역 중에서 이러한 특성들을 가지고 있는 것은 오직 회심과 중생뿐입니다. 그러므로 우리는 성령의 세례란, 죄인을 회심시켜 중생케 하시는 성령의 사역을 의미한다고 보아야 합니다. 그래서 성령의 세례를 내가 지금까지 성령사역을 하면서 체험한 바를 요약해서 설명하면 이렇습니다. 물세례는 목사님들이 예수님의 위임을 받아 베풀고 있습니다. 그러나 성령의 세례는 그러한 인간 제도를 통해 주어지는 세례가 아닙니다. 성령의 세례는 영적인 세례입니다.

눈에 보이지 않는 신령한 질서를 따라 주어지는 은총의 세례입니다. 이 성령의 불세례는 인간 집례 자가 베풀 수 없습니다. 오직 하늘에 계신 예수님이 베풀어 주십니다. 살아계신 성령 하나님이 자신을 장악하여 죄악을 씻어내고 새사람으로 거듭나게 합니다. 그렇기 때문에 성령의 세례는 모든 성도에게 베풀어지지 않는 것입니다. 그러나 우리 예수님은 우리 모든 성도들이 이 성령의 세례를 받아 성령이 충만하여 기쁨이 넘치는 승리의 삶을 살길 원하십니다.

성령세례의 의미에 대해서는 교단마다 또 교회마다 또 개인에 따라서 달라지기 때문에 이것이 성령세례입니다 하고 말씀드리기는 조금 어려운 단어입니다. 일반적으로 성령세례는 두 가지 의미로 쓰인다고 봅니다.

첫째가 성령의 내주하심입니다. 우리가 예수님을 믿게 되면 성령께서 우리 안에 들어오셔서 우리와 함께 동행하시게 되는데 이것을 성령이 내주하심이라고 합니다. 또한 이것은 성령 세례입니다. 바로 우리가 예수님을 믿고 하나님의 자녀가 됨으로 말미암아 성령과 연합되는 것입니다. 성령으로 거듭난다는 뜻이 바로 우리가 예수님을 믿음으로 하나님의 자녀가 되는 사건을 의미하는 것입니다. 이런 경우 성령세례란 우리의 일생에 딱 한 번 있는 단회적인 사건이 되는 것입니다.

두 번째가 우리가 예수님을 믿고 나서 특별한 경험을 하는 경우입니다. 성령의 특별한 역사로 말미암아 뼛 속까지 회개하는 경험도 하게 됩니다. 방언을 받게 되는 경우도 있고 성령과 친밀한 교제를 하게 되는 경우도 있습니다. 하늘의 권능을 받는 것입니다. 권능 있는 삶을 살아가는 계기가 됩니다. 이런 경험을 성령세례라고 칭하는 경우도 있습니다. 이런 경우 성령세례란 우리의 일생에 한번 체험할 수 있는 사건이 될 수 있습니다. 성령의 세례를 체험하고 나면 성령에 강하게 사로잡힐 때마다 성령의 역사를 체험하게 된다는 뜻입니다.

바울 사도가 한 번은 에베소 교회를 방문했습니다. 교인들에게 바울이 "너희가 믿을 때에 성령을 받았느냐 가로되 아니라 우리는 성령이 있음도 듣지 못하였노라 그러면 너희가 무슨 세례를 받았느냐 대답하되 요한의 세례로라"(행 19:2-3)고 했습니다. 이때에 "바울이 그들을 안수하매 성령이 그들에게 임하시므로 방언하고 예언도 하니 모두 열 두 사람쯤 되니라"(행 19:6)라고 해서 성령 세례의 필요성을 알게 된 것입니다.

하나님은 성령의 세례를 체험하게 하고 단련하여 하나님 마음에 합한 자를 하나님의 일에 사용하십니다. 베드로의 경우를 예로 들어봅니다. 고기를 잡는 어부였던 베드로가 예수님의 부르심으로 그물을 버리고 주님을 따랐습니다. 주님을 따라 다니면서 문둥이를 치유하고, 죽은 자를 살리고, 오병 이어의 기적을 일으키고, 귀신을 쫓아내는 이적과 기적을 보면서 3년 동안 주님을 따랐습니다. 베드로가 이렇게 주님의 능력을 인정하고 주님을 따르면서 3년 동안 훈련을 받았지만 믿었던 주님이 십자가에 죽게 되자 세 번씩이나 주님을 모른다고 부인한 겁쟁이입니다. 왜 그렇습니까? 성령으로 세례를 받지 못해서 그런 것 아니겠습니까? 성령의 세례를 체험하지 못하고 인도받지 못하니 아직 육신적인 믿음의 수준을 넘지 못한 증거입니다.

그러던 베드로가 마가의 다락방에서 120 문도와 함께 기도하다가 성령으로 세례를 받고 완전히 사람이 변했습니다. 육신적인 사람이 초자연적인 사람으로 변화되었습니다. 성령이 베드로를 장악한 것입니다. 그러자 성령의 언어를 합니다. 어떻게 변화되었습니까? 초자연적인 성령의 사람이 됩니다. 베드로는 오순절 마가의 다락방에서 완전히 변화되어 성령 충만한 사도로 능력의 삶을 보여 주기 시작하였습니다. 귀신이 떠나가고, 병자가 고쳐지고, 죽은자가 살아났습니다. 베드로가 전하는 말씀에 감동 받아 하루에 3천명이 예수님 믿고 구원받는 역사가 나타났던 것입니다.

놀라운 일이 아닐 수 없습니다. 우리도 성령의 세례를 체험하고 성령의 인도 하에 하나님의 훈련을 순종하므로 받으면 우리에게도 베드로와 같은 역사가 나타날 수 있다고 확신합니다. 영적으로 무지하던 저도 불같은 성령의 세례를 체험하고 변하여 성품이 유순하게 변하고 인내할 줄 아는 사람이 되었습니다. 기도가 깊어지고 성령의 인도에 순종하며 영안이 열려서 말씀을 볼 때 말씀 속에 있는 영적인 비밀이 보입니다. 말씀 속에서 영적인 원리를 깨달으며 말씀을 적용할 때 하나님의 기적이 일어나는 것을 체험하고 있습니다. 저도 베드로와 같이 기도할 때 병자가 치유되고 귀신이 떠나가고 상한 심령의 사람들을 치유하는 권능 있는 자가 되어가고 있습니다. 당신도 성령의 세례를 받으시기를 바랍니다. 그리고 성령의 불세례도 체험하시기를 바랍니다. 먼저 성령의 세례를 체험하려면 이렇게 하시기를 바랍니다.

성령으로 세례를 받음은 하나님의 영으로 사로잡히는 것입니다. 성령의 세례는 성도의 마음을 그리스도에 대한 이해와 사랑과 신뢰로 가득 차게 하며, 성령이 삶의 주관자가 되게 하며, 하나님의 자녀로서 하나님의 부름에 적합하도록 능력을 부여합니다. 거듭나는 것과 성령으로 세례 받은 것과는 다른 별개의 사건입니다.

"누구든지 그리스도의 영이 없으면 그리스도의 사람이 아니라."(롬 8:9)

그리스도인은 성령에 의해 태어난 사람으로 성령은 그 사람 안에서 중생의 사역을 이루십니다. 그리스도인이란 그 안에 성령이 내주 하는 사람을 지칭하며 성령세례 받은 자를 의미하는 것은 아닙니다. 거듭남으로 구원을 받게 됩니다. 즉 성령으로 거듭나서 하나님의 자녀가 되는 것입니다. 그러나 사람이 성령에 의해 거듭났지만, 성령으로 세례 받지 못한 경우도 있습니다. 그러므로 중생과 성령세례는 동의어가 아니라는 뜻입니다.

그러므로 성령으로 세례를 체험하시기를 바랍니다. 체험이라는 것은 내가 하나님의 역사하심을 눈으로 보게 된다는 뜻입니다. 성령의 세례를 받음으로 비로소 성령의 인도를 받을 수가 있습니다. 그리하여 성령으로 깊은 영의 기도를 할 수 있게 되는 것입니다. 성령으로 깊은 영의기도를 하므로 성령의 불이 임하고, 심령에서 성령의 불이 올라오는 영의 기도를 할 수 있는 것입니다. 성령의 세례는 성령의 불로 사로잡히는 것이기 때문입니다.

우리가 성령의 세례를 체험하려면 사모해야 합니다. 하나님은 사모하는 영혼에게 만족함을 주십니다. 성령의 세례도 사모해야 받는 것입니다. 사모하고 뜨겁게 기도하면서 성령의 세례가 올 때까지 구하면서 기다려야 합니다.

성령으로 세례를 받아야 그때부터 성도가 영적으로 변하기 시작 합니다. 왜냐하면 성령의 세례를 받으면 비로소 육이 영의 지배를 받기 시작하기 때문입니다. 육이 영의 지배를 받아야 비로소 영적인 사람으로 변하기 시작하는 것입니다. 성령으로 세례를 받지 않으면 육은 여전이 세상신이 장악하고 있으므로 예수를 삼십 년을 믿어도 여전이 육의 지배를 받는 것입니다.

하나님의 말씀을 들어도 비밀을 깨닫지를 못하는 고로 육의 사람의 특성인 합리를 가지고 받아들이니 기적을 체험하지 못하는 것입니다. 왜냐하면 영의 능력은 약하고 육의 능력은 강하기 때문입니다.

저는 성도라면 모두가 예수를 영접하고 성령으로 세례를 받아야 한다고 강조합니다. 제가 말하는 성령의 세례는 성령의 내주하심이 아니라, 성령이 전인격을 장악하는 성령 폭발을 말하는 것입니다. 내주하신 성령이 폭발하여 성도의 전인격을 장악해야 육이 치유되어 영의 지배를 받는 영의 사람으로 변하는 것입니다. 성령이 전인격을 장악해야 비로소 육체에 역사하던 세상신이 떠나가기 시작하기 때문입니다.

이는 성도에 따라 성령께서 장악하는데 시간이 다르게 걸립니다. 그래서 하나님은 "항상 기뻐하라! 쉬지 말고 기도하라! 범사에 감사하라! 이것이 그리스도 예수 안에서 너희를 향하신 하나님의 뜻이니라"(살전5:16-18). 하시는 것입니다. 전폭적으로 성령의 인도를 받으며 맡기는 성도는 빨리 변화가 되고, 그렇지 못한 성도는 변화되는데 시간이 더 걸릴 것입니다.

성도가 성령으로 빨리 장악이 되면 그 만큼 연단의 기간도 짧아지는 것입니다. 하나님은 성도가 성령으로 전인격이 장악이 되어 하나님이 원하시는 수준이 되어야 성도에게 배당된 하나님의 복을 풀어주시는 것입니다. 그러므로 성도는 부단하게 성령으로 세례를 받고 전인격이 성령의 지배를 받으려고 의지적인 노력을 해야 합니다. 자신의 생각이나 의지를 내려놓고 전폭적으로 성령의 인도하심을 따르면 좀 더 빨리 하나님이 원하시는 영적인 수준에 도달할 수가 있는 것입니다.

성령의 세례는 성도에게 와있는 영육간의 문제를 치유하는데도 지대한 영향을 미치게 됩니다. 성령으로 세례를 받지 않으면 치유가 되지 않습니다. 육체에 역사하는 세상신의 힘이 강하기 때문에 좀처럼 치유가 되지 않습니다. 그러다가 성령으로 세례를 받고 뜨겁게 기도하기 시작을 하면 육체가 성령의 지배를 받게 됨으로 치유가 되기 시작을 하는 것입니다.

그러므로 성도가 당하는 영육의 문제를 치유 받으려면 최우선으로 체험해야하는 것이 성령의 세례입니다. 성령의 세례가 없이는 아무리 능력이 강한 사역자라도 치유를 할 수가 없습니다. 치유는 성령께서 하시기 때문입니다.

하나님은 영이십니다. 영육의 문제는 영이신 하나님이 치유하시는 것입니다. 하나님이 치유하시게 하려면 영적인 상태가 되어야 하는 것입니다. 영적인 상태가 되려니 성령으로 세례를 받고 성령의 깊은 임재에 들어가야 합니다. 그러면 하나님의 치유의 손길이 역사하기 시작을 합니다.

하나님의 음성을 들으려고 해도 성령으로 세례를 받아야 합니다. 상처를 치유 받으려고 해도 성령으로 세례를 받아야 합니다. 귀신을 쫓아내려고 해도 성령으로 세례를 받아야 합니다. 질병을 치유 받으려고 해도 성령으로 세례를 받아야 합니다. 재정의 문제를 해결하려고 해도 성령으로 세례를 받아야 합니다. 성령의 세례가 없이는 아무것도 이루어지지 않습니다. 그러므로 성령의 세례는 모든 성도가 꼭 받아야 합니다.

한번 성령으로 세례를 받았다고 다 되는 것이 아닙니다. 지속적으로 성령 충만해야 합니다. 많은 성도들이 성령으로 세례를 받고, 방언으로 기도하면 항상 성령 충만한 줄로 생각을 합니다. 그러나 잘못된 생각입니다. 항상 성령으로 충만 하려고 의지적인 노력을 해야 합니다. 사람은 육을 가지고 있기 때문입니다.

여기서 우리가 더 알아야 할 것이 있습니다. 첫째, 성령의 세례를 이론으로 알고 스스로 성령으로 세례를 받았다고 자처하는 성도들입니다. 이런 분들이 영육으로 문제가 생겨서 치유를 받으러 옵니다. 와서 본인이 기도를 하고, 안수를 해주어도 성령의 역사가 일어나지 않습니다. 몇 주를 다니면 그때에야 반응이 있기 시작합니다. 왜냐하면 자기만의 자아가 있어서 영적인 말씀이 귀에 들리지 않기 때문입니다.

두 번째는 몇 년 전에 성령을 체험했다고 자랑하는 성도들입니다. 얼마 전에 여 집사가 2년 전에 성령을 체험했다고 하면서 치유와 능력을 받으러 왔습니다. 2일을 기도하고 안수를 하니까, 성령의 역사가 일어나 몸이 뒤틀리고 괴성을 지르는 것입니다. 한참을 안수하니 성령이 장악을 했습니다. 귀신들이 소리를 지르면서 떠나갔습니다. 지금 교회에는 몇 년 전에 성령을 체험했다고 안심하고 지내는 성도들이 있습니다.

이런 분들이 열심히 믿음 생활을 하면서도 여러 가지 문제로 고통을 당합니다. 왜냐하면 자기에게 역사하는 상처와 악한 영의 역사로 일어나는 것입니다. 그러므로 한번 성령 체험했다고 다 된 것이 아니라, 지속적으로 성령을 체험하며 깊은 영의기도를 하여 심령을 정화시켜야 합니다. 그래야 깊은 영성이 되어 하나님과 교통하는 기도를 할 수가 있습니다. 한번 성령을 체험했다고 자랑삼아 말하는 분들 자기 관리에 신경을 써야 할 것입니다. 우리가 육체가 있기 때문에 영성에 꾸준하게 관심을 가져야 합니다. 한번 체험했다고 멈추면 얼마 있지 않아 육으로 돌아갑니다.

그래서 성도는 주일날이 중요합니다. 주일날 성령 충만을 받고 뜨겁게 기도하며 영성을 유지할 수 있기 때문입니다.

저는 교회를 개척할 당시부터 주일 예배를 성령 충만한 예배로 드리고 있습니다. 오전에 40분기도, 오후 예배에 50분 기도하여 심령을 성령으로 정화하고 성령 충만을 받습니다.

이 기도 시간에 제가 일일이 안수하여 성령이 충만하고 기도가 깊어지도록 지도합니다. 왜냐하면 세상에서 먹고 살아가다가 보니 주일 하루 밖에 교회에 오지 못하는 분들이 많기 때문입니다.

5장 성령의 불로 좀 더 쉽게 장악되려면

(행 4:28-31)"하나님의 권능과 뜻대로 이루려고 예정하신 그것을 행하려고 이 성에 모였나이다. 주여 이제도 그들의 위협함을 굽어보시옵고 또 종들로 하여금 담대히 하나님의 말씀을 전하게 하여 주시오며, 손을 내밀어 병을 낫게 하시옵고 표적과 기사가 거룩한 종 예수의 이름으로 이루어지게 하옵소서 하더라. 빌기를 다하매 모인 곳이 진동하더니 무리가 다 성령이 충만하여 담대히 하나님의 말씀을 전하니라."

많은 목회자와 성도들이 성령의 불로 장악 당하기를 원합니다. 성령의 불을 사모하면서 정작 성령의 불로 장악 당하는 영적인 원리를 모릅니다. 그냥 무조건 기도만 많이 하면 되는 줄로 착각하는 분들도 있습니다. 어떤 분은 성령의 불세례에 관한 책만 읽으면 성령의 불로 장악되는 줄 믿고 있는 한심한 분도 있습니다. 성령의 불로 장악이 되는 것에는 영적인 원리가 있습니다. 영적인 원리를 적용해야 좀 더 쉽게 성령의 불로 장악 될 수가 있습니다.

이 책에서 제시하는 영적원리를 적용하여 좀 더 빨리 성령의 불로 장악되기를 바랍니다. 영적으로 무지하던 저도 성령의 불로 장악되니 성품이 유순하게 변하고 인내할 줄 아는 사람이 되었습니다. 기도가 깊어지고 성령의 인도에 순종하며 영안이 열려서 말씀을 볼 때 말씀 속에 있는 영적인 비밀이 보입니다. 말씀 속에서 영적인 원리를 깨달으며 말씀을 적용할 때 하나님의 기적이 일어나는 것을 체험하고 있습니다.

저도 베드로와 같이 기도할 때 병자가 치유되고 귀신이 떠나가고 상한 심령의 사람들이 치유하는 권능 있는 자가 되어가고 있습니다. 성령의 불로 좀 더 빨리 장악이 되고 싶으면 이렇게 하시기를 바랍니다.

1.성령의 불을 사모하라.

성령의 불로 장악이 되려면 먼저 성령으로 세례를 받아야 합니다. 세례에는 물세례와 성령세례가 있습니다. 물세례란 처음 그리스도인이 신앙을 고백하고 회개와 죄 사함의 세례를 받으며 사람들 앞에서 자신이 그리스도인이 되었다는 것을 선포하고 교회의 일원이 되는 의식입니다. 대부분 신자들이 물세례를 받는 것으로 그치고 있습니다. 그러나 더 능력 있는 그리스도인의 삶, 사명을 감당하는 삶, 하나님께 쓰임을 받는 삶을 살기 위해서는 성령세례를 받아야 합니다. 성령 세례란 예수 그리스도께서 주시는 것입니다.

성령의 세례란 성령에 의해서가 아니라 주 예수에 의해 행해지는 그리스도의 사역입니다(행 11:15-18).

성령으로 세례 받을 때는 확실한 체험적인 경험이 있습니다.

성령으로 세례를 받을 때 성령이 예수 그리스도의 이름으로 임하므로 성령으로 세례 받는 것은 체험으로 느낄 수 있습니다. 성령의 세례를 받으면 하나님의 능력이 임합니다. 성령으로 세례 받을 때 성령의 권능이 함께 임합니다. 권능은 그리스도인으로 하여금 하나님의 일을 행하는데 적합한 사람으로 준비되게 합니다. 성령 세례는 하나님께서 우리를 예수 그리스도의 몸의 일부분으로 택하셔서 맡기신 지체로서의 임무를 효과적으로 수행하게 합니다.

> "아나니아가 떠나 그 집에 들어가서 그에게 안수하여 가로되 형제 사울아 주 곧 네가 오는 길에서 나타나시던 예수께서 나를 보내어 너로 다시 보게 하시고 성령으로 충만하게 하신다 하니 즉시 사울의 눈에서 비늘 같은 것이 벗어져 다시 보게 된지라 일어나 세례를 받고 음식을 먹으매 강건하여지니라 사울이 다메섹에 있는 제자들과 함께 며칠 있을 새 즉시로 각 회당에서 예수의 하나님의 아들이심을 전파하니."(행 9:17-20)

성령으로 세례를 받음은 하나님의 영으로 사로잡히는 것입니다. 성령의 세례는 성도의 마음을 그리스도에 대한 이해와 사랑과 신뢰로 가득 차게 하며, 성령이 삶의 주관자가 되게 하며, 하나님의 자녀로서 하나님의 부름에 적합하도록 능력을 부여합니다. 거듭나는 것과 성령으로 세례 받는 것과는 다른 별개의 사건입니다.

"누구든지 그리스도의 영이 없으면 그리스도의 사람이 아니
라."(롬 8:9)

그리스도인은 성령에 의해 태어난 사람으로 성령은 그 사람
안에서 중생의 사역을 이루십니다. 그리스도인이란 그 안에 성
령이 내주하는 사람을 지칭하며 성령세례 받고 불로 장악당한
자를 의미하는 것은 아닙니다. 거듭남으로 구원을 받게 됩니다.
즉 성령으로 거듭나서 하나님의 자녀가 되는 것입니다. 그러나
사람이 성령에 의해 거듭났지만, 성령으로 세례 받지 못한 경우
도 있습니다. 그러므로 중생과 성령세례는 동의어가 아니라는
뜻입니다. 그러므로 성령으로 세례를 체험하시기를 바랍니다.
체험이라는 것은 내가 하나님의 역사하심을 눈으로 보게 된다는
뜻입니다. 성령의 세례를 받음으로 비로소 성령의 불과 성령의
인도를 받을 수가 있습니다. 그리하여 성령으로 깊은 영의 기도
를 할 수 있게 되는 것입니다. 성령으로 깊은 영의기도를 하므로
성령의 불이 임하고, 심령에서 성령의 불이 올라오는 영의 기도
를 할 수 있는 것입니다. 영의 기도를 통하여 성령의 불로 사로
잡히는 것이기 때문입니다. 우리가 성령의 불로 장악이 되려면
사모해야 합니다. 하나님은 사모하는 영혼에게 만족함을 주십니
다. 성령의 불도 사모해야 장악이 되는 것입니다. 사모하고 뜨겁

게 기도하면서 성령의 불이 자신을 장악할 때까지 깊은 영의기도를 하면서 기다려야 합니다.

2. 말씀의 비밀을 많이 깨달아야 한다.

성령의 불은 자신이 말씀의 비밀을 깨닫는 만큼씩 장악을 합니다. 성령의 불은 말씀의 깨달음과 비례하는 것입니다. 성령의 불로 장악당하니 말씀의 비밀을 깨달을 수가 있는 것입니다. 말씀의 비밀을 깨달은 만큼 영적으로 변했기 때문에 성령의 불로 장악이 되는 것입니다. 기도를 많이 한다고 성령의 불로 장악이 되는 것이 아닙니다. 능력 있는 목사님에게 안수를 많이 받는다고 성령의 불로 장악되는 것이 아닙니다.

성령의 임재 하에 말씀을 많이 묵상해야 합니다. 영적으로 깊은 서적을 읽는 것도 성령의 불로 장악이 되는데 상당한 유익이 있습니다. 성령의 불의 역사를 체험하고 말씀과 성령으로 변화된 멘토를 만나서 훈련을 받는 것도 유익합니다. 하나님은 사람을 통하여 하나님의 역사를 이루시기 때문입니다.

그러므로 바른 성령의 불의 역사를 일으키며 사역하는 사역자는 자신이 성령의 불로 장악이 되는데 큰 도움이 될 것입니다. 자신을 성령의 불로 장악되게 하여 하나님에게 쓰임 받도록 인도해줄 멘토를 만나게 해달라고 기도하세요.

3.성령의 불의 역사가 있는 장소로 가라.

성령으로 세례와 불로 장악이 되려면 성령의 역사가 있는 장소에 가는 것이 빠릅니다. 저의 경험으로는 성령의 불로 장악은 내적치유를 받은 이후에 성령의 강한 임재를 체험했다는 것입니다. 내면을 치유하고 은혜의 장소에 갔을 때 성령의 강한 임재와 체험이 있었습니다. 그러므로 성령의 불로 장악되고 성령의 역사를 체험하려면 성령의 역사가 있는 장소에 가는 것이 좋습니다. 자신이 과거 한번 성령의 세례를 체험했었다면 혼자 기도해도 성령의 불로 장악이 될 수가 있습니다. 자신이 한 번도 성령의 세례를 체험하지 못했다면 성령의 기름부음심이 있고 성령의 불의 역사가 나타나는 장소에 가서 성령의 불로 충만 받는 것이 맞습니다. 성령의 체험과 장악은 장작불의 원리와 같습니다. 성령의 불로 충만하고 성령의 역사를 체험한 사람들이 많이 모이는 장소는 성령의 역사가 강합니다. 성령은 어디에 계시는가, 먼저 내 안에 계십니다. 그리고 우리 안에 계십니다. 또 말씀 안에 계십니다. 그러므로 성령체험을 하지 않았다면 성령의 역사가 있는 장소에 가셔야 성령을 쉽게 체험하고 장악 당할 수가 있습니다. 그리고 또 한 방법은 성령 받은 자에게 가셔서 말씀을 듣고 안수를 받는 방법이 있습니다. 위로부터 임하시는 성령의 역사는 오순절 마가의 다락방에서 임하셨습니다. 그 이후는 그때 성령 받은 사람이 말씀전하고 안수 할 때 임했습니다(행19:1-

7). 성령의 불로 충만한 사람에게 전이 받는 것입니다.

4.욕심을 버려야 한다.

성도가 영적으로 변하려면 인간적인 욕심은 적이 됩니다. 그래서 성경은 야고보서 1장 14절로 15절에서 이렇게 말합니다. "오직 각 사람이 시험을 받는 것은 자기 욕심에 끌려 미혹됨이니 욕심이 잉태한즉 죄를 낳고 죄가 장성한즉 사망을 낳느니라."

성령의 세례를 체험하고 불로 충만 받으려면 모든 인간적인 욕심을 버리시기를 바랍니다. 성령의 세례를 받아 성령의 불이 임하고 심령에서 올라오는 기도를 하는 것은 하나님의 자녀답게 권세를 가지고 하나님의 나라확장에 큰일을 감당하기 위해서 그렇게 하는 것입니다. 그리고 성도를 성도되게 하는 것은 전적으로 성령께서 하시는 일입니다.

"너희는 주께 받은바 기름 부음이 너희 안에 거하나니 아무도 너희를 가르칠 필요가 없고 오직 그의 기름 부음이 모든 것을 너희에게 가르치며 또 참되고 거짓이 없으니 너희를 가르치신 그대로 주 안에 거하라."(요일 2:27)

조금이라도 인간적인 욕심이 결부된다면 성령으로 충만하던 성도도 육체로 돌아가게 됩니다. 육체로 돌아가면 그 심령에는 마귀가 역사를 하는 것입니다. 그래서 마귀는 항상 인간적인 욕심을 추구하게 하려고 성도들을 미혹하는 것입니다. 그 미혹에 아담과 하와가 넘어졌습니다. 왜 넘어졌습니까? 성령의 인도 없이 육체적으로 행동했기 때문입니다. 그러나 예수님은 마귀의 시험을 이기셨습니다. 어떻게 이겼습니까? 육적인 욕심이 하나도 없이 오직 말씀으로 하나님의 영광을 구했기 때문입니다. 그리고 성령의 인도를 받았기 때문에 승리한 것입니다.

우리도 성령의 불세례를 체험하고, 심령에서 성령의 불이 올라와 성령의 불로 장악 당하는 기도를 하여 사람들에게 자랑을 하려하는 인간적인 욕심이 조금이라도 결부되면 가차 없이 마귀의 밥이 된다는 것을 명심해야 합니다. 오로지 하나님의 영광을 위하여 성령의 불을 구하시기 바랍니다. 어린아이와 같이 사심 없이 성령 하나님의 인도를 받으면 성령의 불로 장악 당하게 됩니다. 그리하여 기도를 할 때 성령의 불이 임하고, 깊은 영의 기도를 할 때 성령의 불이 심령에서 올라오게 될 것입니다. 절대 인간적인 욕심은 버리시기 바랍니다.

5. 성령의 인도에 순종하라.

성령의 불로 장악을 당하려면 성령의 인도를 받아야 합니다. 성령의 인도를 받는 것은 두 가지로 설명할 수가 있습니다. 먼저 성령의 인도는 성령께서 성도들의 마음에 갈급한 마음을 주십니다. 성도가 이 갈급함을 해결하려고 성령이 역사하는 장소로 가게 됩니다. 자신의 갈급함을 해결하려고 성령의 역사하는 장소에 가게 되지만 정작 성령께서 인도한 것입니다. 저는 항상 이렇게 말합니다. 성령께서 성도를 엎고 다닌다는 말입니다. 성경에도 분명하게 기록되어 있습니다. "너희는 주께 받은바 기름 부음이 너희 안에 거하나니 아무도 너희를 가르칠 필요가 없고 오직 그의 기름 부음이 모든 것을 너희에게 가르치며 또 참되고 거짓이 없으니 너희를 가르치신 그대로 주 안에 거하라"(요일2:27). 성령께서 성도들을 이끌고 다니면서 성령의 사람을 만들어 간다는 것입니다.

이스라엘 백성이 애굽에서 나와서 광야를 자신들이 걸어서 가나안으로 간 것 같지만 실상은 그렇지 않습니다. "내가 애굽 사람에게 어떻게 행하였음과 내가 어떻게 독수리 날개로 너희를 업어 내게로 인도하였음을 너희가 보았느니라"(출19:4). 하나님이 이스라엘 백성을 엎고 인도하였다는 것입니다. 이렇게 성령의 인도를 받아야 합니다. 부가해서 설명하면 성령의 감동을 받고 성령이 역사하는 장소에 가게 되었다면 그곳에서 성령께서 자신을 위하여 하실 일이 있기 때문에 그곳에 가게 했다는 것입니다. 성령이 인도하여 가게 되었다는 말입니다. 그러므로 자신의 마음대로 행동하면 안 됩니다. 항상 성령님에게 기도하며 물어보고 행동에 옮겨야 합니다. 그래서 성령이 가라하면 가고, 오라하면 오는 성도가 성령의 인도를 받는 성도입니다. 그런데 대부분 그렇게 하지를 않습니다. 자기 마음대로 가고 자기 마음대로 옵니다. 그렇기 때문에 성령하나님이 원하는 영적인 수준에 도달하지 못하는 것입니다. 성령이 당신을 성령으로 충만한 영적인 성도를 만든다는 것을 명심해야 합니다. 성령의 인도에 순종하는 만큼씩 영적으로 변해간다는 것입니다.

두 번째는 성령의 역사에 순종하는 것입니다. 성령이 임재하여 울라고 하면 울고, 떨라고 하면 떠는 것입니다. 소리를 지르라면 소리를 지르는 것입니다. 하나님의 말씀을 선포하라면 담대하게 선포하는 것입니다. 지팡이를 내밀라고 하면 내미는 것입니다. 발을 내 딛으라고 하면 내 딛는 것입니다. 한 마디로 성령이 하라는 대로 움직이는 것입니다. 성령은 인격이시라 이렇게 성령의 인도에 순종할 때 성령의 불로 장악당하는 체험을 하게 하십니다.

6. 성령의 불로 장악을 방해하는 요소를 제거하라.

우리는 영적이면서 육적인 존재입니다. 그래서 저는 항상 이렇게 말을 합니다. 우리 안에도 영적인 세계가 있고, 우리는 영적인 세계에 잠겨서 세상을 살아가고 있다고 강조합니다. 영적 세계에는 세 가지 형태의 영이 존재합니다. 하나님의 성령과 타락한 악마의 영, 성령으로 거듭난 사람의 영입니다. 우리는 예수를 믿고 성령으로 거듭난 영의 사람입니다. 그러므로 마귀는 항상 우리의 틈을 찾아서 우리에게 침입을 하려고 하는 것입니다. 그래서 성령이 역사하는데 저해가 되는 육신적인 요소를 제거해야한다는 것입니다. 마귀가 육신적인 요소의 틈을 이용하여 성령의 불로 장악당하는 것을 방해하기 때문입니다. 그럼 성령의 불로 장악당하는 것을 저해하는 요소들은 어떤 것들이 있습니까?

1) 마음의 상처입니다.

저는 항상 이렇게 말합니다. 마음의 상처는 오만가지 문제의 원인이 된다는 것입니다. 육체적인 질병의 원인도 될 수가 있습니다. 정신적인 문제의 원인도 될 수가 있습니다. 영적인 문제의 원인도 될 수가 있습니다. 그러므로 마음의 상처는 치유 받아야 합니다. 과거의 아픈 기억들이 굉장히 많이 있을 것입니다. 나이가 많으면 많을수록 상처는 많습니다. 이런 쓴 뿌리와 아픈 기억들이 치유되지 않으면 영적으로 깊이 들어가는 데 지대한 방해가 됩니다. 특히 성령의 불로 장악 당하는데 결정적인 장애요소가 될 수 있습니다. 현재의 삶과 인간관계에도 문제가 생기게 됩니다. 성령의 불로 장악되는 것의 필수 요소인 깊은 영의기도를 하는데 지대한 문제를 야기합니다. 잡념에 사로잡히게 한다는 것입니다. 잡념을 제거하지 못하면 절대로 깊은 영의 기도에 들어갈 수가 없습니다. 과거의 아픈 기억을 잊어버리지 못하면 현재 삶이 파괴됩니다.

저의 개인적인 소견으로는 성도가 제일 먼저 해야 할 일은 마음의 상처를 말씀과 성령으로 내적 치유하는 것입니다. 내면의 상처가 치유되지 않으면 절대로 성령으로 장악이 될 수가 없고 영적으로 변할 수도 없습니다. 왜냐하면 상처 뒤에 항상 마귀가 역사하기 때문입니다. 그러니 영적으로 깊이 들어갈 수가 없고 성령의 불로 장악될 수가 없는 것입니다. 상처가 치유되지 않은 성도가 성령의 은사가 나타나는 것은 자신을 영적으로 망가지게 하는 은사가 될 수가 있습니다. 그러므로 주의해야 합니다. 빨리 자신을 말씀과 성령으로 정확히 보고 내면의 상처를 치유 받아야 합니다.

2) 개인의 자아가 문제가 됩니다.

성령의 불은 하늘에서 임재 하는 불을 받는다고 배워서 불을 받으려고만 하는 것도 자아가 됩니다. 성령의 불은 받기도 하지만 심령에서 올라와야 합니다. 자아는 자신이 태어나서 지금까지 보고 듣고 배운 것입니다. 또 신앙 생활하면서 터득한 내용들입니다. 이것이 올무가 되어 깊은 성령의 임재 안에 들어가지 못하게 됩니다. 특히 율법적인 말씀들이 많은 장애가 됩니다. 그래서 주님은 어린아이가 되어야 천국을 소유하고 본다고 하시는 것입니다. 예수님은 이렇게 말씀하십니다. (골 3:10)"새 사람을 입었으니 이는 자기를 창조하신 이의 형상을 따라 지식에까지 새롭게 하심을 입은 자니라." 예수 믿고 하늘의 사람, 새사람이 되었으니 지식까지 새롭게 되시기를 바랍니다.

어떤 목회자가 저에게 이렇게 질문을 했습니다. 목사님! 어디에서 성령의 불을 받았습니까? 소문을 들으니까, 충청도 어디가 성령의 불이 강하게 임한다던데 그곳에서 받았습니까? 그래서 제가 이렇게 대답을 했습니다. 저는 성령의 불을 받은 것이 아니라, 내적치유를 일 년을 받고 밤잠을 자지 않고 기도하다가 성령의 불로 장악 당했습니다. 성령의 불을 받으려고 하면 안 됩니다. 내면을 치유하고 깊은 영의기도를 하여 영의통로를 뚫고 배에서 올라오는 소리로 기도하면 성령의 불로 충만 받을 수 있습니다. 성령의 불로 충만 받는 것을 쉽게 생각하면 안 됩니다. 어떤 목회자 같이 성령의 불세례 책을 읽으면 성령의 불을 받는 것으로 알고 행하면 안 됩니다. 이분은 절대로 성령의 불로 장악당할 수가 없습니다. 왜요. 성령의 불로 장악당하는 원리를 모르기 때문입니다.

성령의 불로 장악당하는 것도 주먹구구식으로 되지 않습니다. 일정한 말씀의 규칙과 원리를 적용해야 쉽게 장악될 수가 있는 것입니다. 잘못된 자아를 말씀과 성령으로 찾아서 부수시기를 바랍니다. 그래야 성령의 불로 장악이 될 수 있는 조건이 됩니다. 자아는 성령의 불로 장악되는데 절대적인 방해요소가 될 수 있습니다.

3)혈통의 영육의 문제가 장애가 됩니다.

혈통을 타고 내려오는 고질적인 영적인 문제들이 많이 있을 것입니다. 신비술에 관여한 것이 목회자의 가족이나 조상일 수 있습니다(출애굽기 20:5). 이 문제를 제대로 치유하지 않으면 목회자나 사역을 받는 자에게 성령이 역사하는 것에 주요 장애가 될 수 있습니다. 성령의 불로 장악이 될 수가 없습니다.

이것 때문에 사단이 평생 따라다니며 나를 괴롭히고, 사단이 이것을 미끼로 나를 쓰러뜨리기 때문에 더 이상 이것을 놓아 둘 수는 없습니다. 주 예수 그리스도의 이름으로 결판을 내고, 흑암의 권세를 완전히 꺾고 승리해야 성령의 깊은 임재에 들어갈 수 있고 성령의 불로 장악이 되어 안정된 심령이 될 수 있습니다.

제가 지금까지 성령치유사역을 하다가 보니까, 장로나 권사나 안수집사가 되고, 목회자가 되어서도 이 혈통에 대물림되는 영적인 문제를 등한시 하거나 잘 모르고 그냥 지내다가 자신도 이해하지 못하는 여러 가지 낭패를 당하시는 성도나 목회자가 많이 있습니다. 말씀과 성령으로 영안을 여시어 자신의 문제를 찾아서 해결하시기를 바랍니다.

7.성령의 세례가 임할 때까지 기도하라.

끝장 보는 자세를 가지라는 것입니다. 성령의 불로 장악되고 말겠다는 각오를 해야 합니다. 저는 항상 이렇게 말합니다. 성도는 기도의 영이 와야 한다는 것입니다. 그래서 장시간 기도를 할 수 있어야 성령의 세례도 받을 수 있고 성령의 불세례와 충만을 받을 수가 있는 것입니다. 영으로 깊이 하는 기도는 처음에 막연하고, 허무하고, 공백상태 같고, 시간낭비, 게으름 같은 느낌을 가집니다. 그러나 그렇게 생각하지 말아야 됩니다. 자꾸 기도하면 할수록 자신의 마음이 열리게 됩니다. 마음이 열리니 성령의 세례가 임하는 것입니다.

성령의 이끌림을 받는 기도를 하면 할 수록 자신의 영성과 성품의 변화를 체험적으로 느끼게 됩니다. 의지를 가지고 기도하여 보시기를 바랍니다. 오순절 마가의 다락방에서 끝까지 기도하여 성령의 세례를 받은 성도들과 같이 성령의 세례가 임할 때까지 기도해야 합니다.

내가 기필코 성령의 세례를 받고 성령의 불로 장악이 되고 말겠다는 각오로 끈질기게 기도하면 마침내 성령의 불로 장악이 됩니다. 당신이 이렇게 해서 성령의 세례를 받으면 이제 성령의 역사로 성령의 불세례를 체험할 수 있습니다. 연이어 성령의 불로 장악이 될 수가 있는 것입니다.

6장 방언 기도하면 성령 세례 받은 것인가?

(고전2:9-11)"기록된바 하나님이 자기를 사랑하는 자들을 위하여 예비하신 모든 것은 눈으로 보지 못하고 귀로 듣지 못하고 사람의 마음으로 생각하지도 못하였다 함과 같으니라. 오직 하나님이 성령으로 이것을 우리에게 보이셨으니 성령은 모든 것 곧 하나님의 깊은 것까지도 통달하시느니라. 사람의 일을 사람의 속에 있는 영외에 누가 알리요 이와 같이 하나님의 일도 하나님의 영외에는 아무도 알지 못하느니라"

오순절 계통에서 성령의 세례의 증거로서 방언은사를 받아야 한다고 합니다. 그런데 제가 지금까지 성령 사역을 하다 보니까, 여기에도 조금 문제가 있다는 것입니다. 방언을 해야만 성령의 세례를 받았다고 인정하는 것은 실제로 성령사역을 해보니 타당성이 적다는 것입니다. 물론 성령의 세례를 받으면 방언기도가 터지게 됩니다. 그런데 방언기도를 한다고 모두 성령의 세례를 받은 것이 아니더라는 것입니다. 예를 들어서 설명하면 이렇습니다.

제가 성령사역을 하다 보니까, 방언기도를 자신의 의지로 하려고 하다가 자기도 모르는 소리로 방언기도를 하는 분들이 있더라는 것입니다. 실례로 어떤 성도의 방언기도를 들어보니까, "나몰라." "나몰라." "나몰라." "나몰라." 하면서 방언기도라고 하고 있었습니다. 그러면서 하는 말이 자신은 방언기도를 하니까, 성령의 세례를 받았다는 것입니다. 그래서 내가 집사에게 방언으로 기도하라고 하면서 머리에 능력안수를 했습니다.

그랬더니 그때서야 성령의 세례가 임하고 뱃속에서 다른 소리로 방언이 터지는 것 이었습니다. 그러면서 막 소리를 내면서 울었습니다. 방언으로 기도하는 것을 통역하니 성령님을 잘못이해한 것에 대하여 회개를 말로 표현 못하게 했습니다. 성령의 역사가 어느 정도 멈추고 심신이 안정된 다음에 그 집사가 나에게 하는 말이 이렇습니다. 자신은 지금까지 방언기도를 하니까, 성령의 세례를 받았다고 믿고 있었는데 오늘에야 성령의 세례를 받은 것 같다고 간증하는 것 이었습니다.

이와 같이 방언기도를 해도 성령의 세례를 받지 못한 분들이 있습니다. 나의 임상적인 견해로는 성령의 세례를 받으면 자신이 안다는 것입니다. 성령은 초자연적으로 역사하는 하나님의 영이시기 때문에 성령의 세례를 받으면 자신이 감각적으로 알 수가 있습니다. 그러나 방언기도를 하시는 모든 분들이 성령의 세례를 받지 않았다는 표현은 아닙니다. 그러니 절대로 오해가 없기를 바랍니다. 단지 방언기도를 하는 분들의 일부가 성령의 세례를 받지 못한 경우가 있습니다. 반면에 방언기도를 하지 못한다고 성령의 세례를 받지 못했다고 단정 지을 수도 없습니다.

내가 지난 세월동안 성령사역을 하면서 체험한 바로는 성령의 세례를 받았지만 방언기도를 못하는 사람도 있었습니다. 방언은 성령의 은사이기 때문입니다. 나는 방언과 성령의 세례의 관계성은 좀 더 깊이 체험하고 연구를 해보아야 한다고 생각을 합니다. 방언을 한다고 성령의 세례를 받았다고 단정 지을 수 없다는 개인적인 견해입니다.

방언기도를 어떻게 분별하느냐, 이것은 본인이 분별하는 것입니다. 본인이 방언기도를 하고 나면 마음이 뜨겁고 성령의 충만함이 나타나면 영으로 하는 방언입니다. 그러나 방언 기도를 하면 할수록 심령이 갑갑하고 영성에 변화가 없으면 잘못된 방언입니다. 그래서 본인이 분별 가능한 것입니다. 이렇게 잘못된 방언을 하다가도 어느 날 불같은 성령을 체험하면 바른 방언으로 바뀌니까, 너무 성급하게 판단하여 낙심하거나 의기소침하면 영성에 해가 되니 바르게 아시기를 바랍니다.

그래서 예수를 믿고 성령으로 거듭난 성도는 적어도 방언을 구분할 줄 알아야 합니다. 방언은 우리의 영뿐만 아니라, 우리 밖의 영이 우리 혀를 사용하여 그 존재들이 하고자 하는 뜻을 표현하는 것입니다. '내 영이 하는 말'과 '천사가 하는 말'과 '성령이 하는 말씀'을 정확하게 구분하기란 쉽지 않지만, 어느 정도 구분할 수 있는 능력이 있어야 합니다.

특히 악한 영이 사용하는 경우에 대해서 우리는 정확한 분별이 있어야 합니다. 우리는 방언을 크게 3가지 영역으로 살펴볼 필요가 있는 것입니다. 먼저 자신의 영, 다음은 성령과 천사의 말, 그리고 마귀를 비롯한 악한 영의 언어로 나눌 수 있습니다.

첫째, 자신의 영이 하는 말은 자신의 의식과 무의식의 영역에서 나오는 것이므로 때로는 선하고 때로는 악할 수 있습니다. 그렇지만, 성령으로 죄의 처리가 된 거듭난 그리스도인일 경우, 우리 영은 창조의 순결을 회복하였기 때문에 근본적으로 선한 것입니다. 영의 활동을 일부 교파의 교리를 바탕으로 이해한다면 우리 영은 근본적으로 둔할 수밖에 없습니다. 왜냐하면 일부 교파의 교리는 말씀 중심인 신앙입니다.

따라서 성령의 체험이나 영의 활동을 등한히 할 수 있는 교리이기 때문입니다. 분명하게 성도는 말씀과 성령의 역사가 같이 가야 균형이 잡힌 성도가 될 수 있습니다. 저는 성령 충만만 하지 말고, 성령과 말씀 충만을 하라고 합니다. 말씀중심인 일부 교파의 교리는 여러 음성을 구분하는 것도 어둔한 구조에서 벗어나기 어려울 수밖에 없을 것입니다.

그러나 그리스도의 보혈로 정결케 됨으로써 우리 영은 그 선한 본래의 모습을 드러내며 따라서 그 음성도 역시 선한 것입니다. 그러므로 우리 영이 방언으로 기도할 때 그 감성은 평안과 위로입니다.

그러나 우리는 끊임없이 하나님의 뜻에 어긋나는 육체의 행위를 하게 되기 때문에 우리 영은 말할 수 없는 고통을 당하게 됩니다. 그 부담으로 인해서 영이 눌리거나 가라앉게 됩니다. 이런 상황에서 우리 영이 간구하는 바는 부담으로 느껴지게 됩니다. 우리가 기도할 때 처리되지 않은 죄의 문제가 있을 경우, 우리는 기도하는 가운데 마음의 부담을 무겁게 느끼게 되는 것입니다.

자신이 범죄한 사실을 구체적으로 인식하지 못한다 해도, 영으로 느끼는 부담을 우리 마음이 떠안게 되는 것입니다. 그러므로 우리 영이 기도하는 경우 우리는 대체로 평안과 위로 아니면 부담이 느껴지는 것입니다. 방언으로 기도하는 경우에 그 내용은 알 수 없더라도 우리는 영의 느낌을 통해서 지금 말하고 있는 존재의 실체에 대한 구분을 할 수 있는 것입니다.

둘째, 내 영이 아닌 성령과 천사의 영에 의한 방언기도는 다소 색다른 느낌을 가져 옵니다. 성령은 책망 보다는 위로와 권면을 주로 행하십니다. 우리가 책망을 받을 일이 있더라도 성령은 권면이라는 수단을 통해서 우리가 스스로 죄를 깨닫게 합니다. 그럴 경우 우리 영은 크게 부담을 느껴 우리의 마음이 무거워지는 것입니다. 성령은 책망 보다는 권면을 사용하시며 오래 참고 기다리시는 특성을 지닙니다.

그러므로 조급하게 서두르거나 안절부절못하게 하는 일이 거의 없습니다. 아주 예외적으로 강권하는 경우가 있지만, 이 역시 권면의 강도를 높이는 정도입니다. 그래서 우리는 자주 성령의 이와 같은 권유를 무시하기 쉬운 것입니다.

방언으로 기도하면서 무언가 해야 할 것 같은 느낌을 받으면서도 그 내용을 구체적으로 알려는 노력을 하지 않는 것이 우리들이 범하는 실수 중 보편적인 것입니다. 성령은 우리 심령에 위로와 권면으로 의사표시를 하기 때문에 방언으로 기도하면서 이런 느낌을 무게 있게 느낀다면 지금 방언은 성령께서 사용하시는 것이라고 보아야 할 것입니다.

성령께서 방언으로 어떤 사역을 행하실 경우에는 우리 몸이 긴장을 하고, 성령의 권능이 임해서 내면으로부터 힘이 솟아납니다. 갑자기 근육이 긴장하고 정신이 맑아지면서 방언에 힘이 들어가고 톤이 바뀌고 언어도 바뀝니다. 신유, 축사, 예언 등의 사역을 행할 경우에 성령의 기름부음이 임하여 방언을 하게 되는 경우에 느낄 수 있는 것인데 이런 경우 통역이 되면 그 내용을 알 수 있게 됩니다.

천사의 음성으로 방언을 말하는 경우 그 내용은 주로 예언적입니다. 예언의 영은 '대언의 영'이라고도 말하며, 이 영은 하나님의 심부름, 즉 하나님의 말씀을 날라다 주는 영입니다. 이 영을 우리는 천사라고 부릅니다. 영어로 표현하면 messenger라고 하는 것으로 예언자나 예언적 집회에서 예언을 위해서 기도할 때 임하는 영입니다. 이런 경우 그 영이 임하는 순간 우리 몸은 가벼운 긴장으로 인해서 떨리기도 하고 전류가 흐르는 것과 같은 느낌을 받습니다.

강하게 임하면 온 몸이 뜨거워지거나 흔들리기도 하고 정신을 잃기도 하지만, 가벼운 임재의 경우 느낌이 이상하다는 정도로 자신에게 예언의 영이 임함을 자각할 수 있게 됩니다.

자신도 모르는 사이에 어떤 말을 하게 되며 그 말을 하는 순간 억제할 수 없게 됩니다. 자신이 의도한 말은 아닌데 불쑥 그런 말이 나와 버리는 바람에 당황하기도 합니다. 이것을 영어로 표현하면 "spontaneity"라고 하는 것으로 '예언 찬양' '예언시' 등이 있습니다. 천사의 임하심으로 인해서 우리는 통상적인 우리 언어로도 예언을 하게 됩니다.

이런 경험이 처음인 사람은 자신의 말이니까 자신이 한 것으로 착각하고 대수롭지 않게 여길 수 있습니다. 천사가 들려주는 언어는 때로는 모호한 상징을 동반하는 경우도 있지만, 때로는 구체적인 언어로 전해지기도 합니다. 이 또한 하나님의 영이므로 우리가 느끼는 영적 분위기는 대체로 긍정적입니다.

셋째, 마지막으로 생각할 것이 악한 영 즉 사단, 마귀, 귀신의 영에 의해서 말하는 방언입니다. 거듭난 그리스도인도 귀신 들릴 수 있기 때문에 악령의 방언을 하게 되는 것입니다. 악령이 방언을 따라서 하는 것입니다. 그래서 심령이 변화가 없는 방언기도를 하게 되는 것입니다.

우리는 습관적인 방언을 하지 말아야 합니다. 악령은 우리가 하는 습관적인 방언을 따라서 한다는 것을 알아야 합니다. 특히 마귀는 우리를 수시로 이용하여 올무에 걸리도록 유혹하기 때문에 늘 경계해야 합니다. 악한 영의 분위기는 어둡습니다. 이는 하나님께서 주시는 시험으로써의 긍정적 어두움과는 다른 것입니다.

하나님은 빛도 창조하셨고 어두움도 창조하셨으므로 그 어두움은 하나님의 긍정적 속성을 들어냅니다. 우리는 이 어두움을 영어로 "divine darkness"라고 부릅니다. 이 창조적 어두움은 우리가 모태에서 경험하는 것과 같은 것으로써 하나님의 심오한 비밀을 경험할 때 느끼게 되며, 깊은 묵상으로 들어갈 때 최종적으로 만나는 그 어두움입니다. 이것은 창조를 위한 어두움이며, 하나님의 능력의 근원이 되는 장소입니다.

이런 어두움과는 달리 마귀의 어두움은 '흑암'으로써 두려움과 공포의 근원지입니다. 마귀는 바로 이 어두움에서 출발하기 때문에 두려움을 가져옵니다. 무지는 공포의 근원입니다. 우리가 무지함으로써 그 두려움과 만나게 되고, 그 두려움은 악한 영을 이끌어 들이는 것입니다. 우리가 방언으로 기도할 때 늘 하는 것과 다른 어떤 영적 흐름을 경험하게 됩니다.

그럴 경우 우리는 성령의 느낌을 알고 그것과 비교해야 하지만, 그런 지식을 가지지 않은 무지함으로 인해서 어두움에서 오는 악한 영의 존재를 받아들이게 됩니다. 마귀 또는 귀신이 우리에게 접근해서 방언으로 자신들이 하고자 하는 말을 하게 함으로써 다른 마귀와 귀신들을 불러들이게 되는 것입니다.

습관적으로 방언기도를 하므로 자신 안에 역사하는 악한 영이 방언을 따라서 하는 것입니다. 그래서 방언기도를 아무리 많이 해도 심령에 변화가 나타나지 않는 것입니다. 빨리 습관적인 방언기도를 탈피하여 성령이 역사할 수 있는 방언기도를 해야 합니다.

무당이나 타종교에 속한 사람들이 하는 방언은 마귀 또는 귀신의 방언입니다. 특히 선승이나 불교 퇴마사들이 하는 방언은 마귀의 방언이며, 무당이 하는 방언은 귀신의 방언입니다. 이들이 하는 방언은 우리가 하는 우리 영의 방언과 성령의 방언과는 구분이 됩니다. 우선 그 음색에서 다릅니다.

우리가 사용하는 방언은 매우 정교하고 부드러운데 비해서 퇴마사나 무당이 하는 방언은 거칠고 날카롭습니다. 퇴마사는 마귀의 영으로 하는 것이기 때문에 우리가 그 소리를 들으면 거부감이 생깁니다. 무당이 하는 방언은 새소리, 바람소리, 개구리소리, 여우 소리 등의 짐승들이 소리를 바탕으로 합니다. 이런 소리는 귀신의 소리이며, 소름이 끼치고 때로는 머리카락이 솟구치거나 닭살이 되기도 합니다.

거칠고 날카롭게 음색이 변하고 때로는 남성이 여성과 같은 소리를 내거나 여성이 남성과 같은 소리를 내는 변색을 하게 됩니다. 심하게 귀신들린 사람이 하는 말은 매우 굵고 거칠며 동굴에 들어갔을 때 울림소리처럼 그렇게 울립니다. 짐승소리가 방언하는 중에 뒤섞여 나옵니다. 목에 무엇이 걸린 것처럼 캑캑거리거나 뒷소리를 높이 올리는 하이톤을 사용하기도 합니다. 휘파람소리가 나며 목이 쉬거나 음이 갈라지는 파열음이 나옵니다. 방언의 악센트가 급하게 변하는 격렬한 방언을 하기도 합니다.

통상적인 방언을 하다가 이런 불규칙하고 이상한 소리를 하게 된다면 이는 악한 영이 임한 것입니다. 그럼에도 불구하고 그 방언을 계속한다면 마귀를 불러들이게 되고, 그 악한 영이 보여주거나 들려주는 말을 하나님에게서 온 것으로 무조건 믿고 따르게 되어 마귀에게 사로잡히게 되는 것입니다.

악한 영은 우리에게 서두르고 조급하게 만듭니다. 기도하고 난 다음에 무언가 개운하지 않고 무언가를 해야 할 것만 같은 부담을 느낍니다. 그 부담의 의미가 무엇인지 모르면서 다시 기도하지 않으면 안 될 것 같아서 다시 무릎을 꿇게 됩니다. 이런 일을 반복하게 되고, 기도해도 만족함이 없고 의미도 모를 말을 되풀이하면서 기도에 끌려가게 됩니다. 기도하려고 하면 방언부터 나옵니다.

그리고 격렬해지고 숨가쁘게 방언에 말려들어 갑니다. 물론 거듭나고 성령 체험을 처음 한 사람에게는 이런 증상이 간혹 나타날 수 있습니다. 방언을 처음 받은 사람은 온통 방언으로만 기도하게 되는 경우가 있지만, 이것은 일시적이고 초창기에 그런 경험을 하게 됩니다. 그러나 이미 오랫동안 방언을 해 온 사람이 어느날 갑자기 초창기처럼, 그렇게 방언에만 사로잡히는 것은 악령의 영향을 받는 것입니다.

우리가 여기서 바르게 알아야 할 것은 방언으로 기도를 한다고 하더라도 마음과 정성을 다하여 예수님을 생각하면서 기도를 해야 한다는 것입니다. 그리고 방언으로 기도를 많이 했다는 것이 중요한 것이 아니고, 자신이 얼마나 예수님의 성품으로 변하고 있는 가가 중요한 것입니다. 분명하게 성령의 이끌림을 받으면서 방언기도를 오래하게 되면 자신의 전인격이 변한다는 것입니다. 그러므로 방언으로 기도를 많이, 그리고 오래 하는데 자신에게서 변화가 없다면 빨리 원인을 찾아 해결해야 합니다.

제가 성령치유사역을 하면서 체험한 바로는 방언기도는 좋은 점도 있지만 경각심을 가지고 고쳐야할 부분이 있다는 것입니다. 영으로 하지 않고 목으로 한다는 것입니다. 방언기도를 유창하게 잘하는데 안수를 해보면 심령이 단단하게 막혀 있다는 것입니다. 마음 안에 계신 성령으로부터 능력이 올라와야 마음 안의 상처가 치유됩니다. 그런데 목으로 기도를 하니 심령에서 능력이 올라오지 못하고 막혀서 영 안에 있는 성령의 불이 올라오지 못한다는 것입니다. 그래서 기도를 할 때는 성령으로 충만한 것 같은데 돌아서면 갈급해지는 것입니다.

방언 기도를 하면 할수록 심령이 성령으로 충만해지므로 심령에서 예수의 인품이 나와야 맞는 것입니다. 이런 기도가 바른 기도요 영으로 하는 기도입니다. 그런데 반대로 기도는 많이 하는데 심령은 영적으로 변하지 않고 오히려 기도하지 않는 세상 사람들보다 더 성격이 예민하여 혈기를 잘 낸다는 것입니다. 필자가 부교역자를 할 때 경험적으로 보고 느끼고 체험한 것입니다.

이상하게 새벽기도 빠지지 않고 잘 나와서 기도하고, 공예배 빠지지 않고 잘 드리고, 십일조 정확하게 잘 드리고, 구역예배 잘 드리는 성도가 남이 하는 조그마한 소리도 받아들이지를 못 하고 혈기를 내는 것입니다. 그러면서 그 성도가 늘 하는 말이 목사님 저는 기도를 많이 해서 신경이 예민해져 가지고 남이 하 는 조그마한 잔소리도 듣지를 못합니다. 그러는 것입니다.

이 성도는 이러한 경우 때문에 기도는 많이 하지만 변하지 않 고 혈기가 심한 것입니다. 기도는 영의 활동입니다. 사람은 마음 안에 영이 있습니다. 그래서 마음을 열어라, 마음을 열어라 하는 것입니다. 마음을 열어야 영의 활동이 일어나기 때문입니다. 그 런데 이 성도는 마음 안에 있는 영이 상처로 인하여 눌려있는 상 태입니다. 그래서 이런 분들이 이구동성으로 하는 말이 나는 하 루라도 기도를 쉬면 죽는다고 말을 합니다. 육신적인 눈으로 보 면 아주 좋은 현상입니다.

그러나 영의 눈을 열어 영적으로 보면 문제가 있습니다. 상처 뒤에는 악한 영이 웅크리고 있습니다. 이 악한 영은 어떻게 하든 지 사람의 영을 압박하여 충만하지 못하게 하려고 합니다. 그렇 기 때문에 영안에 있는 성령의 역사가 밖으로 표출되지 못하는 것입니다. 이 분들은 기도를 하면 영의 활동이 일어나 영안에 있 는 성령의 역사로 상처가 목에까지 올라오게 됩니다. 그러나 터 져 떠나가지는 않습니다. 왜냐하면 상처 뒤에는 악한 영이 있기 때문입니다.

제가 하는 이 이야기는 나중에 체험해보면 이해가 될 것입니다. 그래서 기도를 하면 가슴이 답답한 것이 조금 시원해집니다. 그러다가 기도를 쉬면 또 상처가 아래로 내려가면서 영을 압박합니다. 그러니 또 가슴이 답답한 것입니다. 그래서 또 기도하면 마음이 조금 시원해집니다. 이런 활동이 연속적으로 계속 일어나기 때문에 신경이 예민하여 지는 것입니다. 왜냐하면 이 성도는 예수를 믿고 기도를 열심히 해도 아직 전인격이 성령으로 사로잡히지 않았기 때문에 우리의 생명(혼)에 역사하는 악한 영이 떠나 간 것이 아니기 때문입니다.

그래서 사람은 약합니다. 생명(혼)을 가지고 있기 때문입니다. 그럼 이 성도가 언제 변하게 되느냐, 마치 사울이 다메섹 도상에서 예수님을 만나 눈이 멀어 식음을 전폐하고 삼일동안 고생하다가 성령이 충만한 아나니아가 가서 안수할 때 눈에 비늘 같은 것이 벗어지고 보게 되고 음식을 먹고 변화되어, 그 시로 주는 그리스도시라고 증거하고 다닌 것같이 성령 충만한 사람으로부터 안수를 받는 다든지, 불같은 성령의 역사를 체험하여, 심령에서 성령의 불이 올라와 성령의 권능의 역사로 올라 갔다가 내려갔다가 하는 상처가 기침이나 토함이나 하품 등으로 빠져나가기 시작하면 변화가 오기 시작하는 것입니다.

이런 체험을 한 분들의 다수가 몸에 힘이 쭉 빠져서 며칠 동안 힘이 없는 체험을 하기도 합니다. 그런데 심령은 변하여 혈기가 없어지고 마음에 참 평안을 찾으며 영으로 기도를 하게 됩니다.

방언기도를 하던 분들도 이런 체험을 하고난 다음에 방언기도의 소리가 달라지는 경우도 있습니다. 이는 그 성도의 속에서 역사하던 상처가 떠나가고 성령이 장악을 하니, 성령으로 변화되기 시작하는 것입니다.

그래서 성령 충만한 사역자의 안수기도와 불같은 성령 체험이 필요한 것입니다. 필자는 단언 합니다. 성도가 바른 영의 말씀과 불같은 성령을 체험하고 심령을 치유하고 영으로 기도하면 모두 성격이 예수님의 성격으로 변하게 됩니다. 어떻게 방언기도를 하면 영의통로가 뚫리면서 심령에서 불이 올라올까요? 이렇게 해야 합니다. 배호흡을 하면서 아랫배에서 끌어올리는 방언기도를 해야 합니다. 코로 숨을 깊이 들이쉬고 내쉬면서 배에서 나오는 소리로 방언기도를 하는 것입니다. 이렇게 습관을 들이면 심령이 치유되는 방언기도를 하게 됩니다.

7장 성령훼방죄를 바르게 분별하는 법

(마12:31-32)"그러므로 내가 너희에게 이르노니 사람의 모든 죄와 훼방은 사하심을 얻되 성령을 훼방하는 것은 사하심을 얻지 못하겠고, 또 누구든지 말로 인자를 거역하면 사하심을 얻되 누구든지 말로 성령을 거역하면 이 세상과 오는 세상에도 사하심을 얻지 못하리라"

성령훼방죄에 대하여 잘못 알고 있는 부분들이 있습니다. 잘못된 지식은 구원으로 인도하지 못하고 방황하는 성도를 양산하는 경향이 있습니다. 필자가 얼마 전에 지방에서 올라온 여성을 치유한 경험이 있습니다. 이 여성이 무어라고 하느냐면 자기 고향에서 치유를 받을 때 자신에게서 일어나는 특이한 현상을 거부했다는 것입니다. 그러니까, 치유하던 목회자가 성령훼방죄를 범했다고 사하심을 받지 못할 것이라고 했다는 것입니다.

여성이 필자에게 자꾸 자기가 성령을 훼방했으니 회개 해도 사하심을 받지 못한다고 걱정을 태산같이 하는 것입니다. 자신에게서 일어났던 현상이 성령의 역사인지 악령의 역사인지 분명하게 알지 못하고 걱정만 하는 것입니다. 그래서 필자가 성령의 역사라고 해도 회개를 하면 사하심을 받을 수 있다고 한참을 설명을 했습니다. 사하심을 못 받는 것은 회개를 하지 않기 때문이라고 설명을 했습니다. 치유를 받도록 한 체험이 있습니다. 다

행히 설득을 순종으로 받아들여서 정신적인 문제를 치유 받다가 지방에 있는 자기네 교회에 가서 치유 받겠다고 내려갔습니다.

이렇기 때문에 성령훼방죄에 대해서 바로 아는 것은 매우 중요합니다. 왜냐하면 성령훼방죄를 짓게 되면 다시 회개할 수 없다고 해서, 믿음을 포기하는 자들도 많고, 회개하려고 하지 않는 자도 많기 때문입니다. 바르게 알지 못하고 무분별하게 대처하여 얼마든지 회개하여 천국갈 수 있는 것을 배나 지옥 자식 만들어 버리는 결과를 가져온 결과가 된 것입니다. 성령훼방죄도 회개하면 다 용서받을 수 있습니다. 문제는 회개를 하지 않는다는 것이고, 회개를 포기해 버리는데 있습니다. 성령훼방죄도 회개하면 다 용서 받을 수 있습니다. 그러니 성령훼방죄를 지은 사람도 걱정만하고 믿음 생활을 포기하지 말고 회개하고 천국 갈 수 있기를 바랍니다.

1.구약에 나타난 성령 훼방

성령훼방죄에 대한 용어적 배경은 예수께서 복음서를 통해 드러내셨지만, 성령훼방에 대한 다양한 사례는 이미 구약성경 곳곳에서 찾아 볼 수 있습니다. 여기서는 거짓 선지자 발람, 엘리 제사장의 아들 홉니와 비느하스, 그리고 이스라엘의 초대왕 사울을 대표적 사례로 살펴봅니다.

1) **발람의 성령훼방죄**: 민수기 22-24장에서 나타나는 사건

입니다. 모압왕 발락이 가나안 땅 입성을 앞둔 이스라엘 민족을 심히 두려워하여 이스라엘을 저주토록 이방 선지자 발람을 불러들입니다. 이 때 발람의 태도는 "여호와께서 내게 이르시는 대로 너희에게 대답하리라"(22:8), "은금을 줄지라도 내가 능히 내 하나님의 말씀을 어겨 더하거나 덜하지 못하겠노라"(22:18), "여호와께서 내게 주신 말씀을 내가 어찌 말하지 않을 수 있으리이까"(23:13)와 같은 문구들을 계속적으로 사용하며 하나님의 말씀을 그대로 순종하였습니다.

이때 그는 하나님을 "내 하나님"으로 인정하였다는 점과 발락이 주는 어떠한 은금의 대가에도 굴하지 않고 자기 자신을 의지적으로 불순종하려하지 않은 점, 그리고 하나님의 영이 그 위에 임하신점(24:2) 등을 미루어 볼 때, 성령을 거스려 훼방하지 않았습니다. 그 결과 하나님은 그의 입을 통하여 오히려 세 번이나 이스라엘 민족에게 축복의 메시지를 전하는 사명자가 되고 말았습니다. 그는 이 때 비록 이방인의 선지자라 할지라도 하나님의 위대하심을 경험하였고 이스라엘이 하나님의 특별한 은총을 누리게 될 구원의 백성임을 충분히 알고 있었습니다.

하지만 그는 이후 이스라엘 민족에게 엄청난 죄악을 저질러 거짓선지자의 대명사로 불리는 오명을 받고야 말았습니다. 민수기 25장에서 이스라엘 민족이 싯딤에 머물면서 모압의 우상을 숭배하고 저들과 음행하는 죄악을 저지르게 되어 이만 사천 명이 염병으로 죽임을 당하게 되는데, 이때 이스라엘을 바알브

올에 빠지게 한 주동자가 발람이라는 사실을 성경은 분명히 말하고 있습니다. "보라 이들이 발람의 꾀를 따라 이스라엘 자손을 브올의 사건에서 여호와 앞에 범죄하게 하여 여호와의 회중 가운데에 염병이 일어나게 하였느니라"(민31:16), 결국 발람은 자신에게 임하고 체험한 성령을 알고 있으면서도 자신의 유혹과 욕심을 따라 하나님과 그의 백성 이스라엘을 훼방하고 거역한 결과 이 땅에서의 죽음은 물론 지옥의 형벌을 면치 못하는 자가 되고 말았습니다.

이에 대하여 신구약 성경은 영원토록 경계해야 할 거짓 선지자이며 이단자의 대명사로 낙인되었습니다(수13:22, 24:9-10, 느13:1-3, 미6:5, 벧후2:15-16, 유 11, 계2:14). 그는 여리고 성의 기생 라합이 그런 것처럼 이스라엘 백성을 향한 구원의 복과 은혜를 누릴 수 있는 충분한 기회가 주어졌음에도 이를 잃어버리고 말았습니다. 그는 성령 하나님을 알고 있음에도 유혹에 굴하여(의지적으로) 그를 믿고 경외하지 않음은 물론 하나님의 일과 그의 백성의 일을 훼방한 자로서 결코 구원 받지 못할 자의 모습을 보여주었습니다.

2) 엘리 제사장과 그의 아들 홉니와 비느하스의 성령훼방죄: 사무엘상 2장에 나오는 엘리와 그의 두 아들은 아론의 반차를 따라 성막에서 하나님께 제사를 드리는 제사장 직분자들입니다. 그들은 제사장 직분을 감당할 때 하나님의 기름부음을 받은 자

들입니다. 또한 성막의 모든 제사를 통해서 하나님의 임재하심을 경험하였을 것입니다. 그럼에도 엘리의 두 아들 제사장에 대하여 "엘리의 아들들은 불량자라 여호와를 알지 아니하더라"(삼상2:12)고 기록하고 있습니다.

그들의 고의적 범죄 행위를 드러내는 말입니다. 그들이 여호와의 성소에서 범한 일들은 화목제를 드리고 난후의 삶은 고기에 대한 제사장의 몫에 대한 분배의 질서를 어긴 것과 제사장들이 성소에서 먹을 수 있는 고기는 반드시 삶아서 먹어야 함에도 구워서 먹으려 하였고, 더구나 하나님께 제사를 드리기도 전에 먼저 고기를 빼앗아 먹은 점 등이었습니다.

이에 대한 범죄에 대하여 "이 소년들의 죄가 여호와 앞에 심히 큼은 그들이 여호와의 제사를 멸시함이었더라"(2:17)고 기록하고 있습니다. 이는 여호와 하나님을 단순히 훼방하는 정도가 아니라 사역하시는 성령하나님을 무시하고 모독하는 죄를 범한 것입니다. 나아가 그들은 회막문에서 수종드는 여인들과 동침하였는데(2:21), 이는 마치 가나안 이방 종교 풍속에서나 볼 수 있는 성창(聖娼)제도를 보는 것 같은 범죄로써 하나님의 성소를 모독하는 죄입니다. 이러한 그들의 행위는 구약시대의 성령훼방죄에 해당하여 성령훼방죄에 적용된다 할 수 있습니다.

그 결과 홉니와 비느하스의 두 제사장은 물론 엘리의 가문은 하나님의 영원한 저주를 받게 되었습니다. 하나님께서 그들에게 얼마나 분노하셨는지는 삼상2:27-36과 3:12-18을 통하여 매우 상세히 말씀하고 계십니다. 즉 직접 엘리에게 한번, 그리고 훗날 사무엘에게 한번 더 나타나셔서 그들의 저주에 대하여 계시하고 있는데, 특히 주목할 구절은 3:13-14에 나타나있는 성령훼방(모독)죄에 대한 결과입니다.

"내가 그의 집을 영원토록 심판하겠다고 그에게 말한 것은 그가 아는 죄악 때문이니 이는 그가 자기의 아들들이 저주를 자청하되 금하지 아니하였음이니라. 그러므로 내가 엘리의 집에 대하여 맹세하기를 엘리 집의 죄악은 제물로나 예물로나 영원히 속죄함을 받지 못하리라 하였노라 하셨더라"(3:14). "그가 아는 죄악" "저주를 자청 하되 금하지 않음"은 의지적으로 하나님께 지은 죄로 성령 훼방죄에 해당되며, 이들의 죄악은 그 무엇으로도 사함을 받지 못하는 성령훼방(모독)죄에 정확히 해당된다고 말할 수 있을 것입니다.

결과적으로 두 아들은 물론 그들의 막중한 사역을 제대로 교육시키지 못한 그 아비까지도 죽음의 형벌을 받고야 말았습니다. 두 아들은 블레셋과의 전쟁 상황에서 죽었고 엘리 제사장은 블레셋에 법궤마저 빼앗긴 사실에 놀라 목이 부러져 죽는 비극을 맞이했습니다. 더욱 비극인 것은 두 아들은 죄 사함을 받지 못하여 영원한 지옥의 형벌을 면치 못한다는 사실입니다.

3) **사울왕의 성령훼방죄**: 하나님께서는 이스라엘의 초대왕으로 사울을 택하셨습니다. 하나님께서 그를 왕으로 택하심은 그가 기골이 장대하여서가 아니라 그의 성품이 하나님께 합당하였

기 때문입니다. 그는 스스로를 숨기면서 왕으로 추대되는 것을 부끄러워한 겸손한 자였습니다(삼상9:21, 10:22).

또한 주의 종을 존중할 줄 알았고, 아버지의 명령에 최선을 다하는 성실성과 훌륭한 효심을 가진 자였습니다. 그는 사람은 물론 하나님이 보시기에도 왕으로 인정받기에 충분하였습니다. 그래서 하나님은 그를 기름 부으셨고(10:1), 기름부음을 받은자 사울은 여호와의 영 즉, 성령이 임하므로 예언하며 새사람이 되어 있었습니다(10:6, 10:10).

그후 사십 세가 되어서야 왕이 된 그는 블레셋과의 전투를 맞이하여 전쟁을 위한 제사를 드리려 사무엘이 오기까지 일주일을 기다리다 결국 스스로 제사를 지내는 망령된 행동을 하였습니다. 제사는 제사장이 하나님이 명령한 방식대로 행하여야 했으며, 이는 하나님의 제사법(율법)을 어긴 망령된 죄입니다. 이에 대해 사무엘은 그를 크게 질책하였습니다. 그의 죄는 자신의 임기가 단축 되는 것으로 마무리되는 듯하였습니다(13:14). 그후 하나님은 아말렉을 치고 그들의 모든 소유를 남기지 말고 남녀노소 모든 육축까지도 죽이라 명령하셨습니다. 이는 하나님의 구체적이며 지엄한 명령이었으며 성령의 사역이었습니다.

그러나 사울은 자신의 소견대로 블레셋 왕 아각과 좋은 육축들을 진멸치 않고 모두 가져왔습니다(15:8-9). 하나님의 명령을 자신의 욕심과 소견에 따라 정면 거부하였고 이는 분명 하나님을 모독하는 행위입니다. 이에 하나님은 심히 근심하시며 후

회하셨으며 사무엘은 근심하며 온밤을 여호와께 부르짖었다고 하였습니다(15:11). 하나님의 말씀을 순종치 않고 거역하는 것은 점치는 죄와 같고 사신 우상에 절하는 죄와 같다고 분명한 어조로 말씀하고 계십니다(15:23).

그의 욕심과 명예심과 교만이 성령 하나님의 사역을 그르쳤으며, 이는 분명한 성령훼방(모독)죄에 해당한다 할 수 있습니다. 그 후 그에게는 성령이 떠나갔고, 결국 다윗을 질투하며 죽이려 하였고, 지속적으로 악령이 그를 지배하게 되었습니다.

한때 성령이 충만하였던 그가 악령의 하수인의 노릇을 하는 자로 전락하였습니다. 그는 성령의 음성을 듣지 못하자 결국 엔돌에 신접한 여인을 찾아 가는 있을 수 없는 죄를 저지르기까지 하였습니다.

사울은 얼마든지 회개의 기회가 있었음에도 회개치 않았습니다. 이 모든 것은 성령을 훼방하고 거부한 자의 전형적인 모습입니다. 결국 그는 블레셋과의 전쟁에서 자신의 명예를 위해 자살을 선택하므로(삼상31:4) 죄사함의 기회도 없이 생을 마감했습니다.

2. 신약에서의 사례

1) 가롯 유다의 성령훼방죄: 가롯 유다는 예수님의 12제자 중 한 사람입니다. 예수님의 모든 제자가 그렇듯이 그 역시 주님의

특별한 선택을 받은 부름 받은자입니다(마10:1). 그럼에도 불구하고 그는 예수님을 판자로서 구원을 받지 못한 자이며, 결국 그는 성령훼방죄를 범하였다고 볼 수 있습니다. 그가 성령훼방죄를 범하였다는 사실은 다음과 같은 이유를 들 수 있습니다.

먼저 그는 예수님이 행하는 모든 이적과 표적을 보면서 그가 하나님의 아들이었음을 알고 있었습니다. 그는 자신의 동료 제자들과 함께 주의 이름으로 전도하며 병도 고치고 이적도 행하였을 것인데, 이는 성령의 능력에 의함임을 예수님은 분명히 밝히고 계십니다(마12:28).

따라서 그는 하나님의 능력과 성령의 역사를 믿었습니다. 그럼에도 그는 예수님이 십자가에 돌아 가셔야 한다는 사실에 충격을 받았습니다(마26:2). 그가 원하는 것은 세속의 욕망이었고 이 세상의 메시아를 기대했기 때문이었습니다. 예수를 쫓은 이유가 사라진 것입니다. 결국은 예수를 은 삼십에 대제사장들에게 팔아넘기는 것이 낫다는 생각을 하고 이를 과감히 실행하였습니다. 그는 구세주로 오신 예수님과 십자가 사건 이후의 성령님의 사역을 믿지 못하였습니다.

다음으로 가룟유다는 예수가 정죄됨을 보고 양심의 가책을 받게 된 이후 "그 때에 예수를 판 유다가 그의 정죄됨을 보고 스스로 뉘우쳐 그 은 삼십을 대제사장들과 장로들에게 도로 갖다 주며 이르되, 내가 무고한 피를 팔고 죄를 범하였도다"(마27:3-4a)라고 말하며, 그는 결국 자살의 길을 택했습니다. 예언에 따라서 그는 죽는 것이 당연시 되지만, 만일 그가 자살을 택하지 않고 주님의 용서를 구했다면 그는 구원을 받을 수도 있었을 것입니다. 마치 주님을 부인한 베드로가 회개를 통해 용서함을 받았듯이 말입니다.

그러나 그는 스스로가 하나님의 역사하심을 믿지 않은 강퍅한 심령의 사람이었습니다. 유다의 이야기는 자살과 피값으로 산 밭에 관한 언급으로 종결됨으로써 유다의 의도적인 배반의 결과가 파멸임을 시사해 주고 있습니다. 이는 구원의 길을 스스로가 팽개친 성령훼방죄를 범한 것이라 할 것입니다.

또한 누가복음에서는 "열둘 중의 하나인 가룟인이라 불리는 유다에게 사탄이 들어가매 이에 유다가 대제사장들과…유다가 허락하고 예수를 무리가 없을 때 넘겨줄 기회를 찾더라" (눅 22:3-6). 그는 이미 성령을 훼방하는 자들에게 나타나는 사탄의 유혹이 강력히 임하였음을 보여 주고 있습니다. 마치 구약의 사례에서 보는 사울 왕을 농락한 사탄의 역사와 맥을 같이 한다고 볼 수 있습니다.

2) 분봉왕 헤롯의 성령훼방죄: 마가복음 6:20에 기록된 대로 헤롯은 많은 죄에도 불구하고 그의 생활 속에는 하나님의 음성이 여전히 있었습니다. "헤롯이 요한을 의롭고 거룩한 사람으로 알고 두려워하여 보호하며, 또 그의 말을 들을 때에 크게 번민을 느끼면서도 달게 들음이러라." 그러나 헤롯은 자기 형제 빌립의 아내

였던 헤로디아를 탐하여 불법적으로 결혼하기를 원했습니다.

이제 헤롯은 요한을 통해 오는 하나님의 음성을 듣던지 헤로디아를 통해 오는 죄의 음성을 듣던지 둘 중의 하나를 선택해야 했습니다. 결국 그는 요한을 옥에 가두고, 헤로디아와 결혼함으로써(6:17-19), 성가신 하나님의 음성을 자신에게서 제거하고 말았습니다. 그런데 그 다음 과정을 주목해 보면, 동일한 사건이 언급된 눅3:19-20에서"그의 행한 모든 악한 일"과 "이 위에 한 가지 악을 더하여 요한을 옥에 가두었다"고 말하고 있습니다. 나중에 그는 헤로디아를 기쁘게 하려고 요한의 목을 베는 일까지 자행했습니다(막6:27). 하지만 이때에도 양심을 통해 들려오는 하나님의 음성이 완전히 없었던 것은 아니었습니다.

그후 그는 예수님에 관한 소문을 들었을 때 죄의식을 가지고 이렇게 탄식했습니다."내가 목 베인 요한 그가 살아났다."그 후에 헤롯은 예수님도 죽이려 했으며(눅 13:31), 마침내 예수님이 십자가에 못 박히는 날 아침, 빌라도가 보낸 사람들에 의해 헤롯 앞으로 끌려 나오시게 되었습니다. 이때의 상황을 눅23:9에는 헤롯이 "여러 말로 물었으나" 예수님은 "아무 말도 대답지 아니하셨다"고 기록하고 있습니다.

그의 생활 가운데서 의도적으로, 계획적으로 묵살되어 온 하나님의 음성은 이제 더 이상 아무 말씀도 안하시는 것입니다. 그러자 분노와 좌절에 빠진 헤롯은 이제 군병들과 함께 예수를 업신여기며 희롱했습니다. 그래도 예수님은 아무 말씀도 안하셨습니다. 하나님은 더 이상 말씀하지 않으시는 것입니다. 원치 않는 사랑은 하지 못하게 될 것이며, 이것이 바로 용서받지 못하는 죄요, 이것이 바로 그리로 가는 과정입니다. 성령의 음성을 끝까지 부인한 또 다른 성령훼방의 모습입니다.

3) 예수님을 잡아 죽인 자들의 성령훼방죄: 이는 예수님 사역 당시에 성령을 거역한 자들에 대한 죄라 할 수 있습니다. 본 성령훼방죄의 발단 배경이 메시아 예수의 그 모든 행적을 보고도 자신들의 기득권을 유지키 위해 이를 믿으려 하지 않은 저들에 대한 경고에서 나온 것입니다. 결국 예수를 하나님의 아들로 인정하기를 거부한 유대 바리새인들을 비롯한 유대 교권주의자들은 결국 그를 십자가에 죽게 함으로서 성령훼방죄의 극치를 보여주고야 말았습니다.

이는"하나님의 포괄적인 사면과 용서의 제공을 의지적으로 거절"한 것으로, 예수의 메시아적 사역을 이처럼 거부하는 바리새인들은 당연히 그 메시아적 사역의 기본적인 요소인 '사죄의 은혜'도 누릴 수 없는 처지에 놓일 수밖에 없습니다.

반면에 저들과는 달리 극히 일부나마 이 같은 성령훼방죄를 벗어나 예수그리스도를 하나님의 아들로 인정한 자들이 있으니 '아리마대 요셉'이나 '니고데모'가 이에 해당된다 할 수 있습니다. 바리새인들과 이 두 사람은 성령훼방죄를 범한 자와 그렇지 않은 자의 상반된 모습을 조명합니다.

3. 신학자들이 말하는 성령훼방죄의 견해

신학자들이 말하는 이 시대의 성령훼방죄와 왜곡된 적용을 경계해야 한다고 강조합니다. 이 시대의 성령훼방죄는 양심과 성령의 훼방하시는 사역을 고의와 악의로 거절하지 않으며, 마음에서 작정된 계속적 계획적 거부로써 성령의 주된 사역인 구원의 초대를 거절하지 않는다면 성령훼방죄를 적용 할 수 없습니다. 경건하게 살려고 하는 성도들은 흔히 성령훼방죄에 대한 문제에 부딪쳐, 내가 정말 성령훼방죄를 범한 것은 아닐까 해서 심각한 고민을 하는 경우가 있습니다.

때로는 교회 안에서 생겨난 어떤 일을 두고 그것이 성령훼방죄에 해당된다느니, 안 된다느니 하여 서로 격한 논쟁을 하는 것을 보면서 안타까워 할 때도 있습니다. 또 어떤 사람에게 성령훼방죄를 범한 사람이라는 판정이 주어지면, 그 사람은 자기 스스로나 다른 사람들로부터 참으로 회복하기 어려운 처지에 빠지고 마는 것을 보기도 합니다.

이러한 문제는 과거는 물론 현시대에까지 성령훼방죄를 비성경적이며 자의적으로 적용함에 따라 많은 부작용을 산출하여 왔습니다. 이에 성령훼방죄에 대해 다음과 같은 왜곡된 유형들을 정리하며 이를 배격하고자 합니다.

① 경건을 가장한 마귀의 간교한 속임수(경건한 성도들이 갖는 성령훼방죄에 대한 막연한 두려움): 성도는 모든 죄를 용서받았

기에 다시는 정죄 받을 일이 없는 의인입니다. 따라서 성도는 성령훼방죄의 두려움에 지나치게 눌려 있을 필요가 없습니다. 그리스도 안에서 성령훼방죄에 대한 자유함을 가져야 합니다. 그래서 성령훼방죄에 대한 두려움으로 구원에 대한 확신을 떨어뜨리고 좌절 속에서 영생의 길로부터 멀어지게 하려는 마귀의 경건을 가장한 간교한 속임수에 넘어가는 일이 없도록 해야 합니다〈교회와 신앙, 박일민 교수(칼빈대 신학대학원장, 조직신학)〉.

② 교회와 목회자를 훼방하고 교인을 핍박하면 성령훼방죄라고 말하는 것(주로 이단에서 주장하는 성령훼방죄): 이단이 자신의 사역자들을 믿게 하기 위하여 많이 사용하는 수법입니다.

③ 성령의 은사(방언, 진동 등)가 오는 것을 거부하는 것은 성령훼방죄: 왜곡된 은사 운동자들의 거짓된 주장입니다.

4. 필자가 성령 사역간 체험한 성령훼방죄의 견해

1) 장로가 성령사역 방해: 안산에 있는 모 교회에서 있었던 일입니다. 제가 잘 아는 성령사역을 하시는 목사님이 그 교회 부흥회를 가기로 3개월 전에 약속을 했다는 것입니다. 성령사역을 하는 목회자가 부흥회를 인도한다는 이야기를 들은 성령사역을 방해하는 장로가 자기 말을 듣는 성도들을 포섭하여 집회에 참석하지 못하게 막았다는 것입니다. 약속한 날짜가 되어 부흥회를 하는데 성령 사역을 방해하는 장로만이 부흥회에 참석했다는

것입니다. 참석한 이유는 말씀이 조금이라도 잘못되었으면 강단에 올라가 전 성도들에게 참석하지 못하게 할 작정으로 참석을 한 것입니다. 말씀에 흠을 잡으려니 말씀을 잘 들어야 하지 않습니까? 처음은 맨 뒤에서 말씀을 들었습니다. 강사목사님을 보니까, 말씀을 전할 때 입에서 불이 나오는 것입니다. 그래서 확실하게 보려고 자꾸 앞으로 나왔다는 것입니다. 3회 집회 때에 그만 성령으로 장악이 되어 기도 시간에 도망을 가지 못했습니다. 다리가 떨려서 가지 못했다는 것입니다.

그래서 강사 목사님이 안수를 했습니다. 안수를 하니 귀신이 드러나서 의자 밑으로 들어갔습니다. 의지 밑에 들어가 있는 장로를 안수하여 귀신을 축사했습니다. 막 입에서 거품을 흘리면서 귀신이 떠나갔습니다. 정신이 돌아오니 담임목사님에게 죄송하다고 하면서 용서를 빌었다는 것입니다. 담임목사님이 하나님에게 회개하고 다음 집회에 나와서 간증을 하라고 했답니다. 집회가 끝나 집으로 돌아가 나오지 못하게 한 성도들을 모두 나와서 은혜를 받도록 했다는 것입니다.

이것은 분명한 성령훼방죄입니다. 그러나 회개했기 때문에 하나님에게 사하심을 받게 됩니다. 제가 성령 사역을 하다가 보니 귀신에게 눌려서 성령사역을 거부하는 경우가 많이 있습니다. 이런 분들이 집회에 참석하여 기도하다가 성령으로 장악되어 귀신이 떠나가니 아주 열심이 믿음 생활을 잘합니다. 성도님들이나 목회자들은 이런 점을 알고 대처해야 합니다.

2) 성령의 역사를 거부하는 것: 성령사역을 하다가 보면 이해하지 못할 일이 자주 일어납니다. 성령의 역사가 자신을 장악하면 두려워하다가 자리를 이탈하는 경우가 있습니다. 성령이 임재하면 아랫배가 아프고, 머리가 아프고, 허리가 끊어질 것같이 아프기도 합니다. 두렵고 불안하기도 합니다. 이것은 성령의 역사가 자신을 장악하여 육에 역사하던 사악한 세력이 정체를 폭로한 경우입니다. 조금만 참으면 모두 떠나가는데 어떤 분은 다리야 날 살려라 하고 도망을 갑니다. 그리고 다시는 집회에 참석하지 않습니다. 이런 경우 악한 세력의 영향력에 굴복한 것이므로 성령훼방죄에 해당이 됩니다. 차후에 자신이 알고 회개하지 않으면 구원받지 못할 수도 있습니다. 그러나 차후라도 본인이 알아차리고 회개하면 구원을 받게 됩니다. 문제는 회개를 하여 하나님에게 돌아오느냐, 돌아오지 않느냐에 따라서 사하심을 받을 수도 있고, 사하심을 받지 못할 수도 있는 것입니다.

3) 예배나 집회를 방해하는 것: 성령치유 집회를 하다가 가끔 예배를 방해하는 경우가 있습니다. 불신자인 보호자가 와서 고래고래 고함을 지르면서 예배를 방해하는 것입니다. 이런 경우 성령훼방죄로서 사하심을 받지 못합니다. 그러나 차후라도 회개하면 구원을 받습니다.

개별 안수를 할 때에도 가끔 이런 경우가 있습니다. 환자를 안수하여 한창 역사가 일어나면 불신자인 보호자가 안수를 못하게 방해하는 경우도 있습니다. 이런 경우는 성령훼방죄입니다. 알고 회개하면 구원을 받지만 회개하지 않으면 구원받지 못합니다. 제가 그간 성령사역을 하면서 체험한 바로는 성령의 역사를 거부하거나 방해하는 경우는 모두 악한 영의 영향을 강하게 받는 사람이었습니다. 이런 사람을 설득하여 성령의 임재가 장악하게 하고 축사하면 성령의 은혜를 잘받는 영적인 성도가 됩니다. 그러므로 한번 실수했다고 정죄하지 말아야 합니다.

4) 성령 사역을 비방하는 것: 저는 가끔 황당한 일을 당합니다. 성도들이 바르게 사역하지 않는 곳에 갔다가 문제가 발생하여 저를 찾아오는 경우가 많이 있습니다. 그래서 제가 잘못된 점을 꼬집어서 설명하여 줍니다. 그러면 그 잘못된 사역을 하는 곳의 사역자가 제가 성령훼방죄를 범하고 있다고 한답니다. 그러면서 하는 말이 성령훼방죄는 사하심을 받지 못하는 죄로서 강요셉 목사는 하나님의 심판을 받을 것이라고 한다는 것입니다. 성도들에게 은연중에 협박하는 것입니다. 이런 경우는 절대로 성령훼방죄가 아닙니다. 성령사역을 잘못하는 부분을 지적했는데 어찌하여 성령훼방죄가 됩니까? 우리 성령 사역하는 사역자들은 수준을 높여야 합니다. 바르게 알고 사역하여 성도들을 바르게 인도해야 합니다. 그렇지 않으면 하나님의 심판을 면치 못하는 것입니다.

만약에 이런 경우를 당한 분들은 절대로 의기소침할 필요가 없습니다. 오히려 바르지 못한 사역을 한 사역자가 하나님의 심판을 받게 됩니다. 잘 모르면 가만히 있는 것이 좋습니다.

5) 남묘호랭객쿄 참석: 필자가 시화에서 목회할 때 우리 교회에 등록하여 다니는 성도의 간증을 듣고 알게 된 사실입니다. 이 성도가 하는 말이 자신이 예수를 믿게 된 동기는 몸이 하도 많이 아프고 가정의 여러 가지 환란과 풍파가 있어 고통을 당하는 데, 옆집에 살던 예수 믿는 성도가 와서 예수를 믿으면 모든 문제가 예수 이름으로 해결된다고 하여 예수를 믿었습니다. 그런데 예수를 믿고 교회를 열심히 다녀도 아픈 몸이 치유되지 않았답니다.

그러는 즈음에 '남묘호랭객쿄'를 믿는 사람이 자신의 처지를 알고 찾아와서 자꾸 자기가 다니는 곳에 한번만 갔다오면 병이 낫는다고 자꾸 설득을 하는 바람에 그 사람을 따라서 '남묘호랭객쿄'를 믿는 사람들이 모여 있는 신전에 갔답니다. 두 번에 걸쳐서 가서 기도를 받았는데 병이 나아버린 것입니다.

그래서 계속 다니다가 예수님 외에는 구원이 없다는 것을 깨닫게 되어, 내가 여기 계속 다니다가는 지옥에 간다는 생각이 들어서 다시 교회에 와서 예수를 믿기 시작했다는 것입니다. 그래서 제가 단단하게 주의를 시키고 회개를 하게 했습니다. 다시는 그런 일이 있어서는 안 된다고 강하게 주의 시켰습니다. 성령의 임재를 요청하고 '남묘호랭객교'의 귀신을 축사했습니다. 이 말씀을 가슴에 새기라고 알려주었습니다.

> "한 번 빛을 받고 하늘의 은사를 맛보고 성령에 참여한바 되고, 하나님의 선한 말씀과 내세의 능력을 맛보고도 타락한 자들은 다시 새롭게 하여 회개하게 할 수 없나니 이는 그들이 하나님의 아들을 다시 십자가에 못 박아 드러내 놓고 욕되게 함이라."(히6:4-6).

만약에 이분이'남묘호랭객교'에서 나오지 않았다면 지옥 가는 인생이 되었을 것입니다. 그러나 잘못된 것을 알고 바로 나와 교회에서 회개하고 신앙생활을 했기 때문에 사하심을 받는 것입니다. 마치 누가복음 15장 11-32절에 나오는 탕자와 같은 경우입니다. 탕자가 회개하고 아버지에게 왔기 때문에 용서를 받은 것입니다. 이 성도도 회개하고 돌아왔기 때문에 사하심을 받는 것입니다.

8장 성령 은사 받을 때 체험하는 영적현상

(행4:28-31)"하나님의 권능과 뜻대로 이루려고 예정하신 그것을 행하려고 이 성에 모였나이다. 주여 이제도 그들의 위협함을 굽어보시옵고 또 종들로 하여금 담대히 하나님의 말씀을 전하게 하여 주시오며, 손을 내밀어 병을 낫게 하시옵고 표적과 기사가 거룩한 종 예수의 이름으로 이루어지게 하옵소서 하더라. 빌기를 다하매 모인 곳이 진동하더니 무리가 다 성령이 충만하여 담대히 하나님의 말씀을 전하니라."

성령의 은사는 성령의 세례가 있은 다음에 나타나는 것이 보통입니다. 성령으로 세례를 받게 되면 반드시 자신에게 느껴지는 영적현상을 체험하게 됩니다. 저에게 성령의 은사에 대한 질문들을 많이 합니다. 어느 분은 목사님 제가 기도하다가 등과 허리가 뜨거워졌습니다. 손이 뜨거워지면 신유의 은사가 임한 증거라고 하던데 등과 허리는 무슨 은사가 임한 것입니까? 저는 이렇게 대답을 합니다. 무조건 뜨거워졌다고 은사가 임했다고 볼수는 없습니다. 뜨거워지는 것은 상처가 노출되어도 뜨거워질수가 있습니다. 또 내안에 들어와 있는 악한 영과 성령의 대립이 있을 때 뜨거워질 수가 있습니다. 질병이 치유될 때도 뜨거워질수가 있습니다. 마귀도 뜨겁게 역사할 수가 있기 때문입니다. 성령이 장악할 때 보증의 역사로 뜨거움을 체험하기도 합니다. 그래서 은사가 임할 때 뜨거움을 체험한다고 한정하는 것은 바르지 않습니다. 그러므로 반드시 바른 분별이 필요합니다.

성령은 말이 아니고 실체이기 때문에 성령이 자신을 장악할 때 생각하고 느끼지 못했던 여러가지 영적인 현상들이 나타납니다. 어떤 때는 두려움이 느껴지기도 합니다. 어떤 때는 말로 표현 못하는 뜨거움을 체험하기도 합니다. 이것은 일종의 살아계신 성령의 임재의 현상이므로 두려워말고 계속 성령의 은혜를 체험하면 성령의 은사가 나타납니다. 그런데 일부 성도들이 이런 현상이 자신에게 나타나면 두려워하여 성령의 역사를 거부하고 자리를 이탈하거나 은혜 받는 일을 중단하는 경우가 많습니다.

성령을 체험하고 은사를 깊고 맑게 하려면 이런 현상이 일어나더라도 참고 견디어서 고비를 넘기면 성령의 강한 권능을 체험할 수 있습니다. 많은 분들이 이런 현상이 있은 후 영안이 열리고 성령의 강한 은사가 나타납니다. 이렇게 이해하지 못하게 일어나는 현상은 모두가 살아계신 성령의 능력이 임해서 성령님이 장악하고 만지시는 현상들입니다. 보통 이러한 현상들이 자신에게서 나타나면 환영하고 받아들이지 못합니다. 왜냐하면 자신이 지금까지 느껴보지 못했기 때문입니다. 그리고 나타나는 현상에 다른 사람들이 자신에게 무엇이라고 할까 부끄러움을 느끼기 때문에 불같고 살아있는 성령을 체험하지 못하는 것입니다. 성령은 말이 아니고 실체입니다. 성령의 역사하심을 거부 말

고 환영하고 받아들이시기를 바랍니다. 그러면 당신도 성령의
은사를 강하게 받고 체험할 수 있습니다.

1. 성령은사 받을 때 성령을 체험한다.

모든 은사는 성령의 세례를 체험한 이후에 나타납니다. 성령
으로 세례를 받을 때 분명한 체험을 하는 것이 보통입니다. 왜냐
하면 성령의 세례는 강력한 능력과 그로 인한 변화를 가져오는
것이 분명합니다. 오순절에 성령께서 임할 때에 분명한 현상들
이 나타났습니다. 급하고 강한 바람소리가 온 집에 가득했습니
다(행 2:2). 불의 혀같이 갈라지는 것이 저희에게 보였습니다(행
2:3). 각 사람이 성령의 역사를 따라 다른 방언을 말하기 시작하
였습니다(행 2:4). 성령께서는 각가지 은사를 부여하시고(고전
12: 7-11), 담대함을 주시어 하나님의 말씀을 능력 있게 전하
도록 하기도 합니다(행 4:31). 지금도 성령은 성령의 세례를 주
시고 은사가 나타날 때 신비한 체험을 하게 하십니다.

교회사나 우리 충만한 교회에서 성령의 은사를 받은 분들이
체험한 성령의 역사는 이렇습니다. 성령이 임재해서 성도를 장
악하면 뜨거움을 체험합니다. 뜨거움은 성령의 임재를 상징하기
때문입니다. 성령님이 전인격을 장악하시면 쓰러지는 현상이 나
타날 때가 많습니다. 이는 성령 안에서 육신의 이성적 기능이 잠
깐 동안 멈추는 현상입니다. 그래서 성령의 이끌림에 의한 깊은

임재(입신)에 들어가서 여러 가지 신비한 것들을 체험하는 분들도 많습니다. 환상을 보고 예수님을 만나서 말로 표현 할 수 없는 이야기를 듣기도 합니다. 어떤 경우에는 하나님을 찬송하기를 몇 시간이나 쉬지 않고 계속하는 현상이 나타나기도 합니다. 어느 분은 잠을 자다가도 찬양을 했다는 간증을 하기도 합니다. 성령의 임재로 방언이 터지기도 합니다. 많은 분들이 방언통역의 은사가 같이 임하기도 합니다. 성령이 임재하여 역사하기 시작하면 여러 가지 이해 할 수 없는 현상이 우리 교회 집회 때에 일어납니다. 손발을 움추리면서 게발처럼 되거나 얼굴을 찌푸리며 몸이 경직되는 현상이 나타납니다. 이는 특정한 죄를 해결하게 되는 경우입니다. 몸이 뒤틀리거나, 호흡이 가빠지거나 빨라지기도 합니다. 슬픔이 솟구치며 울음이 터집니다. 가슴을 찌르는 아픔, 위장이나 아랫배 부근에서 뭉치가 움직이고, 큰소리가 터지고, 가슴이 답답해지고 기침을 합니다. 하품이나 트림이 나오고, 심한 구토현상, 멀미하는 것처럼 속이 울렁거리며 토할 것 같은 현상이 일어나기도 합니다. 몸 안에서 무엇인가 빠져나가는 느낌이 생깁니다. 이는 귀신이 떠나가는 경우와 상처가 치유되는 현상이기도 합니다.

때로는 사람들에게 마음과 몸이 술에 취했을 때와 같이 몸이 흔들리는 현상이 일어나기도 합니다. 그래서 의자에 앉아 있지 못하고 의자에서 내려와 드러눕기도 합니다. 이런 술 취함을 체험한 후에 몸이 가벼워져서 걸음걸이가 비틀거리며 말까지 더듬게 되는 경우도 있습니다. 그리고 말로 표현할 수 없는 환희를 체험했다고 간증하기도 합니다.

지금까지 설명한 것은 분명하게 나타나는 현상이지만 미세하게 나타나는 현상도 있습니다. 그래서 우리가 성령께서 임하심을 영으로 깨닫지 못한 채 지나치게 되는 경우도 있습니다. 즉, 몸이나 눈까풀의 미세한 떨림, 깊은 호흡, 약간의 땀 흘림, 가슴이 울렁거리는 증상이 있습니다. 커피를 많이 마신 것과 같은 현상이 나타납니다. 때로는 가슴이 짓눌리는 것 같은 기분이 들거나 공기가 답답하게 느껴지기도 합니다.

많은 분들이 이러한 현상을 느꼈다고 성령을 체험했다고 나름대로 단정하고 계시는 분들이 있다는 것입니다. 반드시 밖으로 축출하는 체험을 해야 된다는 것을 아시기 바랍니다. 그런데 더 큰 문제는 많은 분들이 이런 현상이 나타나면 두려워하거나 자리를 이탈하려고 합니다. 그러나 참고 인내해야 성령의 세례를 체험하고 성령으로 자신의 심령이 장악을 당할 수가 있습니다. 만약에 성령이 역사하여 자신을 사로잡을 때 두려움을 견디지 못하고 성령의 역사를 거부하고 자리를 이탈하면 성령의 역사를 훼방하는 행동이 될 수도 있습니다. 여러분 성령의 은사를 받고 사용하려면 불같은 성령으로 세례를 체험해야 합니다. 부디 불같은 성령으로 세례를 체험하고 성령으로 충만하여 성령의 은사를 나타내어 하나님의 축복의 도구들이 되시기를 바랍니다.

2. 은사별로 체험하는 성령역사

성령의 은사가 임할 때 자신이 느끼는 어떤 현상을 체험하게 됩니다. 하나님은 말만하시는 분이 아니고 말씀한 것을 눈으로 보고 감각으로 체험하게 하시기 때문입니다. 제가 지금까지 성령능력 치유사역을 하면서 은사별로 체험한 바를 정리하면 다음과 같습니다. 이는 보편적으로 일어나는 현상이니 이러한 체험을 해야만 은사가 나타난다고 단정하는 것은 잘못된 것입니다. 성령은 각각 사람마다 다르게 역사하기 때문입니다. 이는 성령은 인격적인 영이시기 때문에 사람의 인격에 따라 역사하십니다. 이 점 염두에 두시고 읽어 보시기를 바랍니다.

1) 계시의 은사가 임할 때 : 보통 지식의 말씀의 은사. 지혜의 말씀의 은사. 영분별 은사 등 계시의 은사가 임할 때 이런 현상을 체험합니다. 얼굴과 입술이 뜨거워집니다. 머리가 시원해 집니다. 기도할 때 환상이 보이기도 합니다. 사람을 볼 때 이상한 형체가 순간 보이기도 합니다. 머리에 손을 얹어 기도할 때 어느 장기가 좋지 못하다 감동이 오기도 합니다. 말씀을 읽을 때 말씀 속의 내용이 영상화되기도 합니다. 전해지는 말씀이 영적인지 혼적인지 율법인지 분별이 갑니다. 집회에 참석하여 사람들을 바라볼 때 심령상태가 느껴지기도 합니다. 답답하게, 검게, 아니면 성령 충만하게, 육적 충만하게 보이고 느껴집니다. 머리에 손을 얹고 안수할 때 영적인 느낌이 감지됩니다. 뻑뻑하거나 갑

갑한 느낌이 감지됩니다. 가정이나 어느 장소에 들어가면 영적 감동이 느껴집니다. 아 악한 영의 역사가 강하구나! 또는 성령이 충만한 가정이구나 하고 감지가 됩니다. 꿈이나 환상으로 잘 보이기도 합니다. 안수를 할 때 자신도 모르게 어느 부위에 손이 갑니다. 이성간 조심해야 합니다. 자신이 잘 모르는 지역에 가더라도 어떤 영적 느낌이 감지가 됩니다. 이런 영적인 감지가 되면 계시의 은사가 열린 증거입니다. 계속 훈련하면 밝히 보입니다.

2) 발성의 은사가 임할 때 : 보통 방언의 은사, 방언통역의 은사, 예언의 은사 등 발성의 은사를 받은 분들의 대표적인 성령체험은 입이 뜨거워지는 것입니다. 그리고 혀가 풀려서 제어하지 못하는 성령을 체험합니다. 보편적으로 발성의 은사가 나타날 때 이런 현상을 체험합니다. 절제하지 못할 정도로 몸에 강한 진동이 옵니다. 어떤 힘이 누르는 것 같은 느낌을 받거나 몸에 무엇이 덮이는 느낌을 체험합니다. 머리가 시원해집니다. 머리가 맑아집니다. 가슴이 뜨거워집니다. 어떤 때는 답답해지기도 합니다. 입이 뜨거워집니다. 혀가 뜨거워집니다. 몸이 뜨거워집니다. 혀가 말리며 혀가 혼자서 움직여지며 알 수 없는 소리가 납니다. 입이 풀린 것 같아지면서 속에서 말이 계속 나옵니다. 사람을 보거나 이름을 보면 심령이 읽어지면서 말이 나옵니다. 성령의 임재 시에 사람을 보거나 생각하면 심령이 읽어지면서 말이 나옵니다. 입을 열어 말을 시작하면 자신이 절제하지 못할 정도로 말이 술술 나옵니다. 온몸이 불이 붙은 것처럼 뜨거워지기

도 합니다. 전에 보지 못한 이상한 그림이 머릿속을 지나갑니다. 기도할 때 성경 구절이 떠오르기도 합니다. 사람을 보면 자꾸 예언을 해주고 싶어집니다. 방언으로 기도할 때 알아듣는 말로 들립니다.

3) 권능의 은사가 임할 때 : 믿음의 은사, 신유의 은사, 능력 행함의 은사 등 권능의 은사를 받은 분들이 대표적으로 체험하는 성령의 역사는 손이 뜨거워집니다. 가슴이 뜨거워지는 것을 체험합니다. 아랫배가 뜨거워지는 것을 체험합니다. 등과 허리가 뜨거워지는 것을 체험합니다. 그러면서 마음이 안정 되고 담대해지는 것을 체험합니다. 목소리가 우렁차고 부드러워집니다. 목소리가 강하고 힘차게 나옵니다. 손에서 불이 나가는 것 같은 뜨거움을 체험합니다. 손이 떨리거나 뻣뻣해지고, 힘이 느껴집니다. 권투 글러브를 낀 것 같은 무거움을 체험합니다. 손이 병자에게 자꾸 저절로 가고, 기도해주고 싶은 마음이 생깁니다. 환자에게 손을 대는데 귀신을 쫓는 대적기도가 막 나옵니다. 환자의 영적인 더러움이 느껴지고 깊은 기도하면서 청소되는 것 같은 체험을 합니다.

환부에 손만 대었는데도 손자국이 나거나 심한 통증을 느낍니다. 병 고침에 대한 확신과 믿음이 옵니다. 병이 아무 것도 아니고 기도만 하면 나을 것 같은 믿음이 생깁니다. 자기 손으로 자기의 아픈 부위에 얹고 기도하면 순간적으로 환부가 없어지거나 환부가 새롭게 생겨나는 것이 느껴집니다. 상대편 병과 같은 종류의 통증이나 증상이 나에게 느껴지면서 상대는 호전되거나 치유가 됩니다. 상대편의 병의 원인과 상태를 그냥 보고 저절로 알게 됩니다. 질병에 따라 해결책도 알게 됩니다.

손을 대고 있으면 환자에게 무언가 흘러 들어가는 것이 느껴집니다. 환자에게 손을 대고 기도하면 귀신(동물이나 사람의 영)이 순간 보이고 쫓게 됩니다. 안수 기도하면 낫는 다는 믿음과 확신, 평강과 기쁨이 옵니다. 자신에게 영육의 문제와 질병이 있는 사람이 자꾸 찾아옵니다. 안수 기도할 때 순간 치유되는 기적을 체험합니다. 담대함이 생겨 선포하는 대로 된다는 믿음이 강해집니다.

3. 은사를 받은 분들의 성령체험

저의 충만한 교회에서 성령을 체험하고 은사를 받아 하나님에게 쓰임 받는 분들을 보면 모두 특색이 있습니다. 목회자의 경우는 교회를 개척하여 목회하다가 되지 않아 찾아오셔서 성령을 체험하고 은사가 나타납니다. 그래서 다시 교회를 개척하여 목회를 성공적으로 하고 계시는 분이 많습니다. 또 다른 유형은 질병으로 고통을 당하다가 치유받기 위해서 오셨다가 치유 받고 은사가 강하게 나타나는 경우입니다. 그래서 목회를 힘있게 하고 있습니다. 성도들의 경우는 물질과 사업이 되지 않아 해결받기 위해서 오셨다가 치유 받고 다시 사업을 시작함으로 재정의 문제가 해결되는 체험을 합니다. 또 다른 경우는 질병으로 고통을 당하다가 오셔서 성령을 체험함으로 치유 받아 하나님과 교통하는 영적인 성도가 됩니다. 이 모든 상황을 종합하여 판단하면 성령을 체험하고 문제가 해결되고 은사가 나타났다는 것입니다. 그러므로 모든 성도는 예수 믿고 교회에 들어오면 성령을 체험하여 구습과 상처와 대물림을 치유하여 영적으로 변해야 하나님의 복을 받을 수가 있다는 것입니다.

1) **신유은사를 받은 간증**→ 할렐루야! 먼저 나의 영육의 병을 치료하여 주신 하나님께 감사와 영광을 돌립니다. 그리고 매 시간마다 안수와 기도를 해주신 목사님과 사모님께 감사를 드립니다. 저는 서울 길음동에서 목회를 준비하고 있는 박○○목사입니다. 4년 전에 하나님의 은혜로 서울 관악구에서 개척을 하여 목회를 하다가 교회가 성장하지 않아 목회를 접게 되었습니다. 그 이후 우리 가정에 너무나 힘든 시련들이 오게 되었고 하루하루의 삶이 정말 힘들고 어려웠습니다.

그러던 중 우연한 기회에 국민일보를 보게 되었는데 거기에 성령치유집회라는 글을 보게 된 것이 계기가 되어 충만한 교회를 알게 되었고 치유집회에 참석하게 되었습니다. 치유집회 참석하는 첫날부터 아주 놀라운 하나님의 역사가 나에게 일어났습니다. 불같은 성령이 나를 사로잡더니 온 몸이 뜨거워졌습니다. 온 몸을 성령이 사로잡아 마구 진동을 하면서 바닥에 쓰러져 기도 했습니다. 영안이 열어지고 내 마음속의 깊은 상처와 더럽고 추한 악한 것들이 괴성을 지르면서 떠나는 것을 내가 내 눈으로 보게 되었습니다. 집회를 한 두 번 참석하다보니까 내 속의 모든 문제들이 치유되면서 하나님의 평강이 내 마음 가운데에 임하면서 감사와 찬송과 기쁨이 찾아오게 되었고 생활의 활력이 넘쳐나게 되었습니다.

또한 목회가 이렇게 힘들고 어려웠는지에 대한 원인을 알게 되어 무엇보다도 감사합니다. 집회 참석한지 수 주가 지나서 하나님은 나에게 아주 놀라운 은혜와 은사로서 상대방의 과거와 미래가 다 읽어지는 일명 심령을 감찰(투시)하는 체험을 하게 하셨습니다. 사람들의 마음 안에서 역사하는 더러운 것들과 하나님의 은혜가 다 보여 집니다. 그리고 목회에 대한 응답도 주셨습니다. 상대방의 심령을 감찰(투시)하는 은사는 하나님이 저에게 주신 특별한 은사라 조금 더 치유 받고 더 개발하여 사용하려고 합니다. 하나님이 신유의 은사와 계시의 은사를 주셔서 교회를 개척하여 성령치유 목회를 하고 있습니다. 성령의 은사를 가지고 성령치유 목회를 하니 교회가 자립하여 안정적으로 성장하고 있습니다. 저를 그냥 두지 않으시고 치유하시고 은사를 주시어 사용하여 주신 하나님의 은혜에 감사합니다.

2) 예언의 은사를 받은 간증→ 저는 어려서부터 상처가 정말 많은 사람이었습니다. 초등학교 다닐 때 부모님이 이혼을 하셔서 마음에 큰 충격을 받았습니다. 그리고 어머니에게 들은 이야기인데 어머니는 제가 임신이 되어 할 수 없이 결혼을 하셨다는

것입니다. 그래서 태중의 상처도 굉장히 많은 사람이었습니다. 그러다가 국민일보에 난 광고 예언사역 집중훈련에 왔다가 성령의 강한 역사로 성령을 체험하고, 저의 깊은 곳의 상처가 드러나고 치유가 되기 시작을 했습니다. 상처가 드러나 치유되기 시작하니 거의 한달 정도 힘이 없고 감기 몸살을 앓는 것과 같은 현상을 체험하였습니다. 목사님에게 질문하니 상처를 받을 때 받은 것과 같은 고통을 느끼면서 치유되기 때문이라고 걱정하지 말라고 하셨습니다. 영육이 치유되어 회복되면 많은 성령의 은사가 나타날 것이라고 하셨습니다.

그러던 어느날 목사님이 안수기도를 해주시는 데 갑자기 환상이 나타났습니다. 환상으로 보이는데 하얀 옷을 입은 사람들이 3명이 나타나 나를 만져주면서 지금까지 마음의 상처와 질병으로 고생을 많이 했구나, 이제 완전하게 치유되고 있으니 조금만 더 기다려라 하시면서 제 몸에 안수를 해주는데 막 눈물이 나오고 울음이 참을 수 없을 정도로 나왔습니다. 그리고 난 다음에 차츰 몸이 가벼워지고 기도도 잘되었습니다. 예언은사가 나타나 성도가 예언하여 달라고 하면 입에서 예언이 줄줄 나옵니다. 중요한 것은 예언을 한 대로 이루어진다는 것입니다. 기도할 때 성령의 음성도 듣고 헌금 봉투 사역도 하게 되었습니다. 신유의 은사도 나타나 질병으로 고통을 당하는 성도들을 안수할 때 불치병들이 잘 치유됩니다. 교회도 성장하고 있습니다. 무엇보다도 성도들이 아주 좋아합니다. 치유하여 주신 하나님에게 정말 감사를 드립니다. 안수기도 해주시고 지도하여 주신 목사님에게도 감사를 드립니다.

3) 계시의 은사를 받은 간증→ 저는 성령의 불로 충만하면 모든 것이 다 된 줄 알고 있었고, 내가 정상적으로 사명을 감당하고 있는 줄 알았습니다. 그러나 충만한 교회에 와서 목사님으로부터 여러 영적인 말씀을 듣고 심령이 열리니 나의 진정한 모습이 보이기 시작했습니다. 영적 어두움의 세력이 나를 덮쳐서 내가 이렇게 고생을 하고 있었구나! 깨닫게 했습니다. 그리고 영안이 열리니 내 자신 속에 어려서부터 괴롭히던 악한 영들과 무당의 영, 거짓의 영 등 가증스런 악의 세력들이 나에게 붙어서 역사하고 있는 것이 보이기 시작했습니다. 그래서 더 뜨겁게 사모하고 다녔습니다. 마음을 열고 사모하고 다니니까, 불같은 성령도 체험하게 되었습니다. 성령을 체험하고 영안으로 보니 내가 지금도 혈통으로 대물림되는 악한 세력들에게 붙잡히고 눌려서 나로 인해 교회와 가정이 질병에 얽매였었다는 것이 깨달아 졌습니다. 깨닫고 안수기도를 받고 내가 성령으로 충만하여 영으로 기도하니 내 속에 간교한 어두움의 세력들이 떠나가고 벗어지면서 내가 보여지기 시작하니 악한 영들이 각각 자기의 형상을 보여주며 하나 둘씩 떠나가는 것이었습니다.

그러면서 성령의 강권하심으로 내가 느낀 것은 내 자신이 지금까지 영적으로 무지하여 흑암에 쌓여 목회를 하면서 많은 영혼을 병들게 하고 죽였구나 하고, 회개하게 하셨습니다. '아! 내가 오늘에 이르기까지 부끄러운 사역을 했구나' 그런데 하나님의 궁휼하심으로 충만한 교회에 와서 깨닫지 못한 많은 것을 깨닫게 하여 주심과 영육의 치유와 영성을 회복하고 영적인 말씀으로 영적지식을 습득하게 되었습니다. 날마다 목사님에게 안수기도를 받는 중에 상처가 치유되니 건강의 회복과 악한 영에 매인 줄을 풀어주신 하나님께 진실로 감사드립니다.

그렇게 사모하던 성령의 깊은 임재(입신)체험도 하여 말할 수 없는 것도 볼 수 있게 해주시고 영안도 열어주셔서 성도들의 심령이 읽어지고 전에 있던 은사들이 하나 둘씩 회복되고 있습니다. 성령님 감사합니다. 앞으로 주님의 사역을 바르게 하여 영혼들을 살리겠습니다.

4) 신유의 은사를 받은 간증→ 저는 허리에서부터 얼굴까지 반신불수가 되어 12월 20일부터 다음해 4월 25일 충만한 교회에 오기 전까지 거동을 못하며 집안에서 지냈습니다. 그러다가 저의 친한 친구 목사님들이 충만한 교회에 가면 치유가 된다는 말을 듣고 차에 실려 충만한 교회 성령치유 집회에 참석하여 은혜를 받았습니다. 그런데 참석한 첫날부터 강한 성령의 불을 받고 온몸이 불덩어리가 되더니 몸이 뒤틀리기 시작 했습니다. 악한 귀신들이 발작을 한 것입니다. 그러면서 수많은 귀신들이 발작을 하면서 떠나고 소리를 지르면서 떠나갔습니다. 저는 이때까지 내가 허리디스크와 좌골 신경통으로 이렇게 되었지 악한 영의 역사로 이렇게 되었다고는 꿈에도 생각을 하지 않고 병원

치료만 하였습니다. 한마디로 영적인 문외한 이었습니다.

그러다가 성령님의 인도로 충만한 교회에 와서 성령의 불을 받고 치유되기 시작하여 며칠 지나니 저 혼자서도 걸을 수가 있었습니다. 그래서 제가 손수 운전을 하면서 열심히 다녔습니다. 그러다가 여러 가지 성령의 은사와 은혜를 체험했습니다. 특히 신유의 은사와 예언의 은사가 강하게 나타났습니다.

질병의 배후에도 영적인 세계가 결부되어 있다는 것을 체험적으로 알게 되었습니다. 차차 치유가 되면서 영안이 열리고 사람들을 보면 그 사람의 심령이 읽어지는 지식의 말씀의 은사가 나타나고 안수기도하면 강요셉 목사님 같은 성령의 역사가 강하게 나타났습니다.

그래서 다시 목회를 시작하니 교회가 점점 부흥이 되었습니다. 몇 개월 다니면서 치유를 받으니 이제 몸도 완치가 되었습니다. 남편도 너무나 좋아하는 것이었습니다. 정말 하나님은 못하시는 것이 없으십니다.

저를 치유하신 하나님에게 영광을 돌립니다. 그리고 매 시간 안수하여 주신 목사님에게도 감사를 드립니다.

4. 저자가 체험한 성령의 역사

저는 영육의 문제로 고통을 당하다가 해결을 받으려고 성령이 역사하는 장소에 갔다가 성령을 체험하고 치유 받고 은사가 나타났습니다. 병원전도를 열심히 하고 다니던 어느날 신경성 위장병으로 고생하던 남 집사를 기도하게 되었습니다. 그런데 성령의 역사가 강하게 나타나니 악한 귀신이 발작을 일으켜 악을 쓰고 토하고 하였습니다. 다 마무리를 하고 병실을 나와 다른 병실로 가는데 이상하게 속이 쓰리고 배가 아팠습니다. 내가 아침 먹은 것이 걸렸나 보다 생각하고 전도를 마치고 교회에 들어갔더니 사모가 하는 말이 눈꼽이 밥풀만한 것이 달렸다고 떼어내라고 했습니다. 그때 나는 직감적으로 나에게 영육의 질병이 왔구나! 잘못되어 가는구나. 걱정이 되기 시작하였습니다. 계속적으로 속이 아프고 소화도 잘 안되어 고생을 하였습니다.

그래서 서점에 가서 내적치유에 대한 책을 사서 보니까 질병을 치유하려면 먼저 내면의 치유가 이루어져야한다는 것이었습니다. 그래서 서울에서 하는 치유기관에 한 일 년간 사모와 같이 다니면서 치유를 받았습니다. 많은 영적 체험과 치유를 경험했습니다.

1) 귀신역사로 고통을 당하다.→ 내적치유를 받으려고 교회에 들어가 말씀을 듣고 은혜를 받는데 여러 좋지 못한 영적인 괴로움을 당했습니다. 괴로움이란 아랫배가 심하게 아프고 머리가 어지러운 현상이었습니다. 나에게 역사하고 있던 영적인 세력들입니다. 4일동안 배가 아프고 어지러워 밥을 먹지 못했습니다. 정말 괴로웠습니다. 당시 저의 환경이 좀 넉넉했으면 아마 그냥 왔을 것입니다. 그러나 치유 받고 능력 받지 않으면 안 되는 상

황이라 참았습니다. 참고 견디니 영적인 수준이 한 단계 업그레이드가 되었다는 것입니다. 많은 분들이 영적인 체험을 하려고 처음 이런 장소에 가면 두려움과 무엇인지 모르는 싫은 생각이 듭니다. 이는 악한 영이 그러는 것이니 의지를 가지고 참석하면 영적으로 한 단계 업그레이드가 됩니다.

2) 성령의 불을 손에 받다.→ 치유를 받다가 하루는 오른 손에서 불이 강하게 나오는 경험을 하였습니다. 이상하여 목사님들에게 이야기 했더니 손에 불을 받은 것이라고 하였습니다. 그래서 왜 불이 오른 손에만 오는가? 성령님 다른 곳에도 불이 오게 하여 주옵소서. 그렇게 기도하니 이제 왼손도 뜨거워지기 시작하였습니다. 그리고 난 다음 다른 사람에게 기도하면 성령의 임재가 강하여 안수하면 넘어지기도 하였습니다. 성령께서 내가 명령하는 대로 역사를 해주셨습니다.

그 즈음에 우리 사모가 내면의 상처가 노출되어 상당히 고생을 하였습니다. 치유기관에서 해결 받지 못하여 교회에 돌아와서도 머리가 아프고 질병 있는 곳에 통증도 심하여 혼자 고생이 심했습니다. 그러다 자신의 힘으로 되지 않는 다는 것을 느끼고 저에게 와서 기도를 해달라고 하였습니다. 그때 저는 성령의 능력이 강하게 나타나 웬만한 질병은 기도하면 그 자리에서 낫는 역사가 있을 때입니다.

저는 성령의 임재를 요청하고 첫 번째는 약 한 시간 기도를 하여 급한 곳을 치유하였습니다. 그 다음에 또 다른 곳이 고통스러

우니까 다시 기도를 받으러 왔습니다. 약 2시간 30분간의 성령의 역사를 체험했습니다. 그리고 속에 있는 상처와 악한 영들을 몰아냈습니다. 성령께서 내가 역사하여 달라는 대로 역사를 하면서 치유하셨습니다. 어깨를 돌려달라고 하면 어깨를 돌려주시고 허리를 돌려 달라고 하면 허리를 돌려주시면서 치유하셨습니다. 성도들을 안수할 때 고질적인 질병이 치유가 되었습니다. 저에게 신유은사가 나타난 것입니다.

3) **성령의 불을 얼굴과 등에 받다.** → 성령의 역사가 있는 집회에 참석하여 첫날 은혜를 받고 밤에 잠을 자려고 하는데 얼굴이 뜨거워서 잠을 잘 수가 없었습니다. 나는 햇볕에 얼굴이 타서 뜨거운 것으로 알고 잠을 청하다가 새벽 2시가 넘어서야 잠을 잘 수가 있었습니다. 그래서 그 다음날 아는 목사님에게 가서 어젯밤에 얼굴이 뜨거워서 잠을 잘 못 잤다고 하니까 그것은 성령의 불을 받은 것이라고 하였습니다. 그러나 나는 의심이 생겼습니다. 왜 불이 임하면 얼굴에만 임하는가? 다른 곳도 불이 임해야지 의심이 생겼습니다. 그래서 낮 예배 때 설교를 들으면서 성령님 왜 얼굴에만 불이 임하게 합니까, 다른 곳에도 불이 임하게 해주세요, 했더니 등부터 뜨거워지더니 가슴과 아랫배 등으로 성령의 불이 임했습니다. 뜨거워서 설교를 듣기 어려울 정도로 성령의 불을 체험했습니다. 이 체험을 한 후에 저에게 담대함이 생겼습니다. 은사로 말하면 능력 행함의 은사가 임한 것입니다. 성령이 감동하시는 대로 담대하게 명령하면 그대로 이루어지는

기적을 체험했습니다. 그래서 집회 때에도 아픈 사람을 불러내어 안수기도하면 그 자리에서 치유가 되었습니다. 특별히 뼈와 신경계통의 질병들이 현장에서 치유가 되었습니다. 관절염, 각종 디스크, 요통, 근육통들이 순간 치유가 됩니다.

4) 계시의 은사가 나타나다.→ 내가 한창 말씀을 사모할 때 말씀 세미나에 참석을 했습니다. 강사 목사님이 성령의 불의 역사도 강하게 일으키고 말씀도 그렇게 잘 전하시는 것입니다. 정말 저도 그 강사 목사님 같이 되었으면 좋겠다는 어린 아이와 같은 사모하는 마음으로 말씀을 들었습니다. 그래서 말씀을 듣는 중에도 계속 마음으로 기도했습니다. 성령님 저에게도 저 목사님과 같은 성령의 불이 내 안에서 나오게 해주시고 말씀도 잘 전하도록 역사하여 주옵소서! 성령님 도와주세요. 성령님 도와주세요. 성령님 도와주세요. 성령님 역사하여 주세요. 성령님 역사하여 주세요. 성령님 역사하여 주세요. 성령님 제 입에 지식의 말씀과 지혜의 말씀의 은사를 주셔서 저 목사님 같이 말씀을 잘 전하게 하여 주시옵소서 하면서 애절한 마음으로 간절하게 기도를 하였습니다. 그러자 갑자기 몸이 뜨거워지기 시작하는 것입니다. 그러다가 입술이 뜨거워지기 시작하는데 정말 감당하기 어려울 정도로 뜨거워서 견딜 수가 없었습니다.

그 날은 집회 마지막 날이라 강사 목사님이 모두 안수를 해주는 날입니다. 그런데 저는 목사님에게 안수를 받기 전에 이미 내가 성령님에게 간절하게 기도한대로 이미 성령의 불이 임하여 온몸과 입술이 뜨거워지고 있었습니다. 정말 너무 뜨거워 입술이 다 타서 없어진 줄만 알았습니다. 마치 병원에 가서 위장 내시경 하기 전에 마취제를 입에 물고 있을 때 입이 얼얼한 그런 기분이었습니다. 정말 신비한 현상을 체험했습니다.

"때에 그 스랍의 하나가 화저로 단에서 취한바 핀 숯을 손에 가지고 내게로 날아와서 그것을 내 입에 대며 가로되 보라 이것이 네 입에 닿았으니 네 악이 제하여졌고 네 죄가 사하여 졌느니라 하더라"(사6:6-7)

약 3시간 정도 그런 현상을 체험했습니다. 점점 입술의 뜨거움이 사라져 갔습니다. 그리고 나니 이제 궁금했습니다. 입술이 과연 그대로 있을까 정말 두렵기도 하고 궁금하기도 했습니다. 그래서 화장실에 뛰어가서 거울을 보니 입술이 그대로 있었습니다. 정말 저는 입술이 타서 없어지는 줄 알았습니다. 그런 체험을 하고 난 다음에 말씀을 사모하게 되고 말씀 전하는 것이 즐겁고 쉬워졌습니다. 성도들을 안수할 때 심령 상태가 완전하게 보여 축사하고 치유를 합니다. 성령님 이 성도의 문제가 무엇이며 원인이 무엇입니까? 하고 안수하면 모두 알게 하시어 치유되게 하십니다.

2부 성령 체험의 바른 구별

9장 성령의 체험

（행9:17-21)"아나니아가 떠나 그 집에 들어가서 그에게 안수하여 이르되 형제 사울아 주 곧 네가 오는 길에서 나타나셨던 예수께서 나를 보내어 너로 다시 보게 하시고 성령으로 충만하게 하신다 하니 즉시 사울의 눈에서 비늘 같은 것이 벗어져 다시 보게 된지라 일어나 세례를 받고 음식을 먹으매 강건하여지니라 사울이 다메섹에 있는 제자들과 함께 며칠 있을새 즉시로 각 회당에서 예수가 하나님의 아들이심을 전파하니 듣는 사람이 다 놀라 말하되 이 사람이 예루살렘에서 이 이름을 부르는 사람을 멸하려던 자가 아니냐 여기 온 것도 그들을 결박하여 대제사장들에게 끌어 가고자 함이 아니냐 하더라"

성령의 체험은 우리가 처음 예수를 믿고 하나님을 아버지라고 부르는 시기라고 말할 수 있습니다. 처음 교회에 들어와 예배를 드리면서 회개의 눈물을 흘리는 시기라고 표현해도 무방하다고 저는 개인적으로 생각합니다. 왜냐하면 성령이 예수를 믿게 했고 성령이 죄인이라는 것을 깨닫게 했기 때문입니다.

우리가 어머니 뱃속에서 태어나서 처음 생명을 얻은 것처럼 우리가 예수 그리스도를 구주로 모시면 보혈로 씻음 받고 성령이 와서 거듭나게 하는 것입니다. 이는 혈통으로나 육정으로나 사람의 뜻으로 나지 않고 아버지께로 태어나는 것입니다. 아버지의 성령이 와서 우리 속에 들어오므로 우리가 하나님을 향해서 아빠 아버지라고 부르는 것입니다. 하나님 아버지라고 부르는 것 거듭나지 않고는 불러지지 않습니다.

우리가 아버지 어머니라는 것은 아버지, 어머니의 영과 육을 나누어 받았기 때문에 아버지라고 그럽니다. 하나님을 아버지라고 부르는 것은 아버지의 영인 성령이 왔기 때문에 아바 아버지라고 부르는 것입니다. 그러므로 아버지와 우리는 하나가 되는 것입니다. 내가 아버지 안에 아버지가 내 안에 있어 아버지와 내가 하나가 되기 때문에 아빠 아버지라고 부르게 된 것입니다. 성령이 오셔서 중생의 영으로 하나님의 자녀로 우리 마음속에 인을 쳐주시고 하나님을 아바 아버지라고 부르는 것입니다.

그 다음에 우리가 기도하면 이 중생의 영은 이제 권능의 영으로 우리에게 채워 주시는 것입니다. 그것을 성령 충만 혹은 성령세례라고 말하는 것입니다. 오순절 다락방에 120 문도가 한자리에 모여서 기도할 때 홀연히 하늘로부터 급하고 강한 바람 같은 소리가 있어 그들이 앉은 온 집에 가득하며, 마치 불의 혀처럼 갈라지는 것들이 그들에게 보여 각 사람 위에 하나씩 임하여 있더니, 그들이 다 성령의 충만함을 받고 성령이 말하게 하심을 따라 다른 언어들로 말하기를 시작한 것입니다. 성령 충만, 성령세례 받으면 방언을 말하고 하나님을 높입니다. 그리고 그 뒤에 증거의 능력이 따라오는 것입니다. 기도의 능력이 나타나고 전도의 능력이 나

타나고 안수의 기적이 나타나고 하나님의 역사를 베풀 수 있는 힘
이 나타나게 되는 것입니다. 그러므로 우리가 중생의 영으로써 성
령을 체험하고 그 다음에 간절히 기도하면 성령세례 충만으로 권
능의 영으로써 성령을 체험하게 되는 것입니다. 그리고 난 다음
에 우리가 늘 신앙생활을 할 때 성령님을 인격적으로 교통해야 되
는 것입니다. 아버지, 아들, 성령은 삼위일체입니다. 하나님 아버
지, 하나님 예수님, 하나님 성령님이신 것입니다. 아버지는 보좌
에 계시고 예수님은 보좌 우편에 계시고 성령은 지금 세상에 와 계
시고 우리와 함께 계시고 우리 안에 계신 것입니다. 성령은 지식
과 감정과 의지를 가진 인격자인 것입니다. 성령님을 인격자로써
모시지 아니하면 성령이 슬퍼하시고 섭섭해 하시는 것입니다. 그
러므로 성령님을 항상 인정하고, 환영하고, 모셔 들이고, 의지하
고, 성령과 친교를 나눠야 되는 것입니다. 우리가 무엇을 하든지
성령님 인정합니다. 환영합니다. 모셔 들입니다. 의지합니다. 함
께 가십시다. 성령님 나를 도와 주셔서 기도하게 해 주시옵소서.
성령님 나를 이끌어 주시옵소서. 성령님 성경말씀을 깨닫게 해 주
시옵소서. 항상 성령님은 우리를 돕기 위해서 유치원 선생으로 옆
에 와 계시니 도움을 간구해야 되는 것입니다. 그러므로 성령님과
의 교통이 절실히 필요한 것입니다.

"너희는 너희가 하나님의 성전인 것과 하나님의 성령이 너희
안에 계시는 것을 알지 못하느냐"(고전3:16).
성령이 당신 안에 지금 계십니다. 당신 곁에 계시고 안에 계십

니다. 바람은 우리 곁에 있고 코를 통하여 우리 폐 속에 들어와 있는 것처럼 성령은 우리와 함께 거하시고 우리 안에 계십니다. 따라 말씀하세요. 성령께서 지금 내 안에 계신다. 안에 계신 성령님을 인정하고 환영하고 모셔 들이고 의지하면 나의 영을 통하여 마음을 통하여 역사하여 주시는 것입니다. 요일 4:13에 "그의 성령을 우리에게 주시므로 우리가 그 안에 거하고 그가 우리 안에 거하시는 줄을 아느니라."고 하셔서 하나님과 우리는 성령을 통해서 일체가 되는 것입니다.

그리고 성령님은 그냥 우리를 인도만 할뿐 아니라 우리와 함께 인생동역을 하기 위해서 오신 것입니다. 사업을 하는데 한 사람은 기술을 대고 다른 사람은 자문을 대는 것처럼 우리는 몸을 대놓고 성령님은 능력을 가지고 우리와 인생동역을 하는 것입니다. 모든 것을 함께 일하시는 성령님인 것입니다. 성령님은 선배 동업자요, 우리는 후배 동업자요. 말씀을 증거하면 성령은 선배 목사요, 우리는 돕는 부목사요, 성령이 언제나 우리의 주인이 되셔서 우리를 이끌어 주시는 것입니다. 이렇기 때문에 모든 일을 할 때 성령과 함께 의논해야 되는 것입니다. 성령이 우리를 짊어지고 책임지고 우리의 인생을 이끌어 주는 것입니다. 그러므로 우리는 고아와 같이 버림받지 않았습니다. 도우심이 없이 우리는 빈 손 들고 인생을 행하지 않습니다. 성령이 항상 우리를 돕는 자로서 우리 곁에 계셔서 동역을 하기 때문에 성령님을 기다리고 성령님의 뜻을 받들어야 되는 것입니다.

"아버지께서 나를 보내신 것 같이 나도 너희를 보내노라 이 말씀을 하시고 그들을 향하사 숨을 내쉬며 이르시되 성령을 받으라"(요20:21~22).

성령을 받아야 인생을 성공적으로 살아갈 수가 있는 것입니다. 안디옥 교회에 성령이 이르시되 내가 불러 시키는 일을 위하여 바나바와 사울을 따로 세우라. 성령이 불러 시키는 일입니다. 인생을 사는 모든 일은 성령이 하는 일로써 우리를 불러서 우리를 통해서 성령께서 역사하는 것이기 때문에 항상 성령은 우리와 동역한다는 것을 잊어서는 안 되는 것입니다.

한 도시의 목사님들이 모여 유명한 무디 목사님을 초청하여 전도 대회를 하자고 회의를 하고 있었습니다. 그런데 그중의 한 목사님이 반대하여 "그 목사님은 왜 강사로 무디 목사님만 고집합니까? 무디 외에는 설교자가 없단 말입니까? 그가 성령을 독점하기라도 했단 말입니까?" 하고 큰 소리를 질렀습니다. 그러자 존경받는 원로 목사가 대답하기를 웃으면서 "무디 만이 성령을 독점하는 것이 아니라, 성령이 무디를 독점하고 있어요. 그러니 무디를 청하는 것은 성령님을 청하는 것입니다." 그렇게 말한 것입니다. 성령님은 예수를 믿은 우리를 독점하고 계신 것입니다. 당신을 점령하고 계세요. 점령하고 계신 성령님을 인정하고 환영하고 모셔 들이고 모든 것을 성령님께 의지하고 인도를 바라면 성령이 예수 그리스도의 은혜와 하나님의 사랑 가운데서 당신을 이끌어 주시는 것입니다. 그러므로 우리가 고아와 같이 버림받지 않고 살 수 있는 것입니다. 그리고 성령님은 당신과 하나된 새로운 임마누엘입니다. 임마누엘이란 하나님이 사람과 함께 계신다. 라는 뜻입니다. 예수님은 하나님이 육체를 입고 세상에 오셨으니 임마누엘인데 성령은 두 번째 임마누엘입니다. 성령은 당신 속에 하나님의 형상을 입고 영으로 오셨기 때문에 두 번째 임마누엘입니다. 예수님은 사람의 몸을 입고 오셨기 때문에 반대하는 자가 없습니다. 성령은 영이신 하나님의 형상을 입고, 영으로 당신 안에 오셨기 때문에 당신 때문에 고생 많습니다. 성령님은 하나님이 원하시는 방향으로 가려고 하는데 당신이 다른 길로 가려고 하니까 걸림돌이 되지요. 성령님은 오늘날 임마누엘로 당신과 함께 하는 하나님의 영이신 것입니다. 우리 자신의 마음을 옷 입고 계신 하나님이신 것입니다. 그러므로 우리가 성령을 모셨으니 성령님이 마음대로 하시도록 거추장스럽지 않게 깨어지고, 회개하고, 순복하고, 기다리고, 순종하면서 성령의 인도를 받아야 될 것인 것입니다.

"그들도 다 하나가 되어 우리 안에 있게 하사 세상으로 아버지께서 나를 보내신 것을 믿게 하옵소서"(요17:21).

우리가 성령 안에서 하나가 된 것입니다. 성령은 우리를 옷 입고 계신다는 것을 잊어서는 안 되는 것입니다. 그렇기 때문에 우리가 옷을 거추장스럽게 생각하면 안 되지요. 성령님이 당신이 거추장스럽게 생각하지 않도록 걸림돌이 되면 안 되는 것입니다.

10장 성령의 세례

(마 3:11)."나는 너희로 회개케 하기 위하여 물로 세례를 주거니와 내 뒤에 오시는 이는 나보다 능력이 많으시니 나는 그의 신을 들기도 감당치 못하겠노라 그는 성령과 불로 너희에게 세례를 주실 것이요"

성경에서 성령과 관련하여 사용된 가장 뜻 깊은 표현들 중 하나는 바로 '성령세례'라는 말입니다. 이 표현을 제일 처음 사용한 사람은 세례요한이었습니다. 자신에 대해 그리고 장차 오실 분(예수님)에 대해 언급하면서 그는 이렇게 말했습니다.

"나는 너희로 회개케 하기 위하여 물로 세례를 주거니와 내 뒤에 오시는 이는 나보다 능력이 많으시니 나는 그의 신을 들기도 감당치 못하겠노라 그는 성령과 불로 너희에게 세례를 주실 것이요"(마 3:11).

여기에서 요한은 두 가지의 세례, 즉 '성령세례'와 '불세례'를 말하는 것이 아닙니다. 그는 단지 하나의 세례, 즉, '성령과 불세례'를 말하고 있습니다. 후에 예수님도 '성령세례'에 대해 이렇게 언급하셨습니다.

"요한은 물로 세례를 베풀었으나 너희는 몇 날이 못 되어 성령으로 세례를 받으리라"(행 1:5).

후에 세례요한의 예언과 우리 주님의 약속이 성취되었습니다. 이 성취에 대해 사도행전 2장 3,4절에서는 "불의 혀같이 갈라지는 것이 저희에게 보여 각 사람 위에 하나씩 임하여 있더니 저희가 다 성령의 충만함을 받고 성령이 말하게 하심을 따라 다른 방언으로 말하기를 시작하니라" 라고 기록합니다. 여기서 우리는 '성령 충만'이라는 표현이 '성령세례'라는 표현과 동의어로 사용되고 있는 것을 보게 됩니다.

사도행전 10장 44-46절에는 이렇게 기록되어 있습니다. "베드로가 이 말 할 때에 성령이 말씀 듣는 모든 사람에게 내려오시니 베드로와 함께 온 할례 받은 신자들이 이방인들에게도 성령 부어주심을 인하여 놀라니 이는 방언을 말하며 하나님 높임을 들음이러라." 후에 베드로는 예루살렘에서 이 체험에 대해 보고하면서 이렇게 말했습니다.

"내가 말을 시작할 때에 성령이 저희에게 임하시기를 처음 우리에게 하신 것과 같이 하는지라 내가 주의 말씀에 요한은 물로 세례 주었으나 너희는 성령으로 세례를 받으리라 하신 것이 생각났노라 그런즉 하나님이 우리가 주 예수 그리스도를 믿을 때에 주신 것과 같은 선물을 저희에게도 주셨으니 내가 누구관데 하나님을 능히 막겠느냐 하더라"(행 11:15~17).

여기에서 베드로는 고넬료와 그의 집 사람들에게 일어난 일이 '성령세례'라고 분명히 말합니다. 그러므로 우리는 "성령이 임하셨다" (행 11:15) 라는 표현과 "(성령의) 선물" (행 11:17)이라는 표현이 "성령세례를 받는다"(행 11:16) 라는 표현과 사실상 동의어라는 것을 알 수 있습니다. '성령세례'라는 복된 사건을 표현하기 위한 말들을 성경에서 다양하게 사용되고 있습니다. "성령을 받다"(행 19:2), "성령이 그들에게 임하셨다"(행 19:6), "성령의 선물"(행 2:38;히 2:4), "내가 내 아버지의 약속하신 것을 너희에게 보낼 것이다"(눅 24:49), "위로부터 능력을 입히우다"(눅 24:49)를 들 수 있습니다.

우리는 성령세례에 대하여 올바로 이해해야 합니다. 그래야 하나님의 권능을 가지고 세상에서 하나님의 나라를 이룰 수가 있습니다. 성령세례를 이해할 수 있도록 설명한다면 이렇습니다.

1. 성령세례를 받은 사람은 자기가 성령세례를 받았다는 것을 알지 못할 수 없습니다.

이것은 다음과 같은 세 가지 사실들에서 충분히 입증됩니다.

첫째, 우리 주님은 누가복은 24장 49절에서 "내가 내 아버지의 약속하신 것을 너희에게 보내리니 너희는 위로부터 능력을 입히울 때까지 이 성에 유하라"라고, 사도행정 1장 4절에서는 "예루살렘을 떠나지 말고 내게 들은 바 아버지의 약속하신 것을 기다리라"라고 명령하셨습니다.

둘째, 사도행전 8장 15,16절에서는 "그들이 내려가서 저희를 위하여 성령 받기를 기도하니 이는 아직 한 사람에게도 성령 내리신 일이 없고 오직 주 예수의 이름으로 세례만 받을 뿐이러라" 라고 말합니다.

셋째, 사도행전 19장 2절에서 바울은 에베소의 몇몇 신자들에게 "너희가 믿을 때에 성령을 받았느냐" 라고 물었습니다.

성령 받는 것은 "당신은 성령을 받았습니까?" 라는 질문에 대해 "예"나 "아니요"로 딱 부러지게 대답할 수 있을 정도로 '분명한' 체험이었습니다. 바울이 에베소의 제자들에게 "너희가 믿을 때에 성령을 받았느냐" 라고 물었을 때, 그들은 "우리는 성령이 있음도 듣지 못하였노라"(행 19:2) 라고 분명히 대답했습니다. 그들은 성령의 존재에 대해 알지 못했던 것이 아니었습니다. 더욱이 그들은 성령세례의 약속이 있었다는 것도 알고 있었습니다. 다만 그들은 성령세례의 약속이 성취되었다는 이야기를 아직 듣지 못하고 있었던 것입니다. 바울은 그들에게 성령세례의 약속이 성취되었다고 말해주었으며, 그들에게 안수하여 그들의 모임이 끝나기 전에 성령세례를 받게 하였습니다.

성령을 받는 것이 "당신은 성령을 받았습니까?" 라는 질문에 대해 딱 부러지게 "예"나 "아니요"로 대답할 수 있을 정도로 '분명한' 체험이라는 사실은 갈라디아서 3장 2절에서도 분명히 입증됩니다. 갈라디아서 3장 2절에서 바울은 갈라디아교인들에게 "내가 너희에게 다만 이것을 알려 하노니 너희가 성령을 받은 것은 율법의 행위로냐 듣고 믿음으로냐"라고 묻습니다.

여기에서 바울은 그들이 성령을 받은 사실을 그의 주장의 논거로 삼고 있습니다. 그들이 성령을 받은 체험은 그가 그의 주장의 논거로 삼을 만큼 '분명한 의식적 체험' 이었습니다.

오늘날 사람들은 성령세례에 대해 많은 말을 하고 성령세례를 받기 위해 기도도 많이 하지만, 그들이 하는 말이나 기도는 아주 애매하고 모호합니다. 각종 집회 때 사람들은 일어나서 성령세례를 달라고 기도합니다. 만일 당신이 집회가 끝난 후, 이런 기도를 드린 사람에게 가서 "당신의 기도가 응답되었습니까? 당신은 성령세례를 받았습니까?" 라고 묻는다면, 십중팔구 그는 잠시 머뭇거리다가 "그러면 좋겠습니다" 라고 우물우물 말할 것입니다. 그러나 성경에서는 성령세례의 체험에 대해 이렇게 애매하게 말하지 않습니다. 다른 모든 점들에게서처럼 이 점에서도 성경은 명확합니다. 성령세례와 관련된 성경의 기록에 등장하는 사람들은 자기들이 성령세례를 받았는지 아닌지를 분명히 알았기 때문에 "성령을 받았느냐?" 라는 질문에 분명히 "예"나 "아니오"로 대답할 수 있었습니다.

2. 성령세례는 성령의 거듭나게 하는 사역과 구별됩니다. 성령세례는 성령의 거듭나게 하는 사역에 추가적으로 주어지는 것입니다.

이것은 사도행전 1장 5절에서 분명히 입증됩니다. "요한은 물로 세례를 베풀었으나 너희는 몇 날이 못 되어 성령으로 세례를 받으리라"

이야기를 정리해보겠습니다. 예수님이 제자들에게 이 말씀을 하셨던 시점을 기준으로 말하자면, 그들은 아직도 성령세례를 받지 못했기 때문에 그로부터 몇 날이 못 되어 성령세례를 받을 예정이었습니다. 그런데 그분께 이 말씀을 들었던 사람들은 이미 새 사람이 된 사람들이었습니다. 그전에 이미 주님은 그들이 새 사람들이라고 선언하셨습니다. 다시 말해서 이미 그분은 그들에게 "너희는 내가 일러준 말로 이미 깨끗하다"(요 15:3) 라고 말씀하셨습니다. 여기서 "내가 일러준 말로 이미 깨끗해졌다" 라는 말은 무슨 뜻일까요? 이 질문에 대한 대답은 베드로전서 1장 23절에서 발견됩니다. "너희가 거듭난 것이 썩어질 씨로 된 것이 아니요 썩지 아니할 씨로 된 것이니 하나님의 살아 있고 항상 있는 말씀으로 되었느니라."

예수님이 "너희는 내가 일러준 말로 이미 깨끗하였으니" 라고 말씀하신 날 밤, 이 말씀을 하시기 조금 전에 그분은 "이미 목욕한 자는 발밖에 씻을 필요가 없느니라. 온몸이 깨끗하니라. 너희가 깨끗하나 다는 아니니라"(요 13:10) 라고 말씀하셨습니다. 주님은 사도의 무리가 깨끗하다고 선언하신 것입니다. 즉, 주님은 그들이 '거듭난 사람들' 이라고 선언하신 것입니다. 물론 이 때 주님은 하나의 예외를 두셨는데, 바로 거듭나지 못한 가룟 유다였습니다. 가룟 유다는 주님을 배반할 사람이었습니다(요13:11). 주님은 가룟 유다를 제외한 열한 명의 사람들이 '거듭난 사람들' 이라고 선언하신 것이었습니다. 그런데 주님은 사도행전 1장 5절에서 이 열한 명의 사람들에게 그들이 아직 성령세례를 받지 못했으며, 앞으로 몇 날이 못 되어 성령세례를 받을 것이라고 말씀하신 것입니다. 그러므로 우리는 이렇게 정리할 수 있습니다. 말씀을 통하여 성령으로 거듭나는 것(중생)과 성령세례는 다르며, 성령세례는 중생 다음에 추가적으로 주어지는 것이라고 말입니다.

이것은 사도행전 8장 12절과 사도행전 8장 15,16절을 비교해 볼 때 더욱 분명해집니다. 사도행전 8장 12절에 따르면, 제자들의 큰 무리가 하나님 나라를 전하는 빌립의 전도를 들은 뒤 예수 그리스도의 이름을 믿고 "주 예수의 이름으로 세례를 받았다" (행 8:16). 세례를 받은 이 제자들의 무리 중 적어도 일부는 '거듭난 사람들' 이었음에 틀림없습니다. 물세례의 참된 형태가 무엇이든지 간에, 틀림없이 그들은 물세례를 받았습니다. 왜냐하면 성령께 사명을 받은 사람이 그들에게 물세례를 주었기 때문입니다. 그들이 물세례를 받은 후에 무슨 일이 일어났는지 보겠습니다.

> "그들이 (베드로와 요한이) 내려가서 저희를 위하여 성령 받기를 기도하니 이는 아직 한 사람에게도 성령 내리신 일이 없고 오직 주 예수의 이름으로 세례만 받을 뿐이러라"(행8:15-16).

그들은 '세례 받은 신자들' 이었습니다. 그들은 주 예수의 이름으로 세례를 받았습니다. 그들 중 일부는 틀림없이 '거듭난 사람들' 이었지만 그들 중 성령을 받은 사람들, 즉 성령세례를 받은 사람은 아무도 없었습니다. 그러므로 여기에서도 우리는 중생과 성령세례는 다르며 성령세례는 중생 다음에 추가적으로 주어진다는 것을 알 수 있습니다. 성령에 의해 거듭났지만 성령세례를 받지 못한 경우가 생길 수 있습니다. 중생을 통해 우리는 생명을 받는데, 이 생명을 받은 사람은 구원을 받은 것입니다. 한편 성령세례를 통해 우리는 능력을 받는데, 능력을 받은 사람은 사역을 감당하기 위한 힘을 받습니다.

그런데 경우에 따라서는 성령세례와 중생이 동시에 일어날 수 있습니다. 고넬료의 집 사람들이 여기에 해당합니다. 사도행전10장 43절에 따르면, 베드로가 그들에게 설교하는 중 "저에 대하여 모든 선지자도 증거하되 저를 믿는 사람들이 다 그 이름을 힘입어 죄 사함을 받는다 하였느니라" 라고 말할 때에 고넬료와 그의 집 사람들이 믿게 되었고, 성령이 그들에게 임하셨습니다.

"베드로가 이 말 할 때에 성령이 말씀 듣는 모든 사람에게 내려오시니 베드로와 함께 온 할례 받은 신자들이 이방인들에게도 성령 부어주심을 인하여 놀라니"(행10:44-45).

고넬료와 그의 집 사람들은 예수 그리스도에 대한 증거를 믿는 순간 성령세례를 받았습니다. 이것은 그들이 물세례를 받기도 전에 일어난 일입니다. 중생과 성령세례가 그들에게 동시에 일어난 것인데, 이런 일은 현재에도 일어납니다.

그러나 교회가 정상적 상태에 있다면 이런 일이 매우 많이 일어나겠지만, 현재 교회는 정상적인 상태에 있지 않습니다. 현재 교회의 대부분의 사람들은 베드로와 요한을 만나기 전의 사마리아 신자들과 같으며, 바울을 만나 자기들의 더 큰 특권에 대한 이야기를 듣기 전의 에베소 신자들과 같습니다. 오늘날의 그리스도인들은 주 예수의 이름으로 세례 받고 회개하고 죄 사함을 얻은 신자들이지만, 아직 성령세례를 받지는 못했습니다. 그러나 성령세례는 모든 신자들의 생득권입니다. 왜냐하면 그리스도께서 속죄의 죽음을 통해 우리를 위해 이 권리를 예비하셨기 때문입니다. 그분이 승천하여 하나님의 우편에 앉으셨을 때 그분은 아버지의 약속하신 것을 받아서 교회에 보내셨습니다. 오늘날 성령세례를 체험하지 못한 신자가 있다면, 그것은 그가 그의 생득권을 사용하지 않았기 때문입니다.

그리스도의 몸 된 모든 지체들은 '잠재적으로는' 성령세례를 받은 것입니다. 바울은 "우리가 유대인이나 헬라인이나 종이나 자유자나 다 한 성령으로 세례를 받아 한 몸이 되었고 또 다 한 성령을 마시게 하셨느니라" (고전 12:3) 라고 말했습니다.

그러나 오늘날 많은 신자들은 이미 '잠재적으로' 그들의 것이 된 것을 '실제에 있어서' 그들의 체험으로 만들지 못하고 있습니다. 모든 사람들이 '잠재적으로는' 그리스도의 십자가 죽음을 통하여 의롭다 함을 얻었습니다. 즉, '칭의'가 그들에게 제공되고 그들에게 속합니다(롬 5:18). 그러나 그들은 '잠재적으로' 그들에게 속한 것을, 실제 그리스도에 대한 믿음을 통하여 그들의 것으로 만들어야 합니다. 그럴 때 비로소 칭의는 실제적으로, 그리고 체험적으로 그들의 것이 됩니다.

성령세례가 '잠재적으로는' 모든 신자들의 것이지만, 각각의 신자는 그것을 자기 것으로 만들어야 합니다. 그래야만 성령세례를 체험할 수 있습니다. 여기서 한 걸음 더 나아가 우리는 "우리가 완전한 의미에서 그리스도의 몸의 지체가 되는 것은 오직 성령세례를 통해서입니다. 왜냐하면 우리가 그리스도의 몸의 일부로서 감당해야 할 사명을 이룰 수 있는 능력은 오직 성령세례를 통해서 주어지기 때문입니다." 라고 말할 수 있습니다.

우리가 이미 살펴보았듯이 모든 참 신자들에게는 성령이 계신다(롬 8:9). 그러나 위에서 말한 바대로 모든 참 신자들이 '잠재적으로는' 성령세례를 받았지만, 실제에 있어서 모두 성령세례를 받은 것은 아닙니다. 성령의 내주(內住)와 성령세례는 다릅니다. 성령의 내주는 성령이 우리 존재의 은밀한 성소의 후미진 곳에, 즉 우리의 분명한 의식의 뒤편에서 단순히 거하시는 것이라고 말할 수 있습니다. 반면 성령세례는 우리 안에 거하시며, 우리를 완전히 통제하시는 것입니다. 어떤 사람들은 모든 신자들이 '잠재적으로' 성령세례를 받았다는 사실을 너무나 확대 해석한 나머지 "모든 신자들이 성령세례를 체험합니다." 라고 주장하기도 합니다.

그러나 오늘날의 성령세례가 초대교회의 성령세례와 근본적으로 다른 것이 아니라면, 게다가 오늘날의 성령세례가 가짜가 아니라면, 오늘날의 신자들의 상태에 대해서는 다음 두 가지 해석이 가능합니다.

첫째, 우리가 흔히 신자라고 여기는 사람들 중 대다수는 사실 신자가 아닙니다.

둘째, 거듭난 참 신자라 할지라도 성령세례를 받지 못했을 수 있습니다.

후자의 경우에 해당하는 것이 바로 초대교회의 상태였습니다. 오순절 이전의 사도들이 바로 이 후자의 경우에 해당합니다. 에베소교회와 사마리아교회도 역시 후자에 해당합니다. 오늘날에도 "나는 그리스도를 영접하고 거듭났습니다. 그런데 그 후(오랜 시간이 흐른 후에) 성령세례를 체험했습니다." 라고 말하는 사람들을 많이 볼 수 있습니다.

실제적 관점에서 볼 때 이것은 매우 중요합니다. 많은 신자들은 성령세례의 특권을 누릴 수 있지만 실제로는 누리지 못하고 있습니다. 왜냐하면 그들은 실제로는 성령세례를 받지 못했지만 자기들이 성령세례를 받았다고 믿으려 애쓰기 때문입니다. 그들이 이렇게 애쓰는 이유는 성경의 전체적 교리를 등한시하고, 단지 몇개의 특정 성경구절들을 확대 해석하기 때문입니다. 그러나 자신들이 충만케 되지 못했다는 사실을 인정하고 성령세례를 받기 위해 힘쓴다면 그들은 성령세례를 확실히 체험할 것입니다.

3. 성령세례는 언제나 복음증거 및 봉사와 연관되며 무엇보다도 이 둘을 위한 것입니다.

"볼지어다 내가 내 아버지의 약속하신 것을 너희에게 보내리니 너희는 위로부터 능력을 입히울 때까지 이 성에 유하라" (눅 24:49) 라는 우리 주님의 말씀은 제자들이 머지않아 성령세례를 받게 될 것이라는 예언이었습니다. 그리고 우리 주님은 다시 이렇게 말씀하셨습니다.

"요한은 물로 세례를 베풀었으나 너희는 몇 날이 못 되어 성령으로 세례를 받으리라 하셨느니라"(행1:5). "오직 성령이 너희에게 임하시면 너희가 권능을 받고 예루살렘과 온 유대와 사마리아와 땅 끝까지 이르러 내 증인이 되리라 하시니라"(행1:8).

주님이 이 약속을 이루신 것에 대해 사도행전 2장 4절에서는 "저희가 다 성령의 충만함을 받고 성령이 말하게 하심을 따라 다른 방언으로 말하기를 시작하시니라" 라고 기록합니다. 이 기록 다음에는 베드로가 이 사건을 어떻게 설명했는지, 그리고 그의 설명이 어떤 결과를 초래했는지에 대한 자세한 기록이 이어집니다. 성령 세례를 받은 베드로와 사도들은 강한 능력으로 복음을 증거 했습니다.

그 결과 3천 명의 사람들이 죄를 깨달아 죄를 버리고, 그리스도를 영접하면서 세례를 받고, 사도들의 가르침을 따르며 교제하고, 떡을 떼며 기도하는 데 힘썼습니다(행 2:41-42). 사도행전 4장 31-33절은 이와는 다른 경우에 사도들이 또 성령 충만을 받은 일을 기록합니다. 성령 충만을 받았을 때 그들은 "담대히 하나님의 말씀을 전하였고" (행 4:31), "큰 권능으로 주 예수의 부활을 증거하였다."(행 4:33). 그렇다면 이제 바울이 성령세례를 받은 사건과 그 후 그의 행동에 대한 기록을 읽어보겠습니다.

"아나니아가 떠나 그 집에 들어가서 그에게 안수하여 가로되 형제 사울아 주 곧 네가 오는 길에서 나타나시던 예수께서 나를 보내어 너로 다시 보게 하시고 성령으로 충만하게 하신다 하니 즉시 사울의 눈에서 비늘 같은 것이 벗어져 다시 보게 된지라 일어나 세례를 받고 음식을 먹으매 강건하여지니라 사울이 다메섹에 있는 제자들과 함께 며칠 있을 새 즉시로 각 회당에서 예수의 하나님의 아들이심을 전파하니"(행 9:17-20).

그리고 사도행전 9장 22절은 "사울은…. 예수를 그리스도라 증명하여 다메섹에 사는 유대인들을 굴복시키니라" 라고 기록합니다. 고린도전서 12장에 나오는 성령세례에 대한 언급은 성경에 나오는 성령세례에 대한 언급들 중 가장 완벽합니다. 고린도전서 12장은 성령세례에 대한 가장 모범적인 장이라고 말할 수 있습니다. 이 장은 봉사를 감당할 수 있도록 주어지는 은사들에 대하여 자세히 언급 합니다. 성령세례의 일차적 목적은 신자들을 행복하게 만드는 것이 아니라, 그들을 유용한 존재로 만드는 것입니다. 성령세례는 단지 신자들이 황홀경을 느끼도록 만들기 위한 것이 아니라, 무엇보다도 그들이 효율적으로 봉사하도록 만들기 위한 것입니다.

물론 나는 성령세례가 신자들을 행복하게 만들어주지 않는다고 말하는 것은 아닙니다. 왜냐하면 성령의 열매 중 하나는 바로 희락이기 때문입니다. 성령세례를 받은 사람은 기쁨을 얻지 않을 수 없습니다. 나는 성령세례를 받은 사람이 조만간 새 기쁨을 맛보지 못하는 경우를 한 번도 보지 못했습니다. 이 기쁨은 그가 성령세례를 받기 전에 알았던 어떤 기쁨보다도 더욱 고상하고 순수하고 충만한 기쁨입니다.

그러나 기쁨이 성령세례의 일차적 목적은 아니며, 성령세례의 가장 중요하고 두드러진 결과도 아닙니다. 우리에게는 이 사실을 아무리 강조해도 지나치지 않을 것입니다. 왜냐하면 성령세례를 받기를 갈망하는 그리스도인들 중에는 성령세례를 통해서 개인적 황홀경과 환희를 맛보려고 시도하는 사람들이 많기 때문입니다. 이런 사람들은 그리스도인으로서 자신의 삶을 향상시키기 위해 부흥회를 비롯한 각종 집회에 참석합니다. 집회를 마치고 돌아온 그들은 "나는 집회 중에 새로운 황홀경을 맛보았습니다.

정말 큰 은혜를 받았습니다." 라고 말합니다. 그러나 그 후 그들을 자세히 관찰해 보세요. 그들이 그런 체험을 하기 전보다 교회와 목회자들에게 더욱 유용한 존재가 되었다는 증거는 좀처럼 발견되지 않은 것입니다. 그러므로 우리는 그들이 집회에서 무엇을 받았든지 간에 그것이 결코 성령세례는 아니었다고 말할 수밖에 없습니다.

황홀경과 환희도 지나치지만 않으면 괜찮습니다. 황홀경과 환희를 맛본다면 하나님께 감사하세요. 저도 이런 것들을 어느 정도 맛봅니다. 그러나 오늘날 우리가 살아가는 이 세상에서, 죄와 자기의(自己義)와 불신앙이 만연한 이 세상에서, 수많은 남녀노소가 지옥을 향해 달려가는 이 세상에서 나는 평생에 걸쳐 황홀경을 조금도 맛보지 못한다 할지라도 그 대신 복음증거의 능력을 갖고 일하겠습니다.

저는 죄악의 물결을 막지 못하고 수많은 남녀노소를 예수 그리스도께 인도하는 능력을 갖지 못한 채 365일 환희 속에서 살아가기를 원치 않습니다. 저는 단 하루도 환희를 맛보지 못한다 할지라도 그들을 그리스도께 인도하여 구원에 이르도록 하는 능력을 갖고 싶습니다.

신자 개인을 거룩하게 만드는 것 또한 성령세례의 일차적 목적은 아닙니다. 물론 나는 신자들을 거룩하게 만드는 것이 성령의 사역이 아니라고 말하는 것은 아닙니다. 왜냐하면 성령은 '거룩한 영' 이시며, 오직 성령의 능력을 통해서만 우리가 거룩해질 수 있기 때문입니다. 또한 나는 성령세례가 영적 변화와 향상과 정화를 가져오지 못한다고 말하는 것도 아닙니다.

성경에는 예수님이 "성령과 불로….세례를 주실 것이요"(마 3:11) 라고 기록되어 있기 때문입니다. 이 맥락에서 사용된 불은 감찰하고 순화하고 정화하고 태워버린다는 상징성을 갖습니다. 오순절 사건 때 제자들에게 놀라운 변화가 일어났으며, 그 후 성령세례를 받은 수많은 사람들에게도 역시 놀라운 변화가 일어났습니다.

그러나 성령세례의 일차적 목적은 전도와 봉사의 효율성을 향상시키는 것입니다. 성령세례는 성품의 고양(高揚)보다는 봉사를 위한 은사와 관계가 있습니다. 성령세례는 봉사를 위한 영적 능력이나 은사를 신자에게 주는 것을 일차적 목적으로 삼습니다. 그러므로 성령의 능력에 의해 탁월한 은사들을 소유한 사람이 성령에 의해 변화된 아름다운 성품을 소유하지 못할 수도 있습니다(고전 13:1-3;마 7:22,23).

성령세례를 언급한 성경의 모든 구절들에서 성령세례는 복음증거나 봉사와 밀접하게 연관됩니다.

복음을 전도하려면 반드시 성령의 세례를 받아야 합니다. 성령의 세례를 받음으로 하나님의 권능이 임하기 때문입니다. 하나님은 누가복음 24장 29절에서 말씀하십니다. "볼지어다 내가 내 아버지께서 약속하신 것을 너희에게 보내리니 너희는 위로부터 능력으로 입혀질 때까지 이 성에 머물라 하시니라" 위로부터 능력이 임할 때까지 기다리라는 것입니다. 그리고 하나님은 사도행전 1장 8절에서 "오직 성령이 너희에게 임하시면 너희가 권능을 받고 예루살렘과 온 유대와 사마리아와 땅 끝까지 이르러 내 증인이 되리라 하시니라" 성령이 임하면 하나님의 권능을 받고 증인이 된다고 하십니다. 세상에는 마귀가 역사합니다. 사람의 힘으로는 복음 전도를 할 수가 없습니다. 반드시 성령의 세례를 받아야 전도할 수가 있습니다.

11장 성령의 불세례

(행4:28-31)"하나님의 권능과 뜻대로 이루려고 예정하신 그것을 행하려고 이 성에 모였나이다. 주여 이제도 그들의 위협함을 굽어보시옵고 또 종들로 하여금 담대히 하나님의 말씀을 전하게 하여 주시오며 손을 내밀어 병을 낫게 하시옵고 표적과 기사가 거룩한 종 예수의 이름으로 이루어지게 하옵소서 하더라. 빌기를 다하매 모인 곳이 진동하더니 무리가 다 성령이 충만하여 담대히 하나님의 말씀을 전하니라"

많은 목회자나 성도들이 성령세례와 성령의 불세례, 그리고 성령의 충만에 대한 견해를 세상 논리와 같이 선을 딱 그어서 이해를 하려고 합니다. 그러나 앞에서도 여러 가지로 견해들을 설명 했지만, 선을 딱 그어서 설명이 곤란합니다. 여기에는 여러 신학적인 견해가 다르기 때문입니다. 그리고 성령님이 초자연적으로 역사하는 것을 사람이 명확하게 설명한다는 것에는 한계가 있기 마련입니다. 그래서 성령에 대한 여러 책들이 나오는데 명확하게 선을 그어서 설명한 책이 없습니다. 모두 두루뭉술하게 설명하고 지나가기 마련입니다.

때문에 자신이 성령을 체험하여 나름대로 신학적인 이론에 대입하여 정립하는 수밖에 도리가 없습니다. 지금 이글을 쓰는 제가 성령 사역을 하면서 나름대로 체험한 견해는 이렇습니다. 이것은 전적으로 본인의 견해이지 신학적으로 규정화된 논리가 아니라는 것을 밝혀둡니다. 세상에서 살아가던 사람이 어느 계기가 되어 성령의 인도로 예수를 영접합니다. 예수를 영접하면 성령이 그 사람의 영 안에 내주하게 됩니다. 이는 그 사람의 영 안에 내주하는 것이지 성령으로 장악된 것은 아닙니다.

쉽게 말하면 성령이 오시기는 했지만 아직 그 사람을 장악한 것이 아닙니다. 그러나 미약하지만 성령의 인도를 받게 됩니다. 한마디로 성령이 그 사람을 인도하며 성장하도록 만들어가는 것입니다. "너희는 주께 받은바 기름 부음이 너희 안에 거하나니 아무도 너희를 가르칠 필요가 없고 오직 그의 기름 부음이 모든 것을 너희에게 가르치며 또 참되고 거짓이 없으니 너희를 가르치신 그대로 주 안에 거하라."(요일 2:27). 이렇게 성령의 인도를 받게 되면 여러 가지로 영적인 궁금증이 생기고 영적인 체험을 하고 싶게 됩니다. 궁금증을 해결하려고 이곳저곳에 은혜를 받으러 다니다가 성령의 세례를 받게 됩니다. 그러므로 영적인 궁금증이 생기면 이를 해결하려고 의지적인 노력을 해야 하는 것입니다. 이는 성령이 주시는 감동이기 때문입니다. 그렇지 않고 성령이 주시는 감동을 무시하면 영적으로 깊어지지를 못합니다. 이것이 바로 앉은뱅이 신앙입니다. 예수님이 요단강에서 세례요한에게 물세례를 받자 거의 동시에 하늘이 열리고 성령이 비둘기 같은 형상으로 임했습니다. 그리고 성령의 인도로 광야에 가서서 사십일을 금식하시면서 마귀의 시험을 받으셨습니다.

세 번의 시험을 성령이 주시는 하나님의 말씀으로 물리치자, 천사들이 수종을 들었습니다. 천사의 수종을 들며 회당에 나가 말씀을 증거 할 때 성령의 역사가 강하게 나타났습니다. 이로보아 저는 이 말씀을 이렇게 이해를 합니다. 성도는 예수를 믿고 성령으로 세례를 받고 성령의 인도를 받으며 마귀와의 싸움을 해야 한다는 것입니다. 그래서 성령의 세례는 일회적인 것입니다. 성령으로 세례를 받을 때 자신이 체험적으로 압니다.

성령은 살아있는 하나님의 영이시기 때문에 자신을 장악할 때 사람마다 다른 현상이 나타납니다. 분명하게 성령이 자신에게 오셨다는 것을 본인이 알게 되는 것입니다. 예를 든다면 방언이 터진다든지, 진동을 심하게 한다든지, 땀을 흘린다든지, 등등 각각 사람의 형태에 따라 다르게 나타납니다. 성령의 세례를 받으면 하나님의 권능이 임하는 것입니다. 성령의 권능이 임하니 지금까지 자신에게 역사하던 마귀와 영적인 전쟁을 시작하게 됩니다. 하나님은 성도가 영적인 전쟁에서 승리하도록 성령의 권능을 부어주십니다.

이것이 성령의 불세례입니다. 내가 지금까지 체험한 바로는 성령의 불세례를 강하게 받는 사람은 첫째로, 제거되어야 할 육성이 강한 사람입니다. 육성이 강하기 때문에 마귀의 역사도 강한 것입니다. 강한 마귀를 제압하기 위하여 성령의 강한 불세례가 나타나는 것입니다. 성령의 강한 불로 태워야 할 육성이 강하다는 것입니다. 또 마귀와의 보이지 않는 영적인 전쟁이 강하기 때문에 더 뜨거움을 느끼는 것입니다. 제가 지금까지 성령 사역을 하면서 경험한 바로는 영적으로 혼탁한 성도들이 성령의 불세례를 더 뜨겁게 받습니다.

둘째로, 앞으로 강한 영적인 군사로서 하나님에게 쓰임을 받을 사람입니다. 한마디로 엘리야와 같이 강한 영적인 전쟁을 할 하나님의 군사라는 말입니다. 강한 마귀의 역사를 몰아내려니 하나님이 강한 성령의 불세례를 주시는 것입니다. 성령은 인격이시기 때문에 각각 사람의 필요에 따라서 성령의 불세례를 주십니다. 그리고 받아들이는 성도의 인격에 맞게 성령의 불세례를 주시고, 느끼게 하는 것이기 때문입니다.

성도가 영적인 전쟁을 하는 기간이 길어지면 성령의 불세례를 오래 체험을 하게 됩니다. 또, 앞으로 자신이 감당해야 할 하나님의 사역이 크면 영적인 전쟁을 하는 기간이 길어지고 불세례도 강하고 길고 오래 받는 것입니다. 어느 정도 영적인 전쟁을 하여 성령님이 그 사람을 장악하게 되면 전에 받았던 성령의 불세례와 같은 뜨거움을 지속해야 합니다. 어디까지나 사람은 육성을 가지고 있기 때문에 성령세례를 받고, 성령의 인도를 받으며, 성령님의 강한 불세례로 육을 따라 역사하는 마귀의 세력을 대적해야하기 때문입니다.

그러나 마귀는 세상 끝날 까지 떠난 것이 아닙니다. 이렇게 강한 영적 체험을 한 사람도 육성으로 돌아가면 가차 없이 마귀가 침입하게 됩니다. 그래서 사람은 약하다는 것입니다. 성령의 불세례를 체험한 성도는 성령의 인도를 받으려고 의지적인 노력을 할 수 밖에 없습니다. 성령이 강하게 감동하기 때문입니다. 항상 기도하게 됩니다. 성령이 기도하도록 하기 때문입니다.

12장 성령의 충만

(행4:31)"빌기를 다하매 모인 곳이 진동하더니 무리가 다 성
령이 충만하여 담대히 하나님의 말씀을 전하니라"

많은 사람들이 성령 충만 하기를 원합니다. 그런데 성령 충만
한 삶이 어떤 것인지를 성경적으로 정확하게 알지 못합니다. 성령
충만하게 되면 영의 사람이 되기 때문에 세상에 속하지 않습니다.
그러나 성령이 충만하지 않으면 세상에 속하게 됩니다. 그러므로
구원 받을 영의 사람과 멸망 받을 육신의 사람이 있다고 성경은 밝
히고 있습니다.

"예수께서 대답하시되 진실로 진실로 네게 이르노니 사람이
물과 성령으로 나지 아니하면 하나님 나라에 들어갈 수 없느니
라. 육으로 난 것은 육이요 성령으로 난 것은 영이니"(요3:5,6).

구원받았다는 것은 세상에 속해 살던 사람이 변하여 온전히 하
늘에 속한 삶을 사는 것을 말하는 것입니다(빌3:20, 골3:1,2). 성
령 충만하다는 것은 세상에 속해 살던 삶이 하늘에 속한 삶으로 바
뀌는 것을 말합니다. 성령은 거룩합니다. 성령은 세상의 것을 좋
아하는 사람과 함께 하시지 않습니다. 그래서 성령이 충만한 사람
은 세상의 것이 배설물로 보입니다(빌3:8). 이 비밀을 아는 사람
은 그렇게 많지 않습니다. 이는 많은 사람들이 성경에서 말씀하시

는 대로 성령 충만한 삶을 살지 않기 때문입니다. 성경에서 말씀하시는 성령 충만함의 뜻을 알지 못하면 기도를 많이 한다거나 또 어떤 능력에 의해 표적과 기적을 많이 일으킨다 해도 성경이 원하시는 성령 충만함은 이뤄지지 않습니다. 성경은 성령의 사람에게 안수를 받으면 성령을 받는다고 말씀합니다.

"이에 두 사도가 저희에게 안수하매 성령을 받는지라"(행 8:17).

대부분의 기독인은 성령 받는 체험을 합니다. 성령 체험은 주님을 마음에 모시기를 원하는 사람은 누구나 다 할 수 있습니다. 성령 체험을 한 사람은 성령을 받았다고 고백합니다. 그런데 성령을 받으면 그 성령이 내면에서 계속 역사하셔야 합니다. 성령을 받은 사람이라도 성령의 인도를 받지 않으면 성령은 소멸하신다고 말씀하십니다(살전5:19). 성령 체험을 한 사람이라도 성령이 소멸되면 주님과 상관없이 살게 됩니다(히6:4-6). 이런 삶을 사는 사람들을 성경은 성령으로 시작해서 육체로 마친다고 말씀하십니다(갈3:3). 그리스도인이라고 스스로 고백하는 사람이라도 성령을 따르지 않으면 멸망받을 육신에 속한 삶을 살게 됩니다(갈5:19-21참조). 그래서 성령의 열매가 아닌 육체의 열매가 맺히는 삶을 살 수 밖에 없습니다.

"내가 이르노니 너희는 성령을 좇아 행하라 그리하면 육체의 욕심을 이루지 아니하리라. 육체의 소욕은 성령을 거스리고 성령의 소욕은 육체를 거스리나니 이 둘이 서로 대적함으로 너희의 원하는 것을 하지 못하게 하려 함이니라. 너희가 만일 성령의 인도하시는 바가 되면 율법 아래 있지 아니하리라"(갈5:16-18).

주님의 은혜 안에 있음은 즉 주님의 품 안에서 보호를 받는다는 의미입니다. 보호 받는다는 것은 영원히 사는 영혼이 보호받는 것을 의미합니다(눅21:16-19참조). 성령 충만이란 자신이 십자가에 못 박히므로 주님께서 왕으로 자신의 내면에 사시는 것을 말합니다. 다시 말하면 주님의 영이 안에서 역사하시기 때문에 세상을 이기는 믿음이 견고한 것을 의미합니다(요일5:4). 이런 의미를 모르면 성령이 아닌 세상의 영에 취해 자기 감성을 충족시키는 것이 성령 충만이라고 착각하게 됩니다. "어느 장소에서 어떤 말씀을 듣고 기도했더니 너무나 기쁘더라. 그러니까 성령 충만한 것이야"라고 여기는 사람들이 참 많습니다. 즉 자신의 마음이 흡족 되면 성령 충만한 것이라고 흔히 말합니다.

그러나 그것은 사단의 속임수에 빠진 결과라는 것을 알아야 합니다. 예수 그리스도인은 자신의 죄의 본성인 육체와 자신의 열정적 감정인 정과 사망의 삯인 욕심을 십자가에 못을 박았다고 말씀하십니다(갈5:24,약1:15). 예수 그리스도인은 이미 자신의 감성이 죽어 있기 때문에 자신의 감정이 흡족한 것을 성령 충만하다고 말하지 않습니다.

그리스도 예수의 사람들은 육체와 함께 그 정과 욕심을 십자가에 못 박았느니라(갈5:24). 욕심이 잉태한즉 죄를 낳고 죄가 장성한즉 사망을 낳느니라(약1:15). 성령 충만하다는 것은 죽음도 두려워하지 않는 담대함이 내면에서 역사하는 것을 말합니다.

성령 충만하면 원수를 넉넉히 사랑하게 되고 성령 충만하면 자신의 것이라고 생각하는 모든 것이 주님의 소유로 느껴지고 또 주님 앞에 자신을 온전히 낮추게 됩니다. 주님께서 말씀으로 내면에 역사하시면 세상에 대한 두려움이 없어집니다. 주님께서 십자가를 지실 때 달아났던 열 한 사도들도 성령 충만함을 받은 후 큰 권능에 의해 강하고 담대하게 말씀을 선포하고 또 자기의 목숨을 포함한 모든 소유를 다 버릴 수 있게 되었습니다.

사도행전 2장 2절 이하의 말씀을 보면 그들이 전심으로 기도한즉 성령의 역사가 그들에게 있게 되었습니다. 그들이 그렇게 성령을 받게 된 것은 죽으셨다가 다시 사신 주님을 보았기 때문입니다. 약 3년 반 동안 그들은 주님의 천국복음을 들었습니다. 죽으셨다가 사신 주님께서 아버지 집에 영원히 거할 처소를 준비하시고 곧 오신다는 말씀을 믿고 구했기 때문에 그들은 약속하신 참 성령을 받은 것입니다. 그들의 소망은 오직 하늘의 것이었습니다.

그렇기 때문에 이 세상에서의 삶에 목적을 두지 않고 곧 본집으로 돌아갈 나그네처럼 살았습니다. 그러므로 목숨을 비롯한 모든 소유를 다 버릴 수 있게 된 것입니다. 외모로 보시지 않고 각 사람의 행위대로 판단하시는 자를 너희가 아버지라 부른즉 너희의 나그네로 있을 때를 두려움으로 지내라(벧전1:17). 사랑하는 자들아 나그네와 행인 같은 너희를 권하노니, 영혼을 거스려 싸우는 육체의 정욕을 제어하라(벧전2:11). 이와 같이 너희 중에 누구든지 자기의 모든 소유를 버리지 아니하면 능히 내 제자가 되지 못하리라(눅14:33).

그들은 곧 오실 주님을 기다리며 오직 하늘에 소망을 두고 기도하였기 때문에 그들은 성령 충만 하게 된 것입니다. 그러므로 성령 충만한 삶을 사는 의미를 구원받을 자들의 모델인 사도들을 통해 알 수 있습니다. 오늘날도 이들처럼 오직 하늘에 소망을 두고 혼인잔치에서 신부를 맞이하러 오실 주님을 기다리며 사는 사람들은 성경적인 기도를 하게 되므로 성령 충만한 삶을 살게 됩니다. 이런 삶을 살아야 영생으로 들어가는 구원이 있습니다.

행6-7장에 구원받은 성령 충만한 한 모델이 있습니다. 그 이름은 스데반입니다(행6:19,15). 스데반이 자신의 목숨을 잃으면서도 의연하게 주님의 이름을 나타내고 자신을 돌로 쳐 죽이는 사람들을 용서하며 기도할 수 있었던 것은 성령 충만했기 때문입니다. 성령 충만하다는 것은 주님께서 자신 안에서 주인으로 역사하신다는 의미입니다. 스데반이 그렇게 성령 충만할 수 있었던 것은 성경 말씀에 능통하였고 구약의 예언대로 주님께서 인간의 모습을 하시고 오셔서 십자가에 죽으시고 사흘 만에 부활하시고 40일 동안 천국복음을 전하시다가 승천하신 것을 보았기 때문입니다 (행6-7장참고).

열두 사도나 스데반이 이렇게 성령 충만한 것은 삶의 목적이 땅의 것이 아닌 하늘의 것이기 때문입니다(계12:12). 성경이 말씀하시는 성령 충만한 의미를 모르면 자신의 감성에 매입니다. 성령 충만하려면 자신을 십자가에 못 박아야 합니다. 자신을 십자가에 못 박으면 주님의 권능이 내면에 가득 채워집니다. 이 권능이 운행하시는 것을 성령 충만하다고 합니다.

사도행전1장 8절에 "오직 성령이 너희에게 임하시면 너희가 권능을 받고 예루살렘과 온 유대와 사마리아와 땅 끝까지 이르러 내 증인이 되리라 하시니라" 십자가에 죽은 자만 성령 충만하게 됩니다. 성령이 충만할 때 주님의 사랑의 능력이 운행하십니다(요일 4:17,18). 인간의 내면에 주님의 사랑이 운행하실 때 반응하는 삶이 증인의 삶입니다. 주님께서 무시로 성령 충만하라고 말씀하시는 것은 주님의 권능이 역사하시도록 하시기 위함입니다.

> "술 취하지 말라. 이는 방탕한 것이니 오직 성령의 충만을 받으라. 모든 기도와 간구로 하되 무시로 성령 안에서 기도하고 이를 위하여 깨어 구하기를 항상 힘쓰며 여러 성도를 위하여 구하고"(엡5:18).

주님께서 기뻐하시는 삶은 인간이 육체와 정과 함께 욕심을 십자가에 못 박는 것입니다(갈5:24). 이런 의미를 알지 못하면 자신의 유익을 위한 기쁨을 성령 충만이라고 착각하게 됩니다. 성령 충만은 주님의 영이 내면에 가득 채워지는 것을 의미합니다. 항상 성령하나님을 찾는 상태로서 성령이 충만한 것입니다. 성령이 내면에 충만하시면 세상을 넉넉히 이기게 되므로 세상을 자유하게 됩니다. 그러므로 진리 안에서 자유하게 됩니다(요8:31,32). 세상에 매여 살면서 세상의 것들이 잘 되므로 인해 기쁜 것을 성령 충만한 것이라고 생각하는 사람들은 주님의 심판 날 주님을 모르는 사람으로 주님의 심판 앞에 서게 됩니다. 성령 충만한 것이 무엇인지를 말씀을 통해 알게 되면 주님을 기쁘시게 하기 위해 십자가에 자신을 못 박기 위해 말씀을 보고 십자가에 잘 죽기 위해 기도하는 사람이 될 것입니다.

지금 이 시대에 많은 사람들이 십자가에 죽는 십자가의 도를 알지 못해서 표적과 기적이 일어나는 현장을 찾아다닙니다. 그러므로 많은 사람들이 육적인 교회생활을 합니다. 이들은 보이는 것들의 움직임이나 기도 중 쓰러지거나 환상을 보거나 어떤 신비적인 현상들이 일어나는 것을 성령 충만해서 일어나는 역사라고 생각합니다.

그런 체험을 보이지 않는 영적세계를 체험하는 것 이상으로 여기면 그런 체험에 집착하게 됩니다. 그 모든 체험이 다 하나님께로 오지 않는다는 것을 성경을 통해 확인하는 지혜가 필요합니다. 그렇지 않으면 성령 충만함의 본질을 벗어난 그런 영적인 역사가 일어나는 것을 성령 충만한 것이라고 착각하게 됩니다. 이런 사람들은 그런 장소에서 소리를 지르며 기도하면 성령 충만해 진다고 여깁니다. 성경은 마지막 때는 말씀을 벗어난 표적과 기적을 일으키는 역사가 많이 일어난다고 말씀하시며 경계하라고 말씀하셨습니다.

"거짓 그리스도들과 거짓 선지자들이 일어나 큰 표적과 기사를 보이어 할 수만 있으면 택하신 자들도 미혹하게 하리라"(마 24:24). "악한 자의 임함은 사단의 역사를 따라 모든 능력과 표적 과 거짓 기적과 불의의 모든 속임으로 멸망하는 자들에게 임하리 니 이는 저희가 진리의 사랑을 받지 아니하여 구원함을 얻지 못 함이니라"(살후 2:9,10). "큰 이적을 행하되 심지어 사람들 앞에 서 불이 하늘로부터 땅에 내려오게 하고"(계 13:13).

지금은 세상 끝이 가까웠기 때문에 흑암이 관영합니다(마 24:12,21). 주님은 악한 세대에게 요나의 표적 밖에 할 말씀이 없 다고 주님께 표적을 구하는 자들에게 말씀하셨다는 것을 알아야 합니다(마 12:39,40).

이 비밀을 알아야 사단에게 미혹되지 않습니다. 주님! 성령 충 만한 것이 무엇인지 성경적으로 아는 저희가 되게 하사 어둠을 넉 넉히 이기게 하소서. 예수께서 대답하여 가라사대 악하고 음란한 세대가 표적을 구하나 선지자 요나의 표적밖에는 보일 표적이 없 느니라. 요나가 밤낮 사흘을 큰 물고기 뱃속에 있었던 것같이 인 자도 밤낮 사흘을 땅 속에 있으리라(사람이 주님의 이름으로 십자 가에 죽어야 주님께서 참된 표적을 인간의 내면에 나타내십니다. 주님의 표적은 세상을 이기는 능력으로 나타납니다. 이를 들어 성 령 충만하다고 합니다. 성령으로 충만함을 유지 합시다. 성령이 충만해야 세상을 이길 수가 있습니다.

13장 성령의 기름부음

(요일2:27)"너희는 주께 받은 바 기름 부음이 너희 안에 거하
나니 아무도 너희를 가르칠 필요가 없고 오직 그의 기름 부음이
모든 것을 너희에게 가르치며 또 참되고 거짓이 없으니 너희를
가르치신 그대로 주 안에 거하라"

"기름부음" 또는 "성령으로 기름부음"의 의미를 이렇게 정리할
수 있습니다. 하나님이 그 사람을 영적으로 쓰시는 일과 관련이
있습니다. 은사의 사람과 기름부음의 사람 중 하나님은 누구를 쓰
실까요? 그것은 두말할 필요도 없이 하나님은 기름부음의 사람을
쓰십니다. 여기서 은사는 기름부음의 한 표현에 지나지 않습니다.
기름부음은 자신의 준비된 상태에 따라 깊은 곳에 계신 성령께
서 사역에 따라 부어주는 것입니다. 기름부음이 지속되고 충만하
려면 말씀과 성령으로 내면이 치유되어 혼과 육의 상태가 청결하
고 깨끗해야합니다. 고로 기름부음은 자신의 심령에서 올라오는
것입니다. 자신 안에 계신 성령께서 기름을 부으시는 것입니다.

"너희는 주께 받은바 기름 부음이 너희 안에 거하나니 아무도
너희를 가르칠 필요가 없고 오직 그의 기름 부음이 모든 것을 너
희에게 가르치며 또 참되고 거짓이 없으니 너희를 가르치신 그
대로 주 안에 거하라."(요일 2:27).

그러므로 우리는 개인적으로 하나님에게 기름부음을 받아야합니다. 성령의 기름부음은 하나님께서 우리를 쓰시기 위해서 하나님의 능력을 부어주시는 것을 말하는 것입니다.

목사님에게 성령의 기름부음이 있어야 지혜와 명철로 교회를 바른길로 이끌어 가실 것입니다. 성령의 기름부음이 있어야 말씀의 능력이 나타나는 것입니다. 또한 성도들에게도 성령의 기름부음이 있어야 전도의 능력이 나타나고 삶 가운데서 악한 영과 싸워 이길 수 있는 것입니다. 성령의 충만=성령의 기름 부으심입니다. 성령의 기름 부음은 성령의 능력들이 우리 가운데 임하심으로 하나님의 아름다운 사역들이 세워져 감을 말하는 것입니다.

앞에서도 내가 말씀드렸듯이 이런 용어들은 사전적인 의미가 아닙니다. 교단과 교회, 개인에 따라서 조금씩 다른 모습으로 쓰이기 때문입니다. 성령 세례와 성령 충만, 성령의 기름부음이 같은 의미로 쓰이기도 하고, 전혀 다른 의미로 쓰이기도 합니다. 나는 성령의 충만=성령의 기름 부으심이라고 합니다. 무엇보다도 교회의 지도자들께 여쭈어 본다면 그 교회에서 쓰이는 의미를 아실 수 있으리라 생각합니다. 교단마다 목회자마다 생각하고 이해하는 견해가 각각 다르기 때문입니다. 성령의 기름 부음이란 하나님에게 쓰임을 받는 증거로 주어지는 것입니다. 그러므로 기름부음은 하나님에게 쓰임 받는 일과 관계가 있는 것입니다. 우리는 성령의 세례도 받아야 하지만 하나님에게 쓰임을 받기 위해서는 성령의 기름부음을 사모해야 합니다.

1. 구약에 나오는 기름 부으심

1) 문둥병 자에 대한 기름 부으심(레14:2-20). 현 시대로 말하면 죄인이 정결함을 얻기 위한 기름부음입니다. 하나님과 사람 앞에 감히 나설 수 없는 죄인이 죄인으로서의 삶을 청산하고 구원의 반열에 드는 것을 말합니다.

2) 제사장에 대한 기름 부으심(삼상2:35). 우리는 그리스도의 귀중한 보혈을 통하여 씻겨지고 거듭났으며 성령님에 의해 인치심을 받은 믿는 자로서, 우리는 두번째 기름 부으심으로 옮겨가야 합니다. 그것은 제사장에 대한 기름 부으심입니다. 이것은 기름 부으심의 축복의 징조입니다. 그리스도의 몸 된 자라면 누구나 그리스도의 사역을 할 수 있어야 합니다.

3) 왕에 대한 기름 부으심. 당신이 앞의 두 가지 기름 부으심을 체험하였다고 할지라도 거기에서 멈추지 마십시오. 그것들이 중요하고 놀랍다고 할지라도 그보다 더한 것이 가능합니다. 어느 것도 가장 능력 있는 왕에 대한 기름 부으심과는 비교될 수가 없습니다. 이것은 그를 능력의 자리로 올려주며, 마귀들을 제어하고, 귀신들을 패주시킬 수 있는 바로 그 능력을 주십니다. 왕에 대한 기름 부으심을 받는 것이 가장 어렵습니다. 문둥병자에 대한 기름 부으심은 예수님을 영접함으로 받을 수 있고, 제사장에 대한 기름 부으심은 예수님과 친교를 가짐으로 오는 것이며, 왕에 대한 기름

부으심은 예수님에게 순종함으로써 오는 것입니다. 절대적으로 순복 함으로 온다는 것입니다.

2.사무엘상 16장에는 세 종류의 기름부음을 상징하는 세 사람이 나온다.

첫째, 사울이 나옵니다. 그는 어제의 기름부음과 어제의 사람을 대변하는 인물입니다(주전 1050년 삼상 10:17-24).

둘째, 사무엘이 나옵니다. 그는 오늘의 기름부음과 오늘의 사람을 대표하는 인물입니다.

셋째, 다윗이 나옵니다. 다윗은 내일의 기름부음과 내일의 사람을 대표하는 인물입니다(주전 1025년(15세).

1). 어제의 기름부음: 한 때 사울은 여호와의 택하심을 입고 성령의 기름부음을 받았던 사람입니다. 그러나 그가 여호와의 말씀을 떠나고 돌이키지 아니하자 하나님은 그를 버리셨습니다. 그럼에도 사울은 그 후로도 18년 동안 왕위에 있었습니다. 사울은 여전히 놀라운 성공을 거두고 있었습니다. 여전히 놀라운 은사들이 나타나고 있었습니다. 여전히 놀라운 하나님의 권세가 그와 함께 하고 있었습니다. 여전히 놀라운 사역들이 사울을 통해 이루어지고 있었습니다. 그리고 사람들의 눈으로 보기에는 그야말로 "이 시대의 사람이다"라고 일컬어졌습니다. "성령의 기름부음이 떠났다." 또는 "성령의 기름부음이 걷혔다."라는 말은 우리 속에서 성

령님이 떠나가심으로 우리가 지옥가는 사람이 된다는 말이 아닙니다. "성령의 기름부음이 떠났다."라는 말은 하나님의 신임이 떠난 것을 말합니다.

"여호와께서 사무엘에게 이르시되 내가 이미 사울을 버려 이스라엘 왕이 되지 못하게 하였거늘."(삼상16:1)

하나님의 역사는 어떤 경우에 우리가 생각하는 만큼 속히 오질 않아 우리가 모를 수가 있습니다. 하나님께서 사울을 버렸다고 해서, 사울이 바로 왕의 권좌에서 물러났습니까? 아닙니다. 그는 그 후로도 18년 동안 왕위에 있었습니다.

그러나 하나님께서 세우셨던 왕으로서의 사울은 가장 중요한 하나님의 신임을 상실하였습니다. 이것이 우리에게 어려운 점입니다. 사울은 오랜 시간이 흐른 훗날에야 자기에게서 기름부음이 떠난 현실을 알게 되었습니다. 하나님께서 더 이상 자기에게 말씀하지 않으신다는 사실을 말입니다. 그러나 당시에는 몰랐습니다. 이것이 우리를 참으로 두렵게 하는 부분입니다.

2). 오늘의 기름부음: 오늘의 기름부음을 대변하는 사람은 사무엘입니다. 그는 지금 현재로 여호와의 음성을 들으며 성령의 기름부음의 사역의 통로가 되고 있는 사람입니다."너는 기름을 뿔에 채워 가지고 가라 내가 너를 베들레헴 사람 이새에게 보내리니 이는 내가 그의 아들 중에서 한 왕을 예선하였음이니라."(삼상16:1

下). 자, 그렇다면 오늘의 사람 곧 오늘의 기름부음이 해야 할 일은 무엇입니까?

끊임없이 여호와의 음성에 귀를 기울여야 하며, 여호와께서 하라고 하시는 그 일을 해야 하며, 여호와께서 멈추라고 하는 일을 멈추어야 하며, 내일의 기름부음을 찾아가서 그로 하여금 하나님의 사역을 감당하도록 준비시키는 일을 해야 하는 것입니다. 만약 그것이 되어지지 않는다면 그도 역시 어제의 기름부음, 어제의 사람으로 끝나버리고야 말 것입니다.

3). 내일의 기름부음: 다윗은 아직 그가 이스라엘의 왕으로 세워지지는 않았으나 이미 그에게는 주 성령의 기름부음이 있었습니다. 비록 오늘의 현실에 아무것도 드러난 것이 없지마는 내일을 이끌어갈 성령의 기름부음을 품고 있는 사람이었습니다. 하나님의 기름부음이 이미 그에게 있었습니다. 다만 그것이 아직 모두에게 나타나지 않았을 뿐입니다. 기름부음이 여전히 함께 하는데 아직 왕관(사역의 Position)이 주어지지 않았을 뿐입니다. 그것이 내일의 기름부음, 내일의 사람입니다. 다윗은 순금과도 같은 사람이었습니다. 그럼에도 불구하고 그는 금이 더 제련되듯이 처음부터 다듬어져야 할 필요가 있었습니다. 다윗은 매우 겸손한 사람이었습니다. 그의 겸손한 면을 볼 수 있는 사건이 있습니다. 사울 왕이 다윗을 자기 사위로 삼으려고 했을 때의 일입니다.

"내가 누구며 이스라엘 중에 내 친속이나 내 아비의 집이 무

엇이관대 내가 왕의 사위가 되리이까."(삼상18:18)

뿐만 아닙니다. 다윗은 다른 사람들이 왕의 사위가 되라고 부추
길 때도 참으로 겸손한 대답을 하였습니다. 그들에게 대답한 내용
을 보면 그가 얼마나 겸손한 사람이었는가를 볼 수 있습니다. 또
한 그는 가식이 없었던 사람이었습니다. 하나님이 소중히 여기는
자세 중에 하나가 바로 이것입니다. 영어로 말하면 "네 속에 간사
한 것이 없다."라는 뜻입니다. 예수님께서 나다나엘에게 말씀하
셨던 그 마음입니다. 다윗은 처음부터 겸손하고 순전한 사람이었
습니다. 그러나 그럼에도 불구하고 그는 고난을 통해서 빚어져야
했습니다. 질투의 덫을 벗어나야 합니다. 하나님의 질서에 순복해
야 한다는 연단의 과정을 잘 통과해야 합니다.

이 과정을 통과하고 날 때 사람은 비로소 오늘의 기름부음으로
서게 될 것입니다. 다윗이 어제의 기름부음이었던 사울을 통하여
이 두 가지 관문을 통과하자, 오늘의 기름부음으로 세움 받고 쓰
임 받게 된 것입니다. 우리는 오늘의 기름부음과 내일의 기름부음
을 사모합시다. 우리는 어제의 기름부음으로 오늘의 권좌에 만족
하는 우리가 아닌지를 늘 점검해 보아야 할 것입니다. 깨어서 기
도하며 자신의 상태를 분별해야합니다. "기름부음을 사모하라!
기름부음을 열망하라! 기름부음을 앙망하라! 기름부음을 사랑하
라! 기름부음을 소중히 여겨라! 기름부음을 귀하게 여겨라! 기름
부음을 값지게 여겨라! 하나님의 일은 기름부음이 한다!"

3.다윗의 기름부음의 경우를 예를 들면 다윗은 세 가지 기름 부으심을 가지고 있었다.

첫 번째는 사사이며 선지자인 사무엘이 베들레헴에 있는 이새와 그 아들들을 찾아갔을 때(삼상16장)일어났습니다.

다윗이 도착하였을 때 그니 일어나 기름을 부으라(주전 1025년 (15세)).

> "이에 보내어 그를 데려오매 그의 빛이 붉고 눈이 빼어나고 얼굴이 아름답더라 여호와께서 가라사대 이가 그니 일어나 기름을 부으라. 사무엘이 기름 뿔을 취하여 그 형제 중에서 그에게 부었더니 이 날 이후로 다윗이 여호와의 신에게 크게 감동 되니라 사무엘이 떠나서 라마로 가니라."(삼상16:12-13).

두번째는 15년 후였는데 유다 족속의 왕으로서 헤브론에서 기름 부으심을 받았습니다(주전 1010년(30세)15년 후).

> "유다 사람들이 와서 거기서 다윗에게 기름을 부어 유다 족속의 왕을 삼았더라 혹이 다윗에게 고하여 가로되 사울을 장사한 사람은 길르앗 야베스 사람들이니이다 하매."(삼하2:4).

세 번째는 좀 더 지난 후(주전1002년(38세)에 7년 반이 지난 후에 이스라엘의 왕으로서 기름 부으심을 받았습니다.

> "이스라엘 모든 장로가 헤브론에 이르러 왕에게 나아오매 다
> 윗 왕이 헤브론에서 여호와 앞에서 저희와 언약을 세우매 저희
> 가 다윗에게 기름을 부어 이스라엘 왕을 삼으니라."(삼하5:3).

첫 번째는 그는 사울의 신하였으며, 곰과 사자를 잡고, 골리앗
을 쓰러뜨리고, 수금을 타 악신을 쫓는 정도였습니다. 즉, 사람의
비위를 맞추는 3차원의 영적 수준이었고, 사울이 죽이려고 하니
도망을 다니는 신세였습니다.

두 번째는 유다 지파의 왕으로 많은 영적 싸움이었습니다. 5차
원의 세계를 알고 환상을 보면서 하나님 나라를 이루기 위해 영적
싸움입니다.

세 번째 기름 부으심으로 헤브론을 떠나 시온산을 옮겨 이스라
엘 전체를 통치하는 왕이 되었습니다. 5차원의 능력으로 이스라
엘 전체를 지배하며 통제하는 수준이 되었습니다.

믿는 자에게 중요한 것은 세 번째 기름 부으심 즉 왕에 대한 기
름 부으심을 받기까지는 하나님께서 우리들에게 주시려고 작정하
신 권세와 수준에 우리는 도달할 수 없다는 것입니다.

성령의 기름부음에 대하여 더 자세하게 알아보려면 필자가 저
술하여 출간한 "불같은 성령의 기름부으심"을 읽어보시기를 바랍
니다.

14장 성령의 나타남을 확인하는 법

(행19:2-7)"이르되 너희가 믿을 때에 성령을 받았느냐 이르되 아니라 우리는 성령이 계심도 듣지 못하였노라. 바울이 이르되 그러면 너희가 무슨 세례를 받았느냐 대답하되 요한의 세례니라. 바울이 이르되 요한이 회개의 세례를 베풀며 백성에게 말하되 내 뒤에 오시는 이를 믿으라 하였으니 이는 곧 예수라 하거늘 그들이 듣고 주 예수의 이름으로 세례를 받으니 바울이 그들에게 안수하매 성령이 그들에게 임하시므로 방언도 하고 예언도 하니 모두 열두 사람쯤 되니라"

예수를 믿는 성도는 성령의 인도를 받아야 합니다. 무엇보다도 중요한 것이 성령님과 친밀하게 지내는 것입니다. 하나님은 영이십니다. 영이신 하나님과 교통하려면 필연코 성령의 인도를 받아야만 합니다. 하나님과 교통하려면 하나님과 같은 영적인 상태가 되어야 가능하기 때문입니다. 그래서 하나님은 성령으로 충만함을 받으라고 하시는 것입니다. 오로지 성령으로만 하나님과 통할 수 있기 때문입니다. 많은 분들이 예수를 믿고 교회에 들어오면 다 되는 줄 착각하는 분들이 많습니다. 우리가 바르게 알아야 할 것은 성령으로 충만함이 아니고는 하나님과 통할 수 없는 것입니다. 하나님과 관계를 열려면 의지적인 노력을 해야 합니다. 성령으로 열리기 때문입니다. 성령님의 역사는 본인의 의지가 결부될 때 더 강하게 역사하여 주시기 때문입니다.

1. 성령의 세례를 자신도 모르게 받는 경우.

성령 세례란 초자연적으로 역사하시는 성령이 자신을 순간 장악하는 것이므로 자신이 체험적으로 아는 것이 보통입니다. 그러나 자신이 인식하지 못하고 지나치는 경우도 있습니다. 성령세례는 받았어도 자신이 모르고 있는 경우에 발견하는 방법은 대략 이렇습니다. 마음이 평안해집니다. 무엇인지 모르는 기쁨이 찾아옵니다. 발걸음이 가벼워집니다. 머리가 맑아집니다. 쉬지 않고 기도가 나옵니다. 마음속에서 찬양이 올라옵니다. 말씀을 사모하게 됩니다. 말씀을 읽을 때 영적인 원리와 비밀들이 보여 집니다. 예배드리는 것이 즐겁습니다. 예배 시간이 기다려집니다. 나쁜 버릇이 고쳐집니다. 혈기가 없어집니다. 자기 자신을 조정할 줄 압니다. 창조적 생각을 갖습니다. 영적 가치를 소중히 여깁니다. 화평을 나눌 수 있는 사람이 됩니다. 문제를 해답으로 바꾸는 사람이 됩니다. 영적 설득력이 생깁니다. 반대 의견도 겸허하게 수용할 수 있습니다. 믿음의 삶에 동반자들이 생깁니다. 자기 주변에 성령 충만한 사람들이 모입니다. 하나님이 섭리 주님의 뜻대로 살고자 노력합니다. 주위 사람들에게 평안을 줍니다. 이웃에게 진정으로 관심을 갖게 됩니다. 예수님과 같이 불신 영혼을 불쌍하게 생각합니다. 자기의 모든 재능은 하나님의 영광을 나타내는데 사용됩니다. 강력한 끈기가 생깁니다. 마음에 원한을 품지 않습니다. 모든 면에 믿음을 근거로 한 낙관주의자가 됩니다. 남을 위하여 희생할 줄 아는 사람이 됩니다.

2. 성령세례의 임하심을 자신이 아는 경우

성령의 세례를 받으면 자신이 알아차리는 가시적인 현상이 나타납니다. 성령 세례시 나타나는 가시적인 현상은 이렇습니다. 몸이나, 눈까풀의 미세한 떨리는 현상이 나타납니다. 호흡이 깊어집니다. 약간의 땀을 흘리는 경우도 있습니다. 가슴이 울렁거리는 증상이 있습니다. 커피를 많이 마신 것과 같은 현상이 나타납니다. 때로는 가슴이 짓눌리는 것 같은 기분이 들거나 공기가 답답하게 느껴지기도 합니다. 호흡이 깊어지거나 빨라집니다. 손가락이 움직이거나 손을 떨거나 양손이 위로 올라갑니다. 몸이 심하게 떨리는 현상을 체험하기도 합니다.

몸이 껑충 껑충 뛰는 현상을 체험하기도 합니다. 몸의 균형을 잃고 뒤로 넘어지는 현상을 체험하기도 합니다. 상체가 반복적으로 앞으로 꺾이는 현상을 체험하기도 합니다. 몸이 사시나무 떨듯이 떠는 현상을 체험하기도 합니다. 큰소리로 웃거나 우는 현상을 체험하기도 합니다.

방언기도가 터집니다. 넘어진 상태로 가만히 있는 현상을 체험하기도 합니다. 넘어진 상태에서 물결이 일 듯 심하게 진동하는 현상을 체험하기도 합니다. 넘어진 상태에서 몸이 심한 경련을 일으키는 현상을 체험하기도 합니다. 악을 쓰듯이 큰 소리 지르는 현상을 체험하기도 합니다. 이외에도 이해하기 힘든 여러 현상이 일어나기도 합니다.

그러나 전혀 아무런 느낌과 현상이 없는 때도 있습니다. 마음이 평안하기만 합니다. 비둘기 같은 성령이 임한 순간입니다. 어떤 느낌과 체험 현상만이 중요한 것이 아닙니다. 고요할 때 역사하시는 하나님을 전적으로 의지하는 믿음이 더욱 중요합니다.

3. 성령 은사와 성령 세례

결론을 먼저 말한다면 은사가 나타났다고 해서 성령세례를 받았다고 단정하지 못한다는 것입니다. 많은 분들이 저에게 은사는 받았는데 성령세례를 받았는지 모르겠다고 질문을 합니다. 성령의 은사는 성령세례를 체험해야 나타나는 것이 보통입니다. 그러나 성령세례를 체험하지 않아도 은사가 나타나는 경우가 있습니다. 은사는 육체로 나타나는 것입니다. 그래서 무당도 마귀 은사가 있기 때문에 사람들의 심령을 감찰하여 사기를 치는 것입니다. 은사는 육체로 나타나기 때문에 성령의 세례를 받지 않아도 은사가 나타날 수 있습니다. 성령 세례를 받지 않았는데 은사가 나타나는 경우 그 은사의 진위를 확인방법은 이렇습니다. 열매를 보아 알 수가 있습니다. 성령으로 은사가 나타나는 사람은 그 열매가 아름답습니다. 자신의 성품이 변해갑니다. 가정환경이 자꾸 풀립니다. 사람들과의 관계가 매끄러워집니다. 자신이 경영하는 사업이 잘됩니다. 교회가 부흥합니다. 부부관계가 원만하게 풀립니다. 자녀들의 앞길이 잘 풀립니다. 은사를 사용하면 할수록 기쁨이 옵니다. 속으로 너무 하고 싶다는 욕구가 강하게 일어납니다. 그리고 사람들이 자신에게서 은혜를 받겠다고 찾아옵니다. 자신이 하기가 싫어도 하나님이 밀어주기 때문입니다. 이것이 무슨 말이냐 하면 예를 들어 신유은사가 있는 사람은 질병치유를 받으려고 하는 사람이 자꾸 자기에게 찾아온다는 것입니다. 이것을 보증의 역사라고 하는 것입니다. 세상 말로는 붙임의 역사라고도 합니다. 하나님이 은사를 사용하도록 사람들을 보낸다는 것입니다. 제가 지난 10년이 넘도록 성령치유사역을 할 수 있었던 것도 하나님이 치유와 능력을 받을 사람들을 계속 보내 주셨기 때문에 사역을 계속할 수 있는 것입니다. 사람을 보내지 않는 데 어떻게 사역을 계속 할 수 있겠습니까? 사람이 오지 않으면 하려고 해도 하지 못하는 것입니다. 성령의 세례가 없이 육체로 은사가 나타나는 사람은 앞에서 말한 반대의 현상이 일어납니다. 자꾸 일이 꼬인다는 것입니다. 환경이 답답합니다. 왜냐하면 마귀가 역사하기 때문입니다.

4. 성령이 나타나는 현상

제가 말씀과 성령으로 치유사역을 하면서 체험한 바는 성령을 체험하지 못하여 영의 만족을 누리지 못하던 성도가 여기저기를 다니다가 제가 집필한 책을 읽거나 소문을 듣고 충만한 교회에 오게 됩니다. 와서 성령으로 충만한 찬양을 부르고 기도를 합니다. 그리고 영의 말씀을 듣습니다. 말씀을 듣고 영이 깨어나 기도하기 시작을 합니다. 기도를 하면 처음에 하품을 합니다.

그러다가 기침을 합니다. 울기도 합니다. 양손을 게발 같이 움츠리고 덜덜덜 떨기도 합니다. 서서히 성령께서 장악을 하는 현상입니다. 이렇게 성령께서 성도를 장악하면 본인이 느끼고 주변 사람들이 보게 되는 것입니다. 성령은 말이 아니고 살아서 초자연적으로 역사하는 성령이시기 때문입니다. 조금 지나면 성령의 강력한 세례가 임합니다. 마음 안에 있는 상처가 치유되면서 영의 기도가 열립니다. 영의 기도를 하면서 귀신들이 떠나갑니다. 귀신이 여러 가지 해괴한 행동을 다하면서 떠나갑니다. 중풍귀신은 손발이 오그라들다가 떠나갑니다. 조상에 무당의 내력이 있는 성도는 무당 굿거리를 한동안 하다가 무당의 영이 떠나갑니다. 영의 기도가 열리니 기도하는 시간이 지루하지 않습니다. 우리 교회는 보통 35-60분간 기도를 합니다.

기도할 때 제가 일일이 안수를 하면서 막힌 영의 통로를 뚫는 작업을 합니다. 막힌 영의 통로는 본인이 혼자 기도하여 뚫으려면 상당한 시간이 소요됩니다. 그러나 제가 분별하면서 영의 통로를 막고 있는 제약요소를 제거하며 안수를 하면 훨씬 빨리 영의 통로가 뚫리게 됩니다.

집중적으로 안수 기도하여 영의통로를 뚫는 방법에는 두 가지가 있습니다. 이는 설명하여 기술하기가 좀 그래서 생략을 합니다. 아주 시간이 없고 특별한 분들에게는 특별한 방법을 사용하여 안수하고 치유하여 영의통로를 뚫고 성령의 불세례를 체험토록 합니다.

이렇게 성령으로 세례를 받고 내면이 치유되고 귀신이 떠나가면서 영의 통로가 뚫리면 성도에 따라서는 몸살을 하시는 분도 있습니다. 어떤 분은 일주일 동안 몸살을 하는 분이 있습니다. 대개는 그냥 평안해지는 것이 보통입니다. 그러나 상처가 많은 분들은 분명하게 치유를 받고 일주일에서 한 달까지 몸살을 합니다.

이는 병원에서 수술하고 난 다음에 후유증이 나타나는 현상과 비슷한 현상입니다. 어떤 분은 힘이 없어서 말하기도 힘들어 하시는 분들이 있습니다. 이는 육적인 것이 제거되고 성령으로 체질이 바뀌는 과정에서 일어나는 현상입니다. 누구든지 이 과정을 통과해야 영의 통로가 뚫리고 영의 사람으로 바뀌게 됩니다. 절대로 두려워하지 말고 체험해야 합니다. 이렇게 체험하고 나면 여러 가지 가시적인 변화를 경험합니다.

기도가 쉬워집니다. 하나님의 음성이 들리기도 합니다. 환상이 보이기도 합니다. 예언의 은사가 나타나 예언을 하게 됩니다. 신유은사가 나타나 병을 고치기도 합니다. 자신에게 있던 불치의 질병이 치유가 됩니다. 환경의 변화가 일어납니다. 일들이 잘 풀린다는 것입니다. 가정이 화목해집니다. 마음에 참 평안을 느낍니다. 이렇게 영의 통로가 뚫리면 가시적인 현상이 나타납니다. 하나님은 살아서 역사하시는 초자연적인 분이시기 때문입니다.

3부 생활 간 성령으로 충만 받는 법

20장 예배드릴 때 성령의 불로 충만 받는 법

(요4:24)"하나님은 영이시니 예배하는 자가 영과 진리로 예배할지니라"

하나님은 영이시니 예배하는 자가 영과 진리로 예배할지니라. 말씀하십니다. 한마디로 성령으로 예배를 드리라는 것입니다. 이 성령을 주님은 보혜사로 소개하신 것입니다. 보혜사란 말은 헬라어로 '파라클레토스'란 말인데 그 의미는 '곁에 부름을 받아 돕기 위하여 기다리시는 이'인 것입니다. 오늘 우리 곁에 부름을 받아서 돕기 위하여 기다리시는 분이 계신 것을 압니까? '우리는 연약해서 기도를 잘 할 줄 모릅니다. 믿음이 약합니다. 전도를 할 수 없습니다. 순종이 안 됩니다. 나는 연약합니다.'라고 그렇게 말합니까? 연약만 바라보고 놀라지 마세요. 우리 곁에 돕기 위해서 하나님께로부터 보내심을 받아서 기다리고 계신분이 있습니다. 이 분이 바로 보혜사인 것입니다. 보혜사란 것은 우리의 곁에 하나님의 보내심을 받아 우리의 연약함을 돕기 위해서 기다리고 계신 분인 것입니다.

어떠한 면에서 우리를 도울까요? 죄를 회개하고 거룩하게 됨을 도우십니다. 성령으로 말미암지 않고는 죄가 회개가 안 됩니다. 오늘날 죄를 짓고 죄악 가운데 살면서도 자기가 죄인이라고 회개하지 않는 수많은 사람이 있습니다. 이는 어두움 가운데 있기 때문에 아무것도 안 보입니다. 캄캄한 방안에는 쓰레기 더미가 쌓이고, 쥐가 와서 똥을 싸고, 구더기가 생기고 여러 가지 더러운 것이 있어도 눈에 안 보입니다. 그러나 커튼을 열어놓고 바깥에서 밝은 빛을 비추게 하면 방안이 얼마나 더러운 것을 알게 되고 방안을 청소하게 됩니다. 오늘날 성령의 밝은 빛이 우리 마음속에 비쳐서 자기가 얼마나 더럽고 추악한 죄인인 것을 알게 되면 그 때는 거꾸러져서 "아이고, 주여! 나를 불쌍히 여기옵소서." 회개하게 되는 것입니다. 이러므로 성령으로 말미암지 않고 회개할 수 있는 사람 없습니다. 성령이 죄에 대하여 우리를 꾸짖어 주셔야 우리 마음이 깨어지기 시작하는 것입니다. 예수 믿는 사람도 그렇습니다. 성결하게 되기를 원하지 않고, 성령이 역사하지 아니하면 자기가 죄를 짓고도 회개를 하지 않습니다. 뭐, 남편 미워한 것, 아내 속인 것, 그렇지 않으면 서로 비난한 것, 남의 비밀 공개한 것, 요 조그마한 것이 무슨 죄야 무슨 상관이 있을라고? 큰 방축이 바늘구멍으로부터 무너지기 시작합니다. 포도원의 작은 여우를 잡으라고 말했습니다. 여우를 잡아야 합니다. 작은 여우가 와서 포도원 뿌리를 다 싹둑 싹둑 잘라 버린 것입니다. 오늘날 우리의 가운데 있는 적은 미움, 적은 원한, 적은 원망, 적은 불평, 이와 같은 적은 거짓말, 이런 것들이 우리의 생애 속에 하나님과 우리 사이를 멀리 해 버리고 마는 것입니다. 오늘 성령이 오셔서 우리의 마음을 비추면 이러한 것을 다 뿌리 뽑아 내고 회개하고 자복하게 되고 성령의 충만함을 받게 되는 것입니다. 이러므로 성령은 회개하는 것을 도와

주는 것입니다. 또한 성령은 십자가의 도와 진리의 말씀을 깨닫게 해 주십니다. 십자가의 도가 멸망한 자에게는 어리석게 보이며 구원을 얻은 우리들에게는 하나님의 지혜요 하나님의 능력입니다.

천지를 지으신 하나님은 한분이고 그 하나님께서 한 아들 예수 그리스도를 보내 주셔서 우리를 위하여 십자가에 못 박혀 피 흘려 죽어 우리 죄를 대속하여 주셨습니다. 구원의 길은 예수밖에 없습니다. 내가 말한 것은 다른 종교를 나는 비난하는 것은 아닙니다. 다른 종교는 종교에 불과하지마는 구원의 길은 천하 인간에게 예수밖에 없는 줄 알아야 합니다. 그러나 이것을 깨닫게 해주는 이는 성령의 역사 이외는 깨달아지지 않습니다. '성령으로 말미암지 않고는 예수를 주라 할 수 없나니'라고 했습니다. 제가 많은 사람 개인전도 했지마는 어떤 때는 그냥 가슴을 치고 배를 끌어 앉고 싶습니다. 아무리 말을 해도 주먹으로 바위 치는 겪입니다. 그렇게 마음이 어둡습니다. 그것은 성령이 비치지 아니하면 하늘나라의 십자가의 도는 어리석게 보이기 때문인 것입니다. 그렇기 때문에 성경에도 멸망하는 자에게는 십자가의 도가 어리석게 보인다고 말한 것입니다. 십자가의 도가 어리석게 보이는 사람은 멸망할 자인 것입니다. 그러나 구원을 얻은 자에게는 십자가의 도가 하나님의 지혜요. 하나님의 능력으로 알아지는 것입니다. 십자가의 도를 깨닫게 된 것은 우리의 힘으로 알게 된 것이 아니라, 보혜사 성령께서 깨닫게 해 준 것을 알게 되시기를 바랍니다.

또 성령은 우리에게 오셔서 여러 가지 은사를 주어서 전도하는 데 도움을 주십니다. 지혜의 말씀의 은사, 지식의 말씀의 은사, 영분별의 은사를 주시고, 혹은 방언의 은사, 방언 통역의 은사, 예언의 은사를 주시고, 혹은 믿음의 은사, 병 고치는 은사, 기적의 은사를 주십니다. 또 다른 이들에게는 봉사하는 은사, 가르치는 은사를 주시고, 어떠한 사람들에게는 다스리는 은사, 구제하는 은사, 구원하는 은사를 주십니다. 이렇게 우리가 성령의 은사를 받아서 사람의 힘이 아닌 하나님의 능력을 의지해서 초자연적으로 전도하고 하나님 나라를 발전시킬 수 있도록 만들어 주는 것입니다. 이러므로 성령은 이와 같은 면에서 우리의 연약함을 도와주십니다. 또 나아가서 성령은 기도를 도와주시는 것입니다. 인간의 힘으로 기도하라면 5분 내지 10분하면 그로서 그칩니다. 5분 이상 10분 기도하려면 온 몸에 몸부림이 나오고 가슴이 답답하고 견디지 못합니다. 적어도 30분, 1시간 이상 기도하려면 하나님의 성령의 도우심이 아니고는 기도할 수가 없는 것입니다. 인간의 힘으로는 절대로 안 되는 것입니다. 이렇기 때문에 저는 기도할 때마다 '보혜사 성령이여, 나를 도우소서. 내 마음에 기도할 수 있는 마음을 주시옵고, 내 육체의 기도할 수 있는 힘을 허락하여 주시옵소서. 기도할 수 있는 인내력을 주시옵소서. 성령이 도와주지 아니하시면 기도할 수 없고 기도하지 않으면 성도들을 깨우고 돌볼 수 없사오니 성령이여, 도와주소서.' 오늘날까지 하나님 성령께서 기름 부으시고 도와주셔서 저녁 늦게도 기도할 수 있고 아침 새벽에 일찍 일어나서도 기도할 수 있고, 밤이나 낮이나 부르짖어 기도할 수 있는 것은 성령이 도와주셔서 그러한 것입니다. 성령도 우리 연약함을 도우시나니 우리가 마땅히 빌 바를 알지 못하나 성령의 말 할 수 없는 탄식으로 우리를 위하여 친히 간구하여 주시는 것입니다. 이렇기 때문에 성령은 우리 기도를 도와주시므로 성령께 기도를 도와주시기를 부탁해야 될 것인 것입니다.

성령은 또한 우리와 같이 계셔서 위로해 주십니다. 이 세상에 살면서 낭패와 실망 당할 때 상처를 입히고 상처를 입을 때가 많습니다. 세상에 살다 보니까 그만 마음이 갈급해 지고 지쳐지고 상처투성이가 될 때가 많습니다. 이럴 때 하나님께 나와서 기도하면 성령이 부드러운 어머니 손길같이 나타나서 우리 마음을 어루만져 주시고 치료해 주십니다. 쓴 마음의 위로와 평안과 기쁨을 주셔서 동남풍이 불고 서북풍이 불고 가시밭길을 걸어가도 이것을 이기고 살아갈 수 있는 마음의 여유를 성령께서 허락하여 주시는 것입니다. 성령은 우리 마음을 치료하여 우리를 도와주시는 것입니다. 또 성령은 우리를 인도해 주십니다. 성령께서는 우리가 진리의 말씀을 들을 때 읽을 때 깨닫도록 인도해 주십니다. 우리가 기도할 때 의의 길, 바른 길, 승리의 길, 축복의 길, 영광의 길로 성령께서 이끌어 주십니다. 성경은 말씀하기를 성령으로 인도함 받는 그들이 곧 하나님의 아들이라고 말한 것입니다. 이러므로 성령은 우리 연약함을 도와주는 보혜사입니다. 곁에 부름을 받아 우리를 돕기 위해서 기다리시는 인격자인 것입니다. 성령은 눈에 안 보이지마는 눈에 안 보이는 공기가 있어서 우리가 숨을 쉬고 사는 것처럼, 성령은 우리와 같이 계시므로 성령을 인정하고 환영하고 모시어 들이고 의지하며 성령께 연약함을 도와달라고 부탁하는 모두가 되시기를 바랍니다.

예배를 드릴 때 성령의 불로 충만함을 받는 비결은 다름이 아닙니다. 예배 시작 십분 전에 교회에 와서 기도하는 것입니다. 먼저 침묵기도로 외적인 침묵과 내적인 침묵을 유지하는 것입니다. 성령의 임재가 되어 영적인 상태가 되면 한 주 동안의 삶을 뒤돌아보고 생각하면서 묵상기도를 하는 것입니다. 묵상기도는 한 주 동안의 삶을 영상으로 보면서 영으로 기도하는 것을 말합니다. 잘못된 것은 회개하는 것입니다. 성령의 임재를 충만하게 유지 하는 것입니다. 성령으로 충만한 상태에서 순서를 맡은 목사님의 인도에 따라 예배를 드립니다. 예배를 드리는 중에도 호흡하며 마음으로 기도하는 것을 멈추지 않습니다. 성령의 임재를 이탈하지 않는 것입니다. 찬송과 성경 말씀을 읽는 중에도 성령의 임재를 이탈하지 않는 것입니다. 설교 말씀을 들을 때도 호흡을 들이쉬고 내쉬면서 말씀을 듣는 것입니다. 절대로 인간적인 생각을 하면 안 됩니다. 예배를 드리는 중에 감정을 안정하게 유지 하라는 것입니다. 이것이 바로 "하나님은 영이시니 예배하는 자가 영과 진리로 예배할지니라." 를 실천하는 것입니다. 영이신 하나님에게 영으로 예배를 드리는 것입니다. 저는 이렇게 함으로 성령의 불을 충만하게 유지합니다. 이런 영적인 상태에서 하나님의 레마가 들리는 것입니다. 무엇보다도 성령의 임재를 이탈하지 않는 것이 중요합니다. 내 안에 계신 성령님에게 집중하는 것입니다.

16장 가정에서 성령으로 충만하게 지내는 비결

(엡6:18)"모든 기도와 간구를 하되 항상 성령 안에서 기도하고 이를 위하여 깨어 구하기를 항상 힘쓰며 여러 성도를 위하여 구하라"

성도는 교회에서 예배드릴 때와 가정에서 생활할 때의 영적 상태가 같아야 합니다. 많은 성도들이 교회에서의 생활과 가정에서 생활이 다른 이중적인 생활을 하는 분들이 많습니다. 성도는 교회에서나 가정에서 항상 성령의 불로 충만하게 지내야 합니다. 그래야 하나님의 뜻(레마)을 알 수가 있는 것입니다. 영적인 상태가 되어야 성령의 인도와 도움을 받을 수가 있는 것입니다. 성도가 영적인 상태가 되도록 인도하는 성령을 예수님께서는 다른 보혜사라고 일컬었습니다. 주님께서 말씀한 이 '다른'이란 의미는 헬라어로 큰 차별이 있습니다. 여기 제가 들고 있는 성경책과 이 강대상은 다릅니다. 달라도 보통 다른 것이 아닙니다. 목적도 다르고 내용도 다르고 형태도 다르고 재료도 다릅니다. 전혀 다를 때 헬라어에서는 '헤테로스'라는 말을 씁니다. 그런데 예수께서 다른 보혜사를 보내겠다고 말할 때는 그 '헤테로스'라는 말을 쓰지 않고 '알로스'라는 말을 썼었습니다. '알로스'라는 말은 이 두 가지가 있는데 두 개가 전혀 똑같은데 다른 것을 말합니다. 내용도 같고, 모양도 같고, 목적도 같고, 사용방법도 같고, 전혀 똑같은데 이것 하나 있고 다른 것 있을 때 그 때는 '알로스'라는 말을 씁니다. 예수께서 말씀하시기를 "내가 아버지께 구하겠으니 그가 또 다른 '알로스 파라클레토스' 꼭 나와 같은 다른 보혜사를 너희에게 주사 영원토록 너희와 함께 있겠다"고 하셨습니다. 바로 성령 오신 것은 예수 오신 것이며 예수의 화신으로써 성령이 오신 것입니다. 이렇기 때문에 오늘날을 '성령이 역사하는 교회 시대'라고 말하는 것입니다. '성령이 역사하는 교회 시대'가 예수님 시대와 전혀 다르다고 생각하는 사람이 있는데 중대한 잘못입니다. 성령은 바로 다른 보혜사 이신 것입니다. 예수님과 아주 똑같은 다른 보혜사 입니다. 그렇기 때문에 오늘날 성령은 예수님이 행하시는 그 일을 계속하고 계신 것입니다. 성령은 지금도 십자가를 통하여 죄를 사하시는 역사를 베풀고 있는 것입니다. 오늘날 천하 만민에게 주님께서는 예수 그리스도를 통해서 회개하고 구원받도록 만들어 놓으신 것입니다. 그러므로 십자가를 통하지 않고는 죄의 용서는 있을 수가 없는 것입니다. 그런데 하나님의 성령께서는 예수께서 옛날 죄를 사해 주신 것과 똑같이 십자가를 통해서 사람들이 죄사함을 받도록 십자가로 이끄는 일을 행하시고 계신 것입니다. 오늘 그뿐 아니라 하나님의 성령은 또한 예수님 당시 그 일과 똑같이 예수 이름으로 귀신을 내어 쫓고 계시는 것입니다. 사람들은 말하기를 눈에도 안 보이는 귀신을 어떻게, 어디에서 내어 쫓느냐고 말합니다. 오늘날 우리의 사회 가운데 우리가 보면 부조리와 불법과 부패가 팽배합니다. 이 부조리와 불법과 부패의 원인이 바로 귀신에게 있는 것입니다. 이러므로 바로 우리가 귀신을 쫓아내라는 것은 우리의 마음에나 우리의 양심에서, 가정에서, 우리의 사회에서 부조리를 쫓아내고 불법과 부패를 정결케 하는 것이 바로 귀신을 쫓아내는 것입니다. 오늘날 귀신이 있기 때문에 더러운 귀신, 악한 귀신, 거짓말하는 귀신, 점치는 귀신 이런 흉악한 귀신들이 우리의 생활 속에 끊임없이 부조리, 불의, 불법, 부패, 추악함을 가지고 오고 있는 것입니다. 예수 그리스도의 은혜가 임하고 성령의 역사가 일어나면 어떠한 개인이나 가정, 사회의 부조리가 정하게 됩니다. 불법이 사라집니다. 부패가 사라집니다. 하나님의 정의가 다가오고 정직, 성실, 근면, 충성스러운 삶이 다가오게 되는 것입니다. 이러므로 오늘날도 성령의 역사가 일어나면 예수 이름으로 귀신들이 쫓겨나가 버리고 마는 것입니다. 귀신 쫓아내는 일을 우리는 성령으로 계속 해야 될 것입니다.

예수님 이름으로 또 성령은 병고치는 일을 계속 합니다. 예수께서 십자가에 죽고 장사 지냈다가 부활해서 승천했다고 해서 이제는 병고치는 역사가 그쳤다고 생각하면 중대한 잘못입니다. 성령은 다른 보혜사입니다. 예수님과 꼭 같으신 다른 분이시기 때문에 예수님이 하신 사역을 그대로 하시는 것입니다. 예수님께서 병에 대한 태도는 단호했었습니다. 예수님은 병을 일평생의 원수로 삼아 대적했었습니다. 그렇지 않았다면 예수님은 당신의 사역의 1/3을 병자를 위한 고치는 데에 소모하지 않았을 것입니다.

예수님은 심지어 안식일 날까지 병을 고침으로 말미암아 유대인으로부터 죽임을 당할 위험을 수차례 당한 것입니다. 이와 같이 주님은 병을 대적했습니다. 죄를 미워한 것만큼 병을 미워했었습니다. 그렇기 때문에 12제자와 70인의 제자를 불러서 복음 전도하러 보낼 때도 주께서 말씀하기를 '가서 회개하라 천국이 가까왔다'고 하는 바도 병든 자를 고치고 귀신을 쫓아내라고 말한 것입니다. 주님이 죽은 자 가운데서 부활해서 승천하기 전에 제자들에게 말씀하시기를 '믿는 자들에게는 이런 표적이 따르리니 저들이 내 이름으로 귀신을 쫓아내며 새 방언을 말하며 뱀을 집으며 무슨 독을 마실지라도 해를 받지 않으며 병든 자에게 손을 얹은 즉 나으리라'고 말씀한 것입니다. 예수님은 그러므로 집요하게 병을 미워하고 병을 고치기를 원하셨습니다. 이렇기 때문에 오늘날 보혜사 성령님은 예수님의 일을 계속하여 주십니다. 그래서 성령이 역사하신 곳에는 오늘날도 병든 자가 물러가고 하나님의 역사로 말미암아 치료받는 기적이 일어나야만 하는 것입니다. 교회가 치료하는 역사를 그친 이유는 교회가 성령을 무시했기 때문인 것입니다. 성령께서 교회에서 역사하는 이상 치료하는 역사는 교회에서 그칠 수가 없는 것입니다. 성령은 또한 오셔서 예수 이름으로 우리의 마음과 생각 속에 가시와 엉겅퀴를 제하여 줍니다. 아담과 하와가 타락해서 하나님을 반역하고 나왔었을 때 땅은 저주를 받아 가시와 엉겅퀴를 내겠다고 했는데 오늘날 땅뿐 아니라, 사람들의 마음속에 가시와 엉겅퀴가 꼭 들어차 있는 것입니다. 사람의 마음속에 미움의 가시, 원한의 가시, 불신앙의 가시, 부정적인 마음의 가시 이와 같은 잡초가 무성하게 나 있는데 마음의 부정적인 것을 제하기 전에 하나님께서 축복해 줄 여지가 없는 것입니다. '지킬 만한 것보다 네 마음을 지켜라. 생명의 근원이 이에서 남이라'고 말한 것입니다. 성경은 말씀하기를 '우리의 온갖 구하는 것이나 생각하는 것에 넘치도록 능히 하겠다'고 했습니다. 생각이 가시와 엉겅퀴가 꽉 들어차서 '나는 못한다. 나는 안 된다. 나는 할 수 없다. 나는 죽는다'는 생각으로 꽉 들어차고 있습니다. 그리고 미움, 원한, 살인, 살상, 음란, 방탕이 이 머리속에 가시와 엉겅퀴처럼 나 있습니다. 이러한 개인과 그러한 가정, 그러한 국가를 하나님께서 어떻게 축복해 주실 수 있다는 것입니까? 이러므로 오늘 우리는 회개하고 하나님 성령의 능력으로 말미암아 이 마음속에 있는 가시를, 엉겅퀴를 제해야 되는 것입니다. 미움 대신에 사랑을, 원한 대신에 화목을 가져 와야 되는 것입니다. 절망 대신에 소망을 가져 와야 되는 것입니다. 예수안에서 '할 수 있다. 하면 된다. 해 보자.' 긍정적이고 적극적이며 창조적이고 생산적인 마음의 자세가 이루어 져야만 되는 것입니다. 이와 같은 일은 성령께서 오셔서 변화시켜 주는 것입니다. 하나님의 성령이 역사하시면 우리의 마음속의 모든 흑암과 부정적 세력을 내어 쫓아 버리고, 엉겅퀴와 가시를 다 내어 쫓아 버립니다. 대신 그 속에 예수 그리스도의 대속의 은혜로 꽉 들어차 놓게 되는 것입니다. 그러므로 예수 그리스도의 형태를 쫓아서 우리 마음의 생각이 달라져야 되는 것입니다. 그렇게 될 때 주님께선 우리의 달라진 생각을 통해서 영혼이 잘 되게 하시고 범사가 잘 되게 하시고 강건하게 만들어 주시는 것입니다. 이러므로 영적인 생각이 마음을 점령한 신령한 사람들이 되도록 성령이 역사하는 것입니다. 그럴뿐 아니라 성령은 오늘날 예수 이름으로 와서 우리 마음속에 천국의 인을 쳐 주시는 것입니다. 하나님의 성령이 오셔서 우리 마음을 인치시면 우리가 천국에 있는 것을 대낮처럼 활짝 열려 깨달아 알게 되는 것입니다.

　기독교란 형식이나 의식이나 유교처럼 어떠한 윤리나 도덕적인 규범 이상인 것입니다. 기독교란 이 낡은 장막집이 무너지면 손으로 짓지 않은 영원한 집으로 우리를 데려가는 것이 기독교인 것입니다. 기독교란 하나님께서 예수 그리스도를 통해서 새 하늘과 새 땅과 새 예루살렘을 만드시고 새로운 소망된 신천 신지로 우리를 이끌어 가는 것이 기독교인 것입니다. 기독교는 생명의 종교입니다. 이것은 성령의 인침을 받지 않은 사람에게는 어리석게 보이고 성령의 가르침을 받지 못한 사람에게는 어리석게 보이지마는 성령께서 오셔서 우리의 마음을 인치시면 이런 것이 우리에게 현실적으로 확실성있게 나타나게 되는 것입니다. 이러므로 오늘날 성령이 역사하는 교회 시대는 예수 그리스도의 하신 일을 성령께서 그대로 행하시는 다른 보혜사의 시대인 것입니다. 예수와 똑같은 다른 분, 예수 그리스도의 화신인 성령이 오셔서 일하시고 계십니다. 이러므로 요한복음 14:12에 예수께서 말씀하기를 '내가 진실로 진실로 너희에게 이르노니 나를 믿는 자는 나의 하는 일을 저도 할 것이요, 또한 이 보다 더 큰 것도 하리니 이는 내가 아버지께로 감이라'고 말씀한 것입니다. 예수께서 아버지께로 가고 성령을 보내시매 성령이 오셔서 예수님이 한 일보다도 더 큰 일을 하게 되었으니 더 많은 죄인이 회개해야 될 것이요, 더 많은 귀신이 쫓겨 나가야 될 것이요, 더 많은 병자가 나아야 될 것이요. 더 많은 사람이 변화를 받아야 할 것이요, 더 확실한 천국의 체험이 와야만 될 것인 것입니다. 오늘날의 시대는 예수님의 사역 시대보다도 더욱 큰 일이 이루어지도록 성령께서 역사하는 시대인 것입니다. 이러므로 예수님께서는 성령을 예수 그리스도의 화신으로 소개하신 것입니다. 예수 그리스도 하신 그 일을 성령께서는 더 크게 행하실 것이니 조금이라도 실수하지 않는 것입니다.

　가정에서 성령의 불로 충만하게 지내는 비결은 이렇습니다. 저는 항상 마음으로 기도를 합니다. 호흡을 들이쉬고 내쉬면서 마음으로 성령님을 찾는 것입니다. 저는 수많은 세월동안 이 기도를 숙달해왔습니다. 습관적으로 기도를 합니다. 성령의 임재를 유지하면서 지내는 것입니다. 감정이 안정된 상태에서 지내야 합니다. 절대로 밖에서 무슨 일이 일어나더라도 거기에 반응하지 않습니다. 성령의 임재를 이탈하면 육성이 되는 것입니다. 성도는 영과 육의 상태를 구분할 줄 알아야 합니다. 기본이 영의 상태와 육의 상태를 구분하는 것입니다. 영의 상태와 육의 상태를 구분 못하면 성도라고 할 수가 없습니다. 식구들과 대화를 하더라도 성령의 임재를 이탈하지 않은 상태에서 대화하도록 하는 것입니다. 중요한 것은 성령의 임재를 유지하는 마음의 기도를 하는 것입니다. 이는 평소 훈련을 통하여 숙달해야 합니다. 이렇게 성령의 불로 충만한 상태로 가정생활을 하면 가정이 성령으로 충만해지는 것입니다. 성령의 불로 충만해지니 가정에서 역사하던 악귀들이 떠나갑니다. 대신 천사가 둘러 진을 치게 됩니다.

자연스럽게 가정이 평안 해지고 영육의 축복을 받는 것을 식구들이 느끼게 됩니다. 전적으로 가계가 축복받는 것은 성령의 불로 충만하게 지내느냐, 아니냐에 달려있는 것입니다. 가정과 가계가 축복을 받으려면 성령의 불로 충만하게 지내려고 의지적인 노력을 해야 합니다. 하루 이틀 만에 해결되지 않고 상당한 기간 동안 의지적인 노력을 해야 합니다.

17장 말씀을 들으면서 성령의 불로 충만 받는 법

(행4:29)"주여 이제도 그들의 위협함을 굽어보시옵고 또 종들로 하여금 담대히 하나님의 말씀을 전하게 하여 주시오며 손을 내밀어 병을 낫게 하시옵고 표적과 기사가 거룩한 종 예수의 이름으로 이루어지게 하옵소서 하더라.빌기를 다하매 모인 곳이 진동하더니 무리가 다 성령이 충만하여 담대히 하나님의 말씀을 전하니라"

하나님은 우리가 하나님과 같은 영적인 수준이 되기를 소원하십니다. 우리의 영적인 수준을 높이기 위하여 성령으로 인도하며 훈련하는 것입니다. 신령한 그리스도인이 되어야 하나님과 교통할 수가 있기 때문입니다. 신령한 그리스도인은 학교에서 강의나 설교를 들으면서도 성령의 불로 충만한 영의 상태를 유지할 줄 아는 성도입니다. 강의를 듣고 설교를 들으면서 심령에 성령의 불을 충만하게 하는 성도입니다. 우리가 신령한 사람, 성령의 사람이 되기 위해서는 어떻게 해야 될까요? 우리가 알아야 될 것은 우리가 예수를 믿었다는 것은 하나의 종교를 받아들인 것이 아니라 완전히 옛 사람은 죽고 새 사람으로 살아났다는 것을 알아야 합니다. 누구든지 그리스도 안에 있으면 새로운 피조물이라 이전 것은 지나갔으니 보라 새것이 되었도다. 아예 육의 사람은 십자가에 못 박아서 제쳐 버렸습니다. 그러므로 지나간 때의 주인이 육의 사람입니다. 육의 사람은 지나간 때의 주인입니다. 옛날에 예수를 믿기 전에는 육의 사람이 완전히 주인 노릇해서 우리를 붙잡아서 마음의 욕심과 육신의 정욕대로 끌려가고 마귀의 종이 되게 만들었는데 십자가를 통하여 이 육의 사람을 우리는 죽여 버리고 성령으로 말미암아 우리는 속사람이 살아났습니다. 신령한 영의 사람이 살아 일어나게 된 것입니다. 그러므로 이제 예수 믿는 우리들에게는 이 신령한 사람이 우리의 삶의 주인인 것입니다. 육의 사람이 주인이 아닙니다. 신령한 사람이 주인입니다. 신령한 사람은 강의를 듣고 설교를 듣는 중에도 심령에서 성령의 불이 올라옵니다. 이 신령한 사람의 주인인 성령의 힘을 얻어서 육의 사람 마귀의 종이 된 육의 사람이 올 때 이를 쳐서 물리쳐야 되는 것입니다.

그러므로 갈라디아서 5장 1절에 "그리스도께서 우리로 자유케 하려고 자유를 주셨으니 그러므로 굳세게 서서 다시는 종의 멍에를 메지 말라"고 말하는 것입니다. 다시 종의 멍에를 메지 마라. 다시 육의 노예가 되고 마귀의 종이 되지 마라. 율법의 종이되지 마라. 그렇게 말하고 있는 것입니다. 주께서 십자가를 통해서 육의 사람을 멸하고 마귀를 정복했기 때문에 예수를 믿고 신령한 사람이 주인으로 살아 일어나고 신령한 사람은 하나님의 성령의 힘을 입어서 사는 것입니다.

그리고 이 신령한 사람은 그 가슴속에 하나님의 길과 하나님의 법을 바로 새겨서 굳세게 잡고 있어야 되는 것입니다. 하나님의 길이라는 것은 바로 예수님의 길이 아닙니까. 예수님께서 십자가에서 용서받는 길, 성령 충만 받는 길, 병 고침 받는 길, 그리고 축복 받는 길, 영생 얻는 길로서 우리에게 들어오는 것입니다. 예수님이 바로 우리의 길인 것입니다. 그러나 이 길을 바로 가자면 이 길을 지켜 주는 하나님의 계명과 성령의 법이 필요한 것입니다. 우리나라가 잘 살려면 군대가 있어서 대적을 막아 줘야 하는 것처럼, 우리가 예수 믿고 하나님이 인도하는 축복의 길에 들어섰으면 이 길에서 떠나지 않도록 지켜줄 군대가 필요한 것입니다. 그 군대가 바로 하나님의 계명이요, 성령의 법인 것입니다. 오늘날 많은 사람들이 예수를 믿고 구원받는 길에만 들어서서는 자기를 지킬 수가 없습니다. 따라서 육체가 들어오고 마귀가 들어와서 그만 은혜의 길에 있는 우리들을 좇아내 버리고 길 잃어버린 자가 되고 도로 멸망 받게 하는 때가 많습니다. 그러나 우리 속에 예수 믿고 우리가 길을 가졌으면 이 길을 지켜 줄 수 있는 군대인 하나님의 계명과 성령의 법이 우리 마음을 지켜야 되는 것입니다. 하나님의 계명과 성령의 법이 우리 마음을 지키게 하려면 성령님을 찾아야 합니다. 우리가 계명을 지키므로 구원을 받는 것은 아닙니다만, 성령께서 우리가 계명을 지키도록 우리를 인도하시는 것입니다. 그러므로 하나님의 십계명과 성령의 법이 우리의 마음을 점령해서 원수로부터 우리를 지켜 주는 것입니다. 계명의 법과 성령의 법 이것이 바로 죄와 사망의 법에서 우리를 해방시켜 주는 것입니다. 그렇기 때문에 오늘날 우리는 예수만 믿을 뿐 아니라 우리 마음속에 십계명도 외우고 성령님을 인정하고 환영하고 모시어 드리고 성령께 의지해야 합니다. 그래서 계명과 성령이 우리를 둘러 진치고 우리를 지켜 주어서 우리가 그리스도의 길에서 떠나가지 않도록 그렇게 만들어야만 하는 것입니다.

그리고 우리가 혹시 죄를 범하면 곧장 회개해야 합니다. 요한일서 2장 9절에 "만일 우리가 우리 죄를 고백하면 저는 미쁘시고 의로우사 우리 죄를 사하시며 모든 불의에서 우리를 깨끗케 하실 것이라"고 말씀하고 있는 것입니다. 한 시라도 신속히 회개해서 육체와 마귀가 틈타지 못하도록 해야 되는 것입니다.

그리고 우리는 성령 충만한 삶을 살아야 되는 것입니다. 성령으로 살면 성령으로 행하라고 했는데 성령으로 사는 생활이란 말씀이 충만한 삶이요, 기도가 충만한 삶인 것입니다. 우리가 성실하게 하나님 말씀을 늘 공부하고 읽고 말씀을 듣고 기도하기를 힘쓰면 말씀 충만, 기도 충만하면 그것이 바로 성령 충만으로 이어지는 것입니다. 그래서 하나님의 성령이 우리와 같이 계시고 우리가 늘 성령님을 예배드리고 인정하고 환영하고 성령께 의지하면 계명과 성령이 우리를 예수 그리스도의 은혜의 길속에서 걸어가게 만들어 주는 것입니다. 그 나라와 그 의를 구하게 해 주시고 영혼이 잘됨같이 범사에 잘되며 강건한 삶을 살 수 있도록 우리를 육체와 마귀와 세상에서 지켜 주는 것입니다. 우리는 천국에 올라갈 때까지 부활의 몸을 입을 때까지 육체 안에서 신음하며 끝없이 투쟁을 계속 해야만 합니다. 조금이라도 자만하거나 방심하면 옛 주인 육의 사람이 마귀와 손을 잡고 우리를 종으로 삼으려고 우는 사자와 같이 덤벼드는 것입니다. 우리는 항상 이 육체를 쳐서 십자가를 통하여 복종시키고 성령을 의지하므로 신령한 삶을 계속 살아야만 되는 것입니다. 그렇게 할 때 우리는 참으로 빛과 소금이 되고 우리 주 예수님을 기쁘시게 할 수 있는 마음의 준비가 될 수 있습니다. 우리는 이 땅에서 육으로 태어났지만 그대로 있으면 멸망하고 맙니다. 예수를 믿어 영으로 다시 태어나야 되는 것입니다. 그래서 하나님의 자녀가 됩니다. 이것은 육신으로나 사람의 뜻으로 태어나는 것 아닙니다. 하나님으로 태어난 속사람, 영의 사람, 신령한 사람으로 우리는 다시 태어났습니다. 그리고 이 신령한 사람은 예수를 중심으로 삽니다. 예수의 길에 들어서서 세상을 살아 나갑니다. 예수의 길속에 바로 용서가 있고 성령 충만이 있고 필요도 있고 축복도 있고 천국도 있습니다. 예수의 길에서 우리가 살아나갈 때 끊임없이 육이 쳐들어오고 마귀가 우리를 도로 넘어뜨리려고 할 때 우리를 지켜주는 군대가 바로 하나님의 계명이요 성령의 법인 것입니다. 우리가 하나님의 계명으로 무장하고 하나님의 성령으로 무장하고 있으면 이 모든 육과 마귀를 쳐서 복종시켜 영광스러운 승리의 삶을 살게 되는 것입니다.

신령한 그리스도인은 강의나 설교를 들으면서도 성령의 불이 심령에서 올라오게 한다고 했습니다. 어떻게 합니까? 답은 간단합니다. 마음 안에 계신 성령님을 찾는 것입니다. 강의를 들으면서 마음으로 성령님을 계속적으로 찾는 것입니다. 호흡을 들이쉬고 내쉬면서 마음으로 성령님을 찾는 것입니다. 계속 마음으로 성령님을 찾으니 성령의 불로 충만하게 되는 것입니다. 계속 성령님을 찾다가 보면 성령의 불이 마음에서 올라오는 것입니다. 습관이 중요합니다. 하나님을 찾는 습관을 들여야 합니다. 신령한 그리스도인은 무시로 하나님을 찾는 성도입니다. 무시로 하나님을 마음으로 찾으니 영이신 하나님으로 심령이 채워지는 것입니다. 너무 어렵게 생각할 필요가 없습니다. 그저 호흡을 들이쉬고 내쉬면서 성령하나님을 찾으면 됩니다.

마음으로 계속 성령하나님을 찾으니 영이신 하나님으로 채워지는 것입니다. 한 번 실천하여 보세요. 금방 당신의 마음 안에서 성령의 불이 올라오는 것을 느끼게 될 것입니다. 가만히 앉아서 하나님이 해주시기만을 기다리면 백년이 지나도 성령의 불이 심령에서 올라오지 않습니다. 그러면서 안 된다고 불평하거나 포기하지마시고, 적극적으로 하나님을 찾으시기를 바랍니다. 하나님은 사모하는 영혼에게 만족함을 주십니다. 찾고 찾아보시기를 바랍니다. 반드시 당신의 심령에서 불이 올라오는 것을 느낄 날이 오고야 말 것입니다.

18장 길을 가면서 성령의 불로 충만 받는 법

(엡6:18)"모든 기도와 간구를 하되 항상 성령 안에서 기도하고 이를 위하여 깨어 구하기를 항상 힘쓰며 여러 성도를 위하여 구하라"

하나님은 모든 그리스도인들이 성령으로 충만하기를 소원하십니다. 성령은 말이 아니고 실제 살아있는 하나님의 영입니다. 그러므로 길을 걸어가면서 심령에서 성령의 불이 올라오게 하려면 먼저 해야 될 일이 있습니다. 성령으로 세례를 받아야 합니다. 성령으로 세례를 받은 후에 심령을 치유해야 합니다. 그리하여 영의 통로가 열려야 합니다. 자신의 영적 수준을 준비해야 한다는 것입니다. 자신의 마음 안에서 성령의 불이 올라오는 수준이 되어야 한다는 것입니다. 무조건 믿었다고 성령의 불이 나오는 것이 아닙니다. 반드시 성령의 세례를 받아 심령을 치유하여 영의통로가 열려야 기도할 때 심령에서 불이 올라오는 것입니다. 또, 한 가지 중요한 것은 마음의 기도를 훈련해야 합니다. 무시로 자동으로 하나님을 찾는 기도가 되어야 하는 것입니다. 상당한 기간 동안 훈련해야 합니다. 습관적으로 호흡을 하면서 하나님을 찾는 수준이 되어야 길을 걸어가면서 마음으로 기도할 때 성령의 불로 충만해지고, 또, 성령의 불이 심령에서 올라오는 것입니다. 그래서 성령의 도움을 받으면서 세상을 살아갈 수가 있는 것입니다.

우리가 이 성령의 도우심을 받아서 성령의 사람이 되면 성령의 사람 속에 나타난 특성은 무엇인가 알아봐야 할 것입니다. 성령의 사람의 특성은 무엇인가? 성령의 사람은 사랑의 사람입니다. 사랑이란 남을 귀중히 여기고 섬기는 것을 말합니다. 나를 섬겨달라고 내 중심으로 사는 이기주의는 성령의 사람이 아닌 것입니다. 성령의 사람은 사랑의 사람입니다. 그래서 남편은 아내를 아내는 남편을 부모는 자식을 자식은 부모를 또 이웃을 섬기는 삶, 귀중히 여기는 삶 이것이 사랑의 삶인 것입니다.

성령의 사람은 또한 희락의 사람입니다. 그 마음속에 소원이 있어요. 성령이 계시므로 그 뱃속에서 늘 즐거움이 있습니다. 기도를 통해서 슬픔과 고통은 십자가에 맡겨 버리고 늘 마음에 즐거움이 있습니다. 제가 강단에 앉아서 보면 찬송을 부를 때 많은 사람들의 얼굴이 환해서 기쁨을 가지고 찬송을 부르는가 하면 어떠한 사람은 입이 길게 나와서 기쁨이 하나도 없는 사람이 있습니다. 그는 성령의 사람이 아닐 수도 있습니다. 성령의 사람은 희락이 있습니다.

성령의 사람은 화평의 사람입니다. 마음속에 평안이 있어서 세상에 많은 요란함이 있더라도 하나님께 늘 맡기고 의지하기 때문에 그 영혼의 깊숙한 속에 평화가 있는 것입니다.

성령의 사람은 오래 참습니다. 성급하게 언어, 행동하지 않습니다. 육의 사람은 성급하게 언어 행동을 하고 파괴적이지만 성령의 사람은 오래 참습니다.

그 다음 성령의 사람은 자비심을 갖습니다. 불쌍히 여깁니다. 이웃에 헐벗고 굶주리고 고통당하는 것을 함께 마음으로 짐을 지고 육신으로 함께 짐을 지고 고통을 당하며 최선을 다해서 협조하고 도와주려는 자비심을 가지고 있습니다. 남이야 죽든 말든 나 하나만 살면 되지 뭐 남에게 관심을 가질 것 뭐냐? 이것은 육의 사람의 행동인 것입니다. 성령의 사람은 양선한 사람입니다. 착한 마음을 가지고 있지요. 육의 사람은 간사하거나 악합니다. 아주 악한 행동을 합니다. 그러나 성령의 사람은 아주 양선 합니다. 착한 마음을 가지고 있습니다.

그 다음에 성령의 사람은 충성스럽습니다. 배신을 하지 않고 마음을 다해 받들어 섬깁니다. 육의 사람은 배신합니다. 자기에게 많은 사랑을 베풀고 은혜를 베푼 사람도 자기 이해에 부딪치면 눈물도 없이 배신하고 돌아서는 것이 육의 사람입니다. 그러나 성령의 사람은 그렇지 않습니다. 성령의 사람은 사랑을 받고 은혜를 입었으면 자기에게 여간 불리하고 어려운 일이 다가온다 할지라도 그는 충성스러워서 배신하지 않고 마음을 다해서 받들어 섬기는 이것이 바로 충성스러운 마음입니다. 성령의 사람의 마음인 것입니다. 성령의 사람은 온유합니다. 따뜻하고 유순하며 잘 길들여진 성품을 가지고 있습니다. 사납고 무서운 육의 사람과 다릅니다. 따뜻하고 유순하며 잘 길들여진 성품을 가진 사람이기 때문에 성령의 사람과 같이 있으면 마음이 편안해요. 성령의 사람과 같이 있으면 마음이 즐거워요. 그러나 육의 사람과 같이 있으면 마음이 불안해요. 편안하지 못합니다. 고통스럽습니다.

성령의 사람은 절제합니다. 도나 분수를 잘 지켜 행하는 것입니다. 우리가 다 예수 믿고 우리의 육을 정복하고 우리의 속사람 신령한 사람이 일어나서 그래서 사랑과 희락과 화평과 오래 참음과 자비와 양선과 충성과 온유와 절제 이와 같은 성품을 함양해서 살아갈 때, 이러한 성품이 우리에게 영생으로 이끌 뿐 아니라, 이 땅에 사는 동안에 머리되고 꼬리 되지 않고 위에 있고 아래 내려가지 않고 남에게 꾸어줄 지라고 꾸지 않는 삶을 살 수 있도록 만들어 주시는 것입니다.

이렇게 성령의 사람이 되어야 길을 걸어가면서 마음으로 기도할 때 성령의 불이 올라오는 것입니다.

저는 보통 하루에 한 시간을 워킹을 합니다. 길을 걸어가면서 지속적으로 하나님을 찾습니다. 호흡을 들이쉬고 내쉬면서 하나님을 찾습니다. 이렇게 하다가 보면 마음이 편안합니다. 걸어가는 장소가 혼탁하면 성령께서 기도를 더 강하게 하도록 인도합니다. 계속 기도하여 영의 상태가 되니 성령께서 저를 인도하는 것입니다. 저는 종종 이런 일을 체험합니다. 내가 사는 곳에는 조그마한 사찰도 있습니다. 무당이 사는 집도 있습니다. 새벽에 기도를 마치고 운동을 하기 위해서 걸어갈 때 사찰이나 무당집을 지나게 됩니다. 그때 갑자기 무엇이 호흡을 통해서 쑥 들어옵니다. 그러면 영락없이 머리가 띵해집니다. 성령으로 충만하여 민감한 나의 영육이 귀신이 들어온 것을 알아차린 것입니다. 내 안에 귀신이 들어왔다는 것입니다. 그러면 나는 이렇게 합니다. 절대로 당황하지 않고 호흡을 들이쉬고 내쉬면서 마음으로 이렇게 합니다. "야! 더러운 영아 여기가 어디인 줄 알고 감히 들어왔어 예수이름으로 명하노니 떠나가라." 하면 재채기가 나오면서 떠나갑니다. 방금 들어온 것이므로 쉽게 잘 떠나갑니다.

어느 때는 호흡 기도를 하지 않고 방언기도를 해도 떠나갔습니다. 좌우지간 나에게 귀신이 들어온 것을 아는 것이 중요합니다. 나에게 귀신이 들어온 것은 성령께서 알려주시는 것입니다. 성령께서 알려주실 정도가 되려면 영의 상태가 되어야 가능합니다. 호흡을 들이쉬고 내쉬면서 마음으로 명령하면 귀신이 떠나갑니다. 떠나가고 나면 머리가 시원해집니다. 귀신이 떠난 것을 느낌으로 알 수가 있습니다.

길을 가다가 차 소리나 기타 등등으로 깜작 놀랄 경우가 있습니다. 저의 경험으로 보아 이런 일이 있은 후 며칠이 지나면 가슴이 답답해지고 기도가 잘 되지 않는 경우가 있었습니다. 이는 놀랄 때 악한 영이 침입을 한 것입니다. 이를 예방하기 위하여 이렇게 하세요. 호흡을 깊게 들이쉬고 내쉬면서 성령의 임재가 충만해지면 마음으로 명령을 하세요. "내가 놀랄 때 들어온 악한 영은 예수 이름으로 명하노니 떠나갈지어다." "내가 놀랄 때 들어온 악한 영은 예수 이름으로 명하노니 떠나갈지어다." 이렇게 기도하여 마음에 평안이 찾아오면 떠나간 것입니다.

귀신축사에 대하여 알고 싶으신분은 "귀신축사통한 **영육강력지유**"와 "**귀신축사 알고 보니 쉽다**"를 읽어보시기를 바랍니다.

무엇보다도 성령의 임재가 중요합니다. 성령의 역사로 악한 영이 떠나가는 것이기 때문입니다. 어찌 하든지 성령의 역사가 자신의 속에서 올라와야 합니다. 이를 위하여 자신의 영성을 깊게 해야 합니다.

19장 대화하면서 성령의 불로 충만 받는 법

(요16:7~11)"그러하나 내가 너희에게 실상을 말하노니 내가 떠나가는 것이 너희에게 유익이라 내가 떠나가지 아니하면 보혜사가 너희에게로 오시지 아니할 것이요 가면 내가 그를 너희에게로 보내리니 그가 와서 죄에 대하여, 의에 대하여, 심판에 대하여 세상을 책망하시리라 죄에 대하여라 함은 저희가 나를 믿지 아니함이요 의에 대하여라 함은 내가 아버지께로 가니 너희가 다시 나를 보지 못함이요 심판에 대하여라 함은 이 세상 임금이 심판을 받았음이니라"

세상 사람들 뿐 만아니라, 성도들과 대화를 하게 되면 영적 전이 현상이 일어나게 되므로 반드시 자신의 영혼을 위하여 방패기도(일이 닥치기 전에 예방하는 기도)를 해야 합니다. 대화중에 타고 들어와서 그렇습니다. 마음을 열어놓은 상태이므로 잘 들어옵니다. 이상한 현상으로는 답답함, 두통, 어지러움, 우울함, 공허감 등등입니다. 성도는 사람들과 대화 간, 대화 후, 반드시 깊은 영의기도로 심령에 성령의 불로 충만하게 채워야 합니다. 마음으로 기도하면서 성령의 충만을 유지해야 상대방의 나쁜 요소들이 타고 들어오지 못합니다. 대화 후에도 반드시 깊은 영의기도를 하여 전이된 악한 영의 영향을 성령의 불의 역사로 씻어내야 합니다. 대화 간에 타고 들어온 안 좋은 감정을 성령의 임재 가운데 기도하여 사라지게 해야 합니다. 이는 자신의 영을 지키기 위해서입니다.

성령이 충만해야 자신의 영을 지킬 수가 있는 것입니다. 우리의 영을 깨끗하게 하고 지키시는 성령은 우리에게 오셔서 어떤 일을 하실까요? 성령은 우리에게 와서 회개 및 중생을 시킵니다. 성령으로 말미암지 않고는 우리가 회개를 할 수가 없습니다. 우리는 죄악 가운데 태어나서 죄악 가운데 살기 때문에 성령의 빛이 비춰야 우리가 죄인인 것을 알고 버림받은 것을 알고 회개합니다. 성령이 오시면 성령은 우리에게 예수 그리스도를 계시해 주시는 것입니다.

성령이 오시면 이 세상 모든 사람들이 예수 안 믿는 죄를 책망하겠다는 것입니다. 사람들이 죄 때문에 지옥가지 않습니다. 예수님께서 인간의 모든 죄를 대신 짊어지고 청산했는데 이 예수 그리스도를 믿지 않기 때문에 지옥에 가는 것입니다. 이러므로 오늘날 성령은 오셔서 예수 안 믿는 죄가 멸망의 죄라는 것을 우리에게 깨닫게 해주겠다고 말한 것입니다. 성령이 오셔야 우리가 이것을 깨달아 알고 예수를 믿게 됩니다. 성령이 오셔야 비로소 예수님만이 우리 죄를 다 청산하고 사흘 만에 부활하사 아버지 하늘나라에 올라가셨으므로 예수님만이 길이요, 진리요, 생명인 것을 보여 주시고 알게 하십니다. 성령이 오셔야 만이 원수 마귀를 드러내고, 원수 마귀는 십자가에서 이미 무장 해제되고, 원수 마귀는 이미 패배했고, 원수 마귀는 우리를 도적질하고 죽이고 멸망시킬 권한이 없다는 것을 가르쳐 주십니다. 우리가 강하고 담대하게 서서 마귀를 대적하고 마귀를 이기고 승리하는 신앙생활을 할 수 있도록 도와주시는 것입니다. 이러므로 성령께서만이 우리에게 구원의 도를 확실히 보여 주시고 회개하게 만들어 주시는 것입니다. 그리고 성령이 오셔야 죄와 사망을 이기게 해주십니다. 예수를 믿고 난 다음에도 마음으로는 하나님을 사모하되 육신은 약해서 육신의 정욕과 안목의 정욕과 이 세상 자랑을 따라 살고 음란하고 방탕하고 술 취하고 세상 쾌락을 따라서 갈 때가 많습니다. 바울사도도 말하기를 "오호라 나는 곤고한 사람이로다. 이 사망의 몸에서 누가 나를 건져 내랴 그러므로 내가 마음으로는 하나님의 법을 육체로써는 죄의 법을 섬긴다"고 했었습니다. 오늘날 예수 믿는 사람들 중에도 너무나 많은 사람들이 마음으로는 하나님을 섬기는데 육신이 약해서 여전히 죄악가운데 끌려 들어가면서 탄식을 하는 사람들이 많습니다. 누가 우리를 도와 줄 수 있습니까? 성령을 바르게 알고 있으면 우리가 도움을 받을 수 있습니다.

롬8:1~2에 "그러므로 이제 그리스도 예수 안에 있는 자에게는 결코 정죄함이 없나니 이는 그리스도 예수 안에 있는 생명의 성령의 법이 죄와 사망의 법에서 너를 해방하였음이라"고 한 것 입니다.

예수님 안에서 나온 성령께서는 이 십자가에서 예수님이 죄를 멸하고 마귀를 멸해 버리기 때문에 그 권능을 가지고 오셔서 성령께 부탁하면 성령께서 우리 속에 역사하셔서서 죄의 사슬을 끌러 버리고 사망의 사슬을 끌러 버리는 것입니다. 성령만이 죄악의 사슬을 끊을 수 있는 힘을 가지고 있는 것입니다. 이러므로 죄악이 홍수처럼 몰려올 때 우리는 "보혜사 성령이여 나를 도우소서. 내가 마음으로는 하나님의 법을 섬기나 육체는 죄의 법에 끌려갑니다. 보혜사 성령이여 나를 도우소서." 성령께 부탁하면 오늘날 성령께서 우리를 고아와 같이 버려놓지 않고 우리를 도우시고 붙들어서 죄악의 사슬을 끌러 버리고 우리를 승리할 수 있도록 만들어 주는 것입니다. 예수님을 믿고 난 다음 의와 거룩하게 살기를 원치 않는 사람이 누가 있습니까? 다 의롭게 살고 거룩하게 살기를 원하지만, 그러나 세상의 유혹과 죄악과 육신의 정욕이 우리를 끊임없이 괴롭히는 것입니다. 이 싸움에서 이길 수 있는 유일한 길은 보혜사 성령에게 부탁하는 도리밖에 없는 것입니다. 성령께서는 우리를 도우셔서 우리를 죄악의 사슬에서 놓아주고 사망의 사슬에서 끌러주는 것입니다. 그 다음에는 성령 충만해서 성령 세례 받으면 하나님의 능력이 오시는 것입니다.

행1:8에 "오직 성령이 너희에게 임하시면 너희가 권능을 받고 예루살렘과 온 유대와 사마리아와 땅 끝까지 이르러 내 증인이 되리라 하시니라"고 하셨습니다.

예수 믿으면서 능력이 없는 사람 많습니다. 기도에도 능력이 없고 전도에도 능력이 없습니다. 신앙생활에 아무런 능력이 없습니다. 의식과 형식적인 예수를 믿지만 폭발적인 그러한 파워가 없습니다. 다이너마이트 같은 힘을 가지고 기도를 하고 아주 즐거운 신앙생활을 하고 남에게 예수를 척척 전도하는 것을 보면 부럽기가 한이 없습니다. "왜 나는 저렇게 되지 않을까?" 그것은 성령세례 받지 않았기 때문인 것입니다. 우리가 예수 믿으면 성령이 와 계십니다. 그러나 성령으로 장악이 된 것은 아닙니다. 간절히 성령세례를 위해서 기도하면 성령으로 세례를 받게 됩니다. 성령세례란 성령이 자신의 전 인격을 장악하는 것입니다. 성령으로 세례를 받고 계속 기도하면 성령의 불세례가 임하면서 자신의 전인격을 치유하십니다. 이후 성령 충만의 상태가 됩니다. 성령 충만을 체험하게 되면 권능이 임하시게 되는 것입니다. 신앙생활에 권능과 능력이 임해요. 그래서 신앙생활은 능력 있는 신앙생활을 할 수 있는 것입니다. 무능력한 이름만 믿는 신자가 아니라 정말 그 생활 속에 하나님의 역사가 나타나는 그런 신앙생활을 할 수 있는 것입니다. 또 성령은 오셔서 우리에게 기도의 힘을 주십니다.

롬8:26에 "이와 같이 성령도 우리 연약함을 도우시나니 우리가 마땅히 빌 바를 알지 못하나 오직 성령이 말할 수 없는 탄식으로 우리를 위하여 친히 간구하시느니라"

우리는 성령께 기도의 힘을 달라고 기도해야 됩니다. 우리 신앙이 성장하려면 기도를 해야 돼요. 적어도 하루 1시간 이상 기도해야 되겠는데 기도하는 것이 안 됩니다. 기도가 나오지 아니하고 기도가 힘이 들고 졸음이 오고 기도할 수가 없습니다. 그럴 때 우리에게 기도를 할 수 있도록 도와주는 이가 성령인 것입니다. 보혜사 성령이여 나를 붙들어서 기도하게 만들어 주시옵소서. 기도할 수 있는 힘을 주시옵소서, 할 때 성령이 능력을 주셔서 우리를 도와주시므로 우리가 말할 수 없는 탄식으로 기도할 수 있게 만들어 주시는 것입니다. 그리고 성령은 우리에게 오시면 성령은 여러 가지 은사를 나타내 줍니다. 우리가 전에 갖지 않았던 그러한 능력이 우리 속에서 나타납니다. 성령 충만하면 계시의 은사로써 지혜의 은사, 지식의 은사, 영분별의 은사가 나타나고 발성의 은사는 방언과 방언통역, 예언도 있고 권능의 은사로는 믿음의 은사도 있고 병 고치는 은사도 있고 기적의 은사도 있습니다. 그리고 또한 로마서 12장에 보면 섬기는 은사가 있고, 가르치는 은사가 있고, 구원 하는 은사가 있고, 구제하는 은사가 있고, 다스리는 은사가 있고, 긍휼을 베푸는 은사가 있는 것입니다. 이와 같이 우리가 예수 믿고 성령 충만 하면 전에 없던 이런 은사들이 나의 생애속에 나타납니다. 성령을 통해서 이런 은사가 나타나면 이 은사를 가지고 예수 그리스도를 몸 된 교회를 잘 섬길 때 하나님께서 영광을 받으시고 굉장한 효과가 나타나는 것입니다.

예수를 믿고 성령 충만한 사람은 그 어떤 은사든지 하나님이 은사를 주시는 것입니다. 그 은사를 받아서 역사해야만 되는 것입니다. 이럴 때 하늘나라의 능력이 나타나게 되는 것입니다. 이러므로 우리는 하나님의 성령과의 이와 같은 관계 속에서 살아야 되는 것입니다. 세상에 나가 세상 사람들과 대화를 하다가 보면 나도 모르는 사이에 세상 것들이 들어올 수가 있습니다. 이는 우리가 육을 가지고 있기 때문입니다. 대화를 하면서 마음으로 기도를 해야 합니다. 마음으로 호흡을 들이쉬고 내쉬면서 성령의 충만함을 유지하는 것입니다. 마음으로 호흡을 하면서 기도하면 성령의 불로 충만하게 됩니다. 이렇게 하면 어느 정도 나쁜 영의 침입을 막을 수가 있습니다. 대화 후에도 깊은 호흡이나 명상기도로 성령의 충만함을 받아서 영을 강화하여, 나도 모르게 들어온 세상 것들을 정리하는 것입니다. 우리가 세상 사람들과 대화를 하다가 보면 머리가 무겁고 속이 거북스러울 때가 있습니다. 이는 세상 것이 나에게 들어온 것을 나의 영이 알아차린 것입니다. 이를 그대로 두면 나에게 집을 짓게 되고 나의 영은 점점 무디어지게 됩니다. 성령의 임재 하에 세상 것들을 몰아내고 영을 맑게 정화해야 합니다. 이는 습관이 되어야 합니다. 악한 영이 침입하여 집을 짓기 전에 풀어내는 것이 중요합니다.

만약에 나쁜 영이 들어왔다고 생각이 되면 대적기도를 해야 합니다. 대적기도는 이렇게 합니다. 성령이여 임하소서. 호흡을 깊게 들이쉬고 내쉬면서 성령의 임재를 요청합니다. 성령의 임재가 충만해지면 아랫배에 손을 얹고 호흡을 깊게 들이쉬고 내쉬면 악한 기운들이 성령의 역사로 하품이나 기침이나 재채기를 통하여 떠나갑니다. 머리가 맑아지고 편안해질 때까지 지속적으로 하여 마음을 정화합니다. 이때 배에서 나오는 소리로 명령을 합니다. "내가 나사렛 예수의 이름으로 명하노니 속이 거북스럽게 하는 것은 떠나가라." 말을 하는데 너무나 에너지를 소비할 필요는 없습니다. 성령의 역사만 일으키면 자동으로 떠나갑니다.

20장 일을 하면서 성령의 불로 충만 받는 법

(엡6:18)"모든 기도와 간구를 하되 항상 성령 안에서 기도하고 이를 위하여 깨어 구하기를 항상 힘쓰며 여러 성도를 위하여 구하라"

우리는 한 시간도 주님을 찾지 않으면 육으로 돌아갈 소지가 다분하게 있습니다. 항상 마음으로 성령하나님을 찾아야 합니다. 일을 하면서도 무의식적으로 성령하나님을 찾는 습관을 들여야 합니다. 그래야 귀한 나의 영을 지킬 수가 있는 것입니다. 일을 하면서 하는 기도는 방언기도가 아주 좋습니다. 저는 일을 하면서 마음으로 방언기도를 합니다. 그러면 성령으로 충만한 상태에서 일을 할 수가 있습니다.

성령은 다른 방언으로 말하게 함으로 임하셨습니다. 왜 방언을 말합니까? 방언이라는 것은 자기가 하는 말이 아닙니다. 배워서 하는 말이 아닙니다. 하나님의 성령이 임하셔서 우리의 입술과 혀에 기적을 베풀어서 내가 배우지 않은 말이 기도할 때 입을 통해서 나옵니다. 그것은 하나님 성령의 기적입니다. 오순절 전까지는 하나님은 유대인의 하나님이요 유대인만이 선민이었습니다. 그러므로 하나님 말씀이 히브리어나 아람어로 전해졌고 히브리어나 아람어로 기록되었습니다. 유대인밖에 하나님을 갖고 있지 않았습니다.

그러나 오순절 이후에는 예수님께서 십자가에 못 박혀서 몸을 찢고 피를 흘린 것이 유대인만 위한 것이 아니요, 세계 만민을 위한 것입니다. 그래서 하나님은 그리스도를 통해서 만민의 하나님이 되십니다. 모든 민족이 하나님의 백성이 되며 하나님의 복음을 듣고 하나님의 은혜로 구원받을 수 있다는 것을 알리기 위해서 모두 다 성령 충만하여 방언으로 말하기 시작한 것입니다. 그들은 세계 각국의 말로서 말하기 시작한 것입니다. 이제 복음은 유대인만의 복음이 아닙니다. 세계인의 복음인 것입니다. 하나님은 유대인의 하나님뿐 아니라 온 세계의 하나님이 되십니다. 그리스도는 유대인의 구주일 뿐 아니라 온 세계의 구주가 되었다는 것을 방언을 통해서 보여주신 것입니다. 이러므로 이 방언을 통해서 이제는 성령이 각 나라 말로 전달되고 하나님의 복음이 각 나라 말로 다 기록되게 된 것을 선언하는 것입니다.

마가 요한의 다락방에 모인 사람들이 모두 하나같이 바람같이 불같이 성령을 체험하고 성령 충만을 받고 난 다음에는 다른 방언으로 말하기 시작하는 것입니다. 실제적으로 우리가 성령을 받으면 방언이 나옵니다.

고린도전서 14장 18절에 "내가 너희 모든 사람보다 방언을 더 말하므로 하나님께 감사하노라"고 말했으며 고린도전서 14장 49절에 "그런즉 내 형제들아 예언하기를 사모하며 방언 말하기를 금하지 말라"고 했으며

고린도전서 14장 2절에 "방언을 말하는 자는 사람에게 하지 아니하고 하나님께 하나니 이는 알아 듣는 자가 없고 그 영으로 비밀을 말 함이니라"고 말한 것입니다.

사람들이 제게 많이 묻습니다. "왜 알아듣지 못하는 방언을 하느냐"고요. 저는 방언 기도를 많이 합니다. 아는 말로 기도는 일정 시간에 하고 나면 할 말이 없습니다. 그저 할렐루야! 할렐루야! 감사합니다. 감사합니다. 감사합니다. 그 말 밖에 할 일이 없습니다. 그러나 방언을 하면 몇 시간이고 기도할 수 있습니다. 방언은 성령이 우리 영으로 더불어 하나님께 기도하게 만드는 기도의 은사인 것입니다. 방언기도는 우리의 기도를 풍부하게 합니다. 성경은 말하기를 "방언을 말하는 자는 개인의 덕을 세운다." 개인에게 신앙의 덕이라는 것은 신앙을 깊이 있게 하고 자라게 한다는 것입니다. 그렇기 때문에 설교하기 전에 방언으로 기도를 많이 하면 영성이 깊어지고 능력이 개발됩니다. 구역장이 구역을 인도하러 갈 때 방언으로 기도를 많이 하고 가면은 생각지 않은 영성이 개발되고 영력이 생기고 능력과 기름부음이 생기는 것을 느낄 수가 있는 것입니다. 방언은 기도의 은사인 것입니다. 그러므로 우리 아는 말로 기도하고 방언으로 기도하고 아는 말로 찬송하고 방언으로 찬송하면 우리의 영성이 굉장히 깊이 개발되고 은혜를 넘치게 받게 되는 것입니다. 여기에 방언을 말한다는 것은 비유적으로 우리가 해석할 수 있습니다. 우리가 외국에 이민가면 그 나라 방언을 배워야 됩니다. 미국에 건너가면 미국 방언인 영어를 배워야 되고, 일본에 건너가면 일본방언인 일본어를 배워야 됩니다. 방언이란 외국말이라는 것입니다. 그러면 천국 백성이 되었으면 천국 방언을 배워야죠. 예수를 믿고 구원받은 사람이 세상말만 하고 다니면 안 되는 일입니다. 하늘나라말을 해야 합니다. 하늘나라 말을 어떻게 합니까? 우리는 예수 그리스도의 십자가의 보혈로 말미암아 용서받은 의인이 되고 영광을 받았습니다. 나는 용서받고 의롭게 되고 영광을 얻었다고 말하는 사람은 하늘나라 말을 하는 사람인 것입니다. 나는 예수님의 보혈로 거룩함을 얻고 성령을 받았다. 나는 예수 그리스도의 채찍에 맞으신 공로로 병고침 받고 건강을 얻었다. 그것 하늘나라 말입니다. 나는 예수를 믿음으로 말미암아 저주에서 해방되고 아브라함의 복과 형통을 받았다. 그것 하늘나라 말이에요. 나는 그리스도로 말미암아 부활과 영생과 천국을 얻은 사람이다. 하늘나라 말입니다. 우리가 우리 정체성을 분명히 하늘나라 말로 늘 말해야 됩니다. 우리 새로운 신분도 증거하는 것은 하늘나라 말입니다. 나는 택한 백성이다. 나는 왕 같은 제사장이 되었다. 나는 거룩한 나라요, 하나님의 소유된 백성이다. 하늘나라 말입니다. 아담과 하와 속에 세 가지 재앙을 받아 영혼도 죽고 저주받고 육신도 병들고 죽었는데 예수 그리스도의 십자가의 보혈로 영혼이 잘되고 범사에 잘되며 강건하게 되었다. 하늘나라 말입니다. 세상 그런말 없어요. 나는 나의 인간의 수단과 방법으로 살지 않고 주를 믿음으로 은혜로 산다. 하나님이 내 짐을 짊어져 주시고 하나님이 내 일을 해주시기 때문에 하나님을 믿고 은혜로 나는 산다. 하나님의 은혜로 말미암아 매일 매일같이 모든 일을 이기고 극복하고 승리하며 산다. 이것 하늘나라 말인 것입니다. 이런 말은 세상 사람이 못 알아들어요. 무슨 말인지. 그러나 예수 믿는 사람은 다 알아 듣습니다. 하늘나라 말이기 때문인 것입니다. 우리가 다 하늘나라 방언을 말할 줄 알아야만 되는 것입니다. 왜냐하면 우리 혀가 온몸을 다스리기 때문에. 당신이 무슨 말을 하는가. 그것이 당신의 몸과 생활을 다스립니다.

야고보서 3장 2절로 5절에 "우리가 다 실수가 많으니 만일 말에 실수가 없는 자면 곧 온전한 사람이라 능히 온 몸도 굴레 씌우리라 우리가 말을 순종케 하려고 그 입에 재갈 먹여 온 몸을 어거하며 또 배를 보라 그렇게 크고 광풍에 밀려가는 것들을 지극히 작은 키로 사공의 뜻대로 운전하나니 이와 같이 혀도 작은 지체로되 큰 것을 자랑하도다. 보라 어떻게 작은 불이 어떻게 많은 나무를 태우는가"

어마어마한 말씀 아닙니까? 적은 세 치 혀가 온몸을 다스린다는 것입니다. 그렇게 난폭하게 뛰어가는 말도 입에 재갈하나 물려 놓으면 마음대로 좌우로 조종할 수 있어요. 큰 배가 좌우로 방향을 트는 것은 눈에 안 보이는 물밑에 있는 키로써 그렇게 하는 것입니다. 그리고 성냥불 조그마한 것이 온 도시를 태우지 않습니까? 혀는 바로 그와 같다는 것입니다. 우리 지체 중에 굉장히 적지만은 우리의 운명과 환경을 좌우한다는 것입니다. 그렇기 때문에 잠언서 18장 21절에 "죽고 사는 것이 혀의 권세에 달렸나니 혀를 쓰기 좋아하는 자는 그 열매를 먹으리라"고 말한 것입니다. 그렇기 때문에 성령이 임하시면 제일먼저 우리 혀를 사로잡아서 다른 방언으로 말하게 하는 것입니다. 혀를 사로잡아야 온몸을 사로잡고 그 운명의 키를 사로잡기 때문인 것입니다. 그러므로 성령 받고 우리가 은혜를 받았으면 성령이 우리 혀를 사로잡아서 부정적인 말 대신에 긍정적인 말을 하게 만들어 주는 것입니다. 무

능력의 말이 아닌 능력의 말을 하고 미움의 말이 아닌 사랑의 말을 하고 파괴적인 말이 아닌 창조적인 말을 하게 만들어 주는 것입니다. 성령 충만 받으면 우리 가정과 생활과 사회에 성령이 주시는 새로운 말로 충만해야만 되는 것입니다. 성령이 주시는 하나님의 말씀으로 말씀할 때 우리가 하나님의 은혜 속에 살아갈 수가 있는 것입니다.

나는 이런 이야기를 들었습니다. 어떤 사람이 시험적으로 자기의 베란다에 화분 두 개를 갖다 놓았는데 똑같은 꽃을 심고 똑같이 물을 주면서 한쪽 화분에는 "너 예쁘다. 귀엽다. 아름답다. 좋다." 그리고 다른 화분은 보고 욕을 했습니다. "보기도 싫고, 꼴사납고, 못되게 생겼다." 얼마 안 있으니까 예쁘다고 한 화분에는 웃으면서 꽃이 피었는데 욕을 한 화분은 시들어 죽어 버렸어요. 실제로 일어난 일인 것입니다. 피조물도 일반 동식물도 사랑하면 생기가 넘쳐나고 미워하면 죽습니다. 하물며 가정에서 남편이 부인을 욕하고 구박하면 부인이 생기가 사라지지요. 부인이 남편을 자꾸 욕하고 부정적으로 말하면 남편이 실패와 낭패를 당하지 않겠어요? 자식도 공부 못한다고 자꾸 욕을 하면 완전히 생기를 잃어 버린 거예요. 자꾸 사랑해 주고 칭찬해 주고 격려해 주면 생기가 돋아나는 거예요. 우리 입의 말로 죽이고 살립니다. 입의 말로 놓여 나고 사로잡히기도 하는 것입니다. 그렇기 때문에 성령은 우리의 혀를 사로잡으려고 하시는 것입니다. 나는 이런 이야기를 읽어 보았습니다. 한 의사 선생님이 수술을 하려고 하는데 환자가 의사를 보고 하는 말이 "나 수술 받으면 꼭 죽어요." 그래서 선생님이 깜짝 놀랐습니다. "아니 왜요." "나는 수술을 받으면 죽는다고 마음에 생각이 돼요. 나는 죽어요." 의사 선생님이 수술을 안했습니다. 유명한 의사 선생님입니다. 그래서 간호사가 물었습니다. "이사람 수술해야 사는데 왜 수술 안합니까? 이 사람은 수술해도 죽고, 안해도 죽는다. 자기가 이미 죽는다고 자꾸 입으로 시인하니까 그 사람은 사망에 잡혀서 입에 말을 바꾸기 전에는 내가 수술해도 죽고, 수술 안해도 죽을 테니까 내가 원망들을 필요 없이 수술안하겠다."고 하더랍니다. 어느 뇌 전문가가 뇌 세포의 98%가 말의 지배를 받는다고 발표한 적이 있습니다. 뇌는 몸의 모든 신경을 통제하므로 결국 말이 우리의 온몸을 다스린다는 것입니다. 우리가 긍정적이고 창조적인 말을 해야 하는 이유가 바로 여기에 있습니다. 제이 위클리프는 말하기를 "혀는 뼈가 없지만 뼈를 부스러뜨릴 수 있다."고 말한 것입니다. 아메리칸 인디언의 속담에 "당신이 생각하고 있는 것을 만 번 이상 말하면 당신은 그렇게 된다."고 말합니다. 빌리그래함은 말하기를 "성공한 사람들은 세 가지 말을 절대 안한다. 없다. 잃었다. 한계가 있다. 는 말은 안하고 언제나 있다. 찾았다. 할 수 있다." 이 말만 한다고 말했었습니다. 그러므로 우리 입의 말이 우리를 성공하고 실패하게 하고 병들게 하고 건강하게 만들고 생명으로 넘치게 하고 파탄에 이르기도 하는 것입니다. 말에 권세에 대하여 더 많이 알고 싶은 분은 필자가 저술한 **"말의 권세를 사용하라"**와 **"형통의 복을 받는 법"**를 읽어보시기를 바랍니다.

사랑과 축복이 담긴 말은 사람을 변화시키고 환경을 복되게 만듭니다. 그러므로 우리는 어떠한 형편에 처하든지 불평이나 저주의 말을 해서는 안 됩니다. 오히려 그럴 때 일수록 천국의 언어인 축복과 사랑의 말을 하면 성령이 그 혀를 통해서 기적을 베풀어 주시는 것입니다. 자신의 입술에 말이 나가서 자신의 운명을 창조하는 것입니다. 누에가 입에서 나오는 실로써 자기가 들어갈 고치를 만드는 것처럼, 입술의 고백이 살아갈 환경을 만들어 가는 것입니다. 그러므로 우리가 무슨 말을 하는 가, 항상 조심해야 됩니다. 하나님의 성령이 임하시면 성령이 말하게 하심을 따라 다른 방언으로 말하기 시작했다는 것입니다.

일을 하면서 방언기도하며 일을 즐겁게 하세요. 성도는 일을 즐기면서 해야 합니다. 얼마나 좋습니까? 일을 할 수 있는 직장을 주시고, 건강을 주셨으니 얼마나 감사할 일입니까? 일을 하면서 호흡을 들이쉬고 내쉬면서 마음으로 기도하세요. 하나님 감사합니다. 일을 할 수 있도록 해주시니 감사합니다. 자꾸 하나님에게 감사기도를 하는 것입니다. 이렇게 마음으로 기도를 하다가 보면 마음에서 성령의 불이 올라오는 것을 느낄 것입니다. 성령으로 충만해지니 피로가 오지 않습니다. 심령에서 불이 올라오니 악한 영이 침입하지 못하는 것입니다. 마음으로 하나님에게 감사하다 생각하면서 방언기도를 해보세요. 심령에서 성령의 불이 올라오는 것을 느낄 것입니다. 이러한 충만한 상태가 되면 마음이 평안하게 됩니다. 일을 하면서 스트레스를 받지 않게 됩니다.

21장 직장에서 성령 충만하게 지내는 비결

(엡6:18)"모든 기도와 간구를 하되 항상 성령 안에서 기도하고 이를 위하여 깨어 구하기를 항상 힘쓰며 여러 성도를 위하여 구하라"

성도가 성령의 불로 충만하면 지혜로운 사람이 됩니다. 지혜로운 사람이 됨으로 직장에서 인정을 받게 됩니다. 하나님이 주신 지혜로 맡은 일을 해서 성과를 내니 성과급도 받게 됩니다. 실제로 우리 교회성도들에게 깊은 영의기도를 훈련을 했습니다. 깊은 영의기도를 훈련하면서 직장에서 일을 할 때 어려움에 봉착하더라도 당황하지 말고 성령님에게 문의해서 문제를 해결하라고 알려주었습니다. 그랬더니 성과급을 받았다고 자랑을 하는 성도가 있다는 것입니다. 성령은 우리를 도와주시기 위해서 오셨습니다.

성령이 도와주시기를 원하시는 일들을 우리가 알아야 됩니다. 성령이 우리 속에 와 계시기 때문에 성령은 우리 속에서 내적인 계시를 주시는 것입니다. 이사야11장 2절로 말한 것처럼 "여호와의 신 곧 지혜와 총명의 신이요 모략과 재능의 신이요 지식과 여호와를 경외하는 신이 그 위에 강림하시리니"라고 말한 것처럼, 우리 안에 와서 계신 성령은 지혜의 말씀의 영이신 것입니다. 지혜란 뭡니까? 어려운 문제에 부딪쳤을 때 그 문제를 해결할 수 있는 능력을 말한 것입니다. 그렇기 때문에 이 세상에 생존경쟁은 바로 지혜의 경쟁입니다. 문제를 해결하고 해결하는 사람은 점점 앞으로 나아가고 문제에 부딪쳐서 전진하지 못하고 주저앉으면 이 사람은 패배하는 것입니다. 이런데 하나님의 성령께서는 지혜의 말씀의 영으로 우리 속에 와 계십니다. 성경은 말하기를 너희가 누구든지 지혜가 부족하거든 꾸짖지 아니하시고 후히 주시는 하나님께 구하라, 그리하면 주시리라고 말씀한 것입니다. 주님이 나를 믿는 백성은 머리가 되고 꼬리가 되지 않고 위에 있고 아래 되지 않고 위에 있고 아래 내려가지 않고 남에게 꿔줄지라도 꾸지 않겠다는 것은 주님께서 우리에게 넘치는 지혜를 주시겠다는 것입니다. 이러므로 우리가 금을 구하지 말고 은을 구하지 말고 지혜를 구하라고 잠언서에 말한 것처럼, 우리 속에 성령이 지혜로서 와 계심으로 항상 성령님께 지혜를 구하십시오! 문제를 당했을 때 어떻게 문제를 해결할지 지혜를 구하십시오! 성령께서는 지혜의 영이십니다.

성령께서는 우리 속에서 총명의 영이십니다. 성령께서는 우리 속에서 총명의 영이 됩니다. 총명의 영이란 사물을 깨닫는 능력입니다. 마음이 아둔해서 사물을 깨닫지 못합니다. 무엇이 일어나는지 어떻게 될지 모르고 암담하게 있을 때가 많습니다. 요사이는 총명이 없이는 생존경쟁에서 살아나갈 수가 없습니다. 온 세계의 역사를 통해서 또 경쟁을 통해서 무슨 일이 일어나는지 빨리 깨닫고 알아 대처해야 됩니다. 총명이 필요합니다. 이 총명은 바로 성령이 우리 속에 계셔서 총명의 영으로서 우리에게 깨달음을 주십니다. 빨리 사태를 깨닫고 거기에 대처하면 사고도 미연에 방지할 수 있고 또 새로운 세계를 열어갈 수 있는 것입니다. 총명은 얼마나 필요한지 모릅니다. 바로 성령이 총명의 영으로 우리 속에 들어와 계신 것입니다. 또한 성령은 모략의 영으로 우리 속에 들어와 있는 것입니다. 모략이라고 말하면 사람들은 잘못되게 해석하는데 나쁜 모략이 아니라 모사를 행해 주는 영이라는 것입니다. 성령께서 일을 성공시키는 가르침을 주는 것이 바로 모략입니다. 어떻게 하면 원만한 가정을 가질 수 있는가? 어떻게 하면 좋은 부부관계를 가질 수 있는가? 어떻게 하면 자녀를 잘 기르는가? 어떻게 하면 사업을 잘 성공시킬 수 있는가? 어떻게 하면 이일을 무사히 잘 해결할 수 있는가? 이런 여러 가지 일에 모사를 주시는 것입니다. 성령은 그 카운슬링을 주십니다. 우리가 어려운 문제를 당하면 지혜로운 사람에게 카운슬링을 받으러가지 않습니까? 우리 속에 계신 성령이 바로 모략의 신이신 것입니다. 모사를 베풀어주십니다. 성령께 구하면 성령이 모사를 주십니다. 성령은 또한 재능의 영입니다. 여러 가지 기능을 주셔서 능력 있게 인생을 살게 합니다. 사람들 각자를 주님이 택하셔서 여러 사람에게 특별한 재능을 주시고 특별한 재능을 주셔서 그 재능을 가지고 어떠한 사람은 노래를 잘하고, 어떠한 사람은 가르치기를 잘하고, 어떠한 사람은 설교를 잘하고, 또 어떠한 사람은 기계를 잘 만지고 주님께서 주를 믿는 사람에게 여러 가지 특별한 재능을 주셔서 이를 가지고서 우리 하나님께 봉사하고 인류에 봉사할 수 있도록 만들어 주는 영이신 것입니다.

또 성령은 지식에 말씀의 영입니다. 성령께서 우리 속에 사물에 대한 정보, 하나님의 말씀에 대한 지식을 가르쳐 주시며 성령께서 여러 가지 지식을 얻게 해 주시는 것입니다. 성경 읽어서 깨닫게 해주시고 사물에 대한 정보를 올바르게 깨닫게 해주시고 이래서 무식한 자가 되지 않고 모든 것을 알고 깨달아 알 수 있게 도와주는 성령이신 것입니다.

또 성령은 경외케 하는 영입니다. 마음속에 하나님을 두려워하게 되고 모시게 합니다. 항상 성령께서 하나님을 경외하라, 하나님을 두려워하라, 하나님을 섬겨라, 그래서 마음에 늘 경건함을 가지고 죄악을 두려워하고, 하나님을 거역하는 것을 두려워하고, 경건하게 하나님을 섬길 수 있도록 회개시키는 이런 역사를 베푸는 영이신 것입니다.

그리고 성령은 하나님의 영으로서 하나님과 예수님을 나타내는 영입니다. 성령은 마치 거울과 같아서 우리가 거울을 들여다보면 거울이 보이지 않고 우리 얼굴이 보입니다. 우리가 성령을 들여다보면 성령은 보이지 않고 하나님 아버지와 예수님만 보이게 되는 것입니다. 이 성령께서 계시의 영으로서 우리와 내 속에 들어와서 이런 역할을 하게 되기 때문에 이것을 알고 구하면 이대로 성령께서 역사하여 주는 것입니다.

또 성령은 우리에게 와서 외적인 능력을 베풀어주시는 것입니다. 성령은 우리에게 치유의 은사를 주셔서 병을 고치게 하시고 기적을 행하시는 은사를 주셔서 기적을 나타내시고, 믿음을 주시는 은사를 주시고, 예언의 영은 말씀을 증거하는 은사를 주시고, 섬기게 하는 은사를 주어서 열심으로 능력 있게 섬기게 해 주시고, 가르치는 은사를 주어서 잘 가르치게 만들어 주시고, 또 권위 즉 위로하는 은사를 주어서 고통당하는 사람에게 가서 말로써 잘 위로할 수 있도록 그렇게 해 주시고, 구제하는 은사를 주어서 특별히 많은 재산을 모아 다른 사람들에게 구제할 수 있는 이런 은사도 베풀어주시고, 다스리는 은사를 주어서 행정력을 가지고 잘 다스리게 만들어 주시고, 또 긍휼을 베푸는 은사를 주어서 사람들을 불쌍히 여기고 그들을 도와서 고아와 과부를 잘 감싸주는 이러한 은사도 우리에게 주시는 것입니다.

그러므로 로마서12장 6~8절에 "우리에게 주신 은혜대로 받은 은사가 각각 다르니 혹 예언이면 믿음의 분수대로, 혹 섬기는 일이면 섬기는 일로, 혹 가르치는 자면 가르치는 일로, 혹 권위 하는 자면 권위 하는 일로, 구제하는 자는 성실함으로, 다스리는 자는 부지런함으로, 긍휼을 베푸는 자는 즐거움으로 할 것이니라" 이와 같은 은사를 성령께서 각자에게 나누어주심으로 내게 어떠한 은사가 있는 지를 살펴보고 그 은사를 받은 대로 열심을 다해서 충성스럽게 하나님을 섬겨야 되는 것입니다.

성령이 와 계신 사람에게는 여러 종류의 은사가 와 있는 것입니다. 직장 일을 자기의 힘으로 하면 안 됩니다. 자기에게 와 있는 그 은사를 사용해야 합니다. 남의 은사를 흉내 내서는 안 됩니다.

성령은 각자에게 적당한 은사를 주셨기 때문에 자기가 받은 은사를 생각하고 성령께 기도해서 그 은사를 통해서 일하면 인간의 힘으로 상상할 수 없는 큰 역사가 일어나게 되는 것입니다.

우리는 성령을 충만히 받으면 성령의 은사와 성령의 열매를 체험하게 되는 것입니다. 성령이 우리에게 충만히 임하면 성령을 통해서 놀라운 하나님의 은사가 우리 생애 속에 나타나게 되는 것입니다.

고린도전서 12장 8절로 11절에 보면 "어떤이에게는 성령으로 말미암아 지혜의 말씀을, 어떤이에게는 같은 성령을 따라 지식의 말씀을, 다른이에게는 같은 성령으로 믿음을, 어떤이에게는 한 성령으로 병 고치는 은사를, 어떤이에게는 능력 행함을, 어떤이에게는 예언함을, 어떤이에게는 영들 분별함을, 다른이에게는 각종 방언 말함을, 어떤이에게는 방언들 통역함을 주시나니 이 모든 일은 같은 한 성령이 행하사 그 뜻대로 각 사람에게 나눠 주시느니라"

성령이 오시면 하나님 성령은 각자에 특질을 따라서 성령이 전하는 대로 은사를 주시지요. 하나님께서는 어떠한 사람에게는 필요한 지혜의 말씀을 주셔서 문제를 해결하게 해주시고, 어떠한 사람에게는 감춰진 것을 깨닫게 해주시는 지식의 말씀을 모르는 것을 알게 해주시고, 다른 사람은 성령의 역사와 마귀의 역사를 분별하는 영분별의 은사도 주시고, 어떤 사람에게는 은사의 방언, 어떤 사람은 통역하게 하시고, 어떤 사람은 예언도 주시고, 어떤 사람에게는 병 고치는 은사도 주시고, 또 기적을 행하는 은사도

주시고, 믿음의 은사도 주시고, 또 다른 사람들에게는 교회에서 역사하는 은혜를 주십니다. 그것은 로마서 12장 6절로 8절에 "우리에게 주신 은혜대로 받은 은사가 각각 다르니 혹 예언이면 믿음의 분수대로, 혹 섬기는 일이면 섬기는 일로, 혹 가르치는 자면 가르치는 일로, 혹 권위 하는 자면 권위 하는 일로, 구제하는 자는 성실함으로, 다스리는 자는 부지런함으로, 긍휼을 베푸는 자는 즐거움으로 할 것이니라" 이러한 직분도 하나님의 성령이 우리에게 은사로 주시는 것입니다. 성령의 은사를 주시면 기발한 일이 일어나요.

미국에 카네이션 밀크 회사는 세계적인 밀크 회사입니다. 카네이션 밀크 회사는 밀크만 파는 것이 아니라 온갖 종합적인 물건을 만들어 파는 회사입니다. 예수를 믿는 신자였고 성령이 충만한 분이였는데 그분이 하루 새벽기도를 하는데 갑자기 성령이 그 마음 속에 지혜를 주시고 지식의 은사를 주셨습니다. 뭐라고 말하는가 하면 "얼마 있지 아니하면 달러가 절하가 될 것이고 독일의 마르크화가 비싸질 것이니 빨리 모든 달러를 청산해서 마르크화를 사라" 기도하는데 성령이 그렇게 말해요. 그래서 그는 사무실에 와서 전 세계 지 회사에 연락을 했습니다. 달러화를 다 팔고 마르크화로 바꿔라. 그러니까 지 회사에서 전부다 "우리 부사장 돌았지 않았느냐? 갑자기 왜 달러를 다 팔고 마르크화로 바꾸라 하냐?" 소동해도 그러나 부사장의 명령이라 다 달러를 팔고 마르크로 바꾸었습니다. 그런데 한 열흘이 지나고 난 다음에 닉슨 대통령이 달러화를 절하시켰습니다. 가치를 낮추어 버렸습니다. 그리고 마르크화는 높아졌습니다. 그러니 달러화가 가치가 떨어지고 마르크화는 높아졌잖아요. 달러로서 마르크를 사놓았으니 앉아서 돈이 쏟아지게 된 것입니다. 아예 호박이 넝쿨째 떨어졌습니다. 그러니까 온 회사 사원들이 다 "우리 부장님 천재다. 어떻게 그것을 알았느냐?" 그리고 FBI 조사도 받았습니다. "혹시 닉슨 대통령하고 속이 통한 것 아닌가! 달러를 절하하기 열흘 전에 어떻게 달러 절하할 줄 알고 달러를 다 팔아서 마르크화로 샀느냐!" 그런 의심까지 받은 적이 있습니다. 그러나 닉슨 대통령과 통한 것이 아니라 닉슨 대통령의 마음을 꿰뚫어 보고 있는 성령과 통했던 것입니다. 그러니 하나님이 문을 열면 닫을 자가 없고 닫아 놓으면 열자가 없습니다. 하나님이 복을 주시면 하루아침에 팔자를 고쳐 놓을 수가 있는 것입니다. 이분은 너무 돈을 많이 벌고 회사에 공로를 많이 세워서 크게 배당금을 받고 더 이상 일할 필요가 없어 은퇴하고 말았습니다. 이런 기적이 일어난 것을 보면 과연 하나님의 성령의 은사가 임하면 이렇게 놀라운 역사가 일어나는 것입니다.

에베소서 4장 12절에 보면 "이는 성도를 온전케 하며 봉사의 일을 하게하며 그리스도의 몸을 세우려 하심이라" 각각 은사를 주어서 성도를 도와주고 교회의 몸을 세우려고 하는 것입니다. 베드로전서 4장 10절에 "각각 은사를 받은 대로 하나님의 각양 은혜를 맡은 선한 청지기 같이 서로 봉사하라" 하나님께서 은사를 준 것은 그 은사를 가지고 자기 개인적으로 사용하라는 것이 아니라, 그리스도의 성도를 돕고 몸된 교회를 섬기라고 주신 것입니다. 하나님의 성령 충만하면 성령께서 은사를 주시기 때문에 우리가 은사도 충만하도록 구할 뿐 아니라, 그 무엇보다도 예수 믿는 사람은 성령의 열매를 맺어야 되는 것입니다. 성령이 오셔서 인격적인 열매를 맺으십니다. 오늘 예수 믿는 사람들이 사회 지탄을 받는 것은 예수는 열심히 믿지만 인격적인, 도덕적인, 윤리적인 열매를 맺지 않고 있는 것입니다. 예수 그리스도를 믿으나 그 행위 속에 믿는 자처럼 빛과 소금이 되지 못한다는 것입니다.

우리가 예수 믿고 가장 위대하고 훌륭한 것은 중생하고 성령 충만한 세례를 받고 난 다음 성령의 은사만 역사할 뿐 아니라, 성령의 열매를 맺어 변화 받은 남편이 되고 변화 받은 아내가 되고 변화 받은 자녀들이 되고 변화 받은 시민이 되고 변화 받은 국민이 되어야 되는 것입니다. 예수 믿는 사람이 사람들 앞에서 이런 열매가 나타나야 사람들이 보고 예수님이 살아 계시는구나, 참으로 하나님의 위대한 능력이 임하였구나 하고 감화, 감동 받을 수가 있는 것입니다. 이것은 성령의 열매입니다. 우리가 태어날 때부터 스스로 그냥 자연적으로 된 열매가 아닙니다. 예수 믿고 구하면 성령이 와서 가나의 혼인잔치에 물이 변하여 포도주로 만든 것처럼 우리에게 변화를 갖다 주어서 이러한 열매를 맺게 만들어 주는 것입니다. 우리는 성령으로 말미암아 변화 받아야만 되는 것입니다. 변화 받지 않으면 안돼요. 우리는 매일매일 영광에서 영광으로 변화를 받아야 하나님께 영광이 되고 온 세계의 빛이 될 수가 있는 것입니다.

직장에서 일을 하면서 마음으로 기도하는 것을 숙달해보세요. 당신은 성령의 역사로 지혜로운 사원이 될 것입니다. 성과를 내는 직장인이 될 것입니다. 윗사람에게 인정받고 아랫사람에게 존경받는 직장인이 될 것입니다. 기도는 이렇게 하면 됩니다. 호흡을 들이쉬고 내쉬면서 마음으로 하나님을 찾는 것입니다. 하나님! 도와주세요. 하나님! 사랑합니다. 지속적으로 해서 습관이 되게 해야 합니다. 무의식적으로 하나님을 찾을 때까지 훈련해야 합니다. 당신은 성령의 불의 역사로 스트레스를 받지 아니하고, 피곤하지 않은 직장 생활을 하게 될 것입니다. 직장 일을 즐기세요. 마음으로 기도하면 성령이 충만하게 됨으로 일이 힘들지 않고 지치지 않고 즐길 수가 있습니다. 마음으로 기도하세요. 하나님! 도와주세요. 하나님! 사랑합니다. 지속적으로 하다가 보면 당신의 얼굴에서 광채가 나는 것을 다른 사람들이 보게 될 것입니다.

23장 차 속에서 성령의 불로 충만 받는 법

(유·20)"사랑하는 자들아 너희는 너희의 지극히 거룩한 믿음
위에 자신을 세우며 성령으로 기도하며 하나님의 사랑 안에서
자신을 지키며 영생에 이르도록 우리 주 예수 그리스도의 긍휼
을 기다리라"

성령의 불로 충만하려면 기도해야 합니다. 기도가 성령 충만입
니다. 성도는 차를 운전하든지, 타고 가든지, 할 것 없이 기도해야
합니다. 기도하면 성령의 불로 충만해질 수가 있는 것입니다. 저
는 운전을 하든지, 차를 타고 가든지, 호흡을 들이쉬고 내쉬면서
방언으로 기도를 합니다.

제가 시화에서 목회할 때의 일입니다. 성남에 꿀벌을 사러 갔습
니다. 당시에는 벌침을 놓으면서 전도를 했습니다. 성남에서 벌을
사서 가지고 오는 길입니다. 바퀴에서 투두둑~ 투두둑~ 하면서
소리가 요란하게 나는 것입니다. 차를 갓길에 세워서 보니 타이
어가 오래되어 떨어져 나가는 것입니다. 거기서 어떻게 조치할 수
가 없어서 방언으로 기도하면서 차를 운전하여 왔습니다. 차를 운
전하여 오면서 기도를 했습니다. "천사들아 타이어가 펑크가 나지
않도록 도울지어다." 시화에 들어와서 타이어를 갈아 끼우려고 정
비소에 갔습니다. 가서 보니까, 주브까지 다 달아서 풍선같이 된
것입니다. 그래도 펑크가 나지 않았습니다. 정비소 주인이 대단하

다는 것입니다. 기도를 하니까, 천사들이 도운 것입니다. 기도하니 성령의 불로 충만하니 천사들이 차를 둘러서 진을 치고 도운 것입니다. 이렇게 천사의 도움을 받으려면 성령님과 교통하면서 친밀하게 지내야 합니다. 성령님과 우리는 매일같이 교통하면서 살아야 되는 것입니다. 고린도후서 13장 13절에서 "바울 선생은 축도하기를 주 예수 그리스도의 은혜와 하나님의 사랑과 성령의 교통하심이 항상 너희 무리와 함께 있을지어다"라고 말한 것입니다. 천지를 지으신 하나님은 보좌 우편에 앉아 계시고 예수님은 아버지 보좌 우편에 앉아 계셔서 아버지 하나님과 예수님이 천지를 다스리고 있습니다. 성령은 2000년 전부터 성도들의 심령교회 안에 와서 거하시고 세상에서 역사하시며, 예수를 믿는 사람들이 모인 성전에 임재하여 역사하고 계신 것입니다. 그러므로 성령은 2000년 전부터 지금까지 그 계시는 본부가 바로 교회요, 예수 믿는 사람의 마음인 것입니다. 아버지는 보좌에 계시고 예수님은 보좌 우편에 계시고 성령은 우리 속에 계십니다.

그러므로 성령을 통해서 아버지도 예수님도 우리와 함께 거하시게 되는 것입니다. 이러므로 성령님은 인격자이신 것입니다. 성령은 우리들 도우시는 역할을 하고 있기 때문에 인격자인 성령님을 인격자로서 모셔야 됩니다. 인격자는 멸시하고 무시하면 가장 먼저 소멸됩니다. 우리 사람이 이 세상에 살면서 인격적인 무시를 당하면 그건 절대로 살 희망이 없습니다. 무시당하는 아내가 집에서 온전한 아내의 역할을 하지 아니하며 무시당하는 남편이 남편으로서의 역할을 할 수 있습니까? 사회에서도 사람이 사람대접을 받지 못하고 무시당하면 분노하고 대적하는 것입니다. 오늘날, 하나님의 성령이 우리가운데 이처럼 와 계셔도 우리가 성령님을 무시해 버리면 성령님이 소멸 당하게 되는 것입니다. 2000년 동안 성령은 성도들이 모인 교회에 계시고, 우리 마음 안의 영 안에 계심으로 성령님을 우리는 무시하면 안 됩니다. 항상 성령님을 인정하고 환영하고 모셔드리고 의지해야만 되는 것입니다.

아침에 일어날 때 성령님 오늘도 저와 같이 계시오니 성령님을 인정합니다. 환영합니다. 모셔드리고 성령께 의지합니다. 성령님을 인정해야 됩니다. 사람은 자기를 인정해 주는 사람을 위해서 목숨을 버린다는 말이 있는 것입니다. 인정을 받을 때 신바람이 납니다. 그러므로 성령님도 인격자이심으로 성령님을 우리가 인정하고 모셔드릴 때 하나님의 성령은 기쁘게 우리 가운데 역사하사 우리를 도우셔서 예수님의 은혜를 받고 하나님의 사랑을 입도록 이끌어 주는 것입니다.

그리고 성령님을 우리는 참으로 친하게 교제해야 되는 것입니다. 왜? 성령님은 우리와 24시간 같이 계시고 성령님은 우리를 돕기 위해서 늘 같이 계십니다. 우리를 인도하시죠? 우리를 깨우치시지요? 우리를 격려하시죠? 위로하시죠? 가르쳐주시지요? 변호해 주시지요? 꾸짖어 주시지요? 정하게 해주시지요? 회개하게 해주시지요? 이러므로 성령은 24시간 우리와 같이 계십니다. 그래서 우리를 이끌어서 예수님 품안에 안기게 하시고 하나님 아버지를 섬기도록 성령은 끊임없이 도와주시는 어린아이의 선생과 같이 우리와 같이 계시므로 우리는 항상 성령님을 마음속에 인정하고 환영하고 모셔드리고 의지해야 됩니다.

그리고 성령님께 늘 감사해야 되는 것입니다. 그리고 모든 일에 하나님의 성령과 범사에 의논해야 됩니다. 성령은 우리를 돕는 하나님이시기 때문에 돕는 자랑 의논하지 누구와 의논하는 것입니까? 그러므로 우리는 강요셉 목사에게 와서 여러 가지 의논하는 것처럼, 우리가 일을 할 때 성령이여! 이런 일을 해도 됩니까? 성령이여, 이일을 어떻게 해야 되겠습니까? 도와주옵소서! 예수님의 뜻에 맞고 아버지의 사랑을 받을 수 있는 그 길로 이끌어 달라고 성령께 늘 도움을 구해야 되는 것입니다. 성령이 가정교사와 같이 우리와 같이 계시니 늘 어려운 문제가 있으면 성령님의 도우심을 우리가 구해야 되는 것입니다.

그러나 성령님은 절대로 당신 자신을 나타내지 않습니다. 성령님은 내가 성령이다! 나를 경외하라! 그런 말 절대 안합니다. 성령은 온전히 거울과 같습니다. 우리가 거울을 들여다보면 내가 거울이다 나를 봐라! 이렇게 말하는 거울은 없습니다. 어떤 거울을 들여다보아도 거울은 언제나 들여다보는 그 사람의 얼굴을 비추이지 자기를 나타내지 않습니다. 성령은 결코 자기를 나타내지 않습니다. 성령은 언제나 아버지 하나님을 나타내고 예수님만 나타내는 것입니다. 사람들보고 내가 성령이니 내 말을 들어라! 이런 말하지 않습니다. 성령은 언제나 우리 아버지 하나님과 예수 그리스도의 이름으로 말씀하시고 당신 자신은 언제나 감추는 것입니다. 한 가정의 현명한 주부가 언제나 자녀들을 기를 때 아버지 중심으로 이것은 아버지의 뜻이다! 이것은 아버지 명령이다! 그러므로 이것을 잘해야 된다고 언제나 아버지를 나타내고 그래서 자녀들을 잘 도와서 가정을 원만하게 이끌어 나가는 현명한 주부와 같습니다. 현명하지 못한 주부는 아버지 대신에 내 말을 들어라! 네 아버지는 형편없는 사람이다! 내 뜻대로 살아라! 이래서 가정을 분리시켜버리는 사람들도 있는 것입니다. 성령은 언제나 아버지 하나님과 예수님에게 우리를 집중시키고 당신은 전적으로 감추어 버리고 마는 것입니다. 그러나 현명한 어머니를 우리가 존경하고 사랑하고 늘 같이 하는 것처럼, 우리 성령님을 늘 우리는 인정하고 환영하고 모셔드리고 의지하고 성령께 감사하며 나갈 때 성령이 우리를 이끌어 주시는 것입니다.

그리고 성령은 우리! 예수를 믿자마자 곧장 우리 속에 와서 계십니다. 그때 성령은 바로 구원의 영으로서 와 계시는데 우물물과 같습니다. 우물물은 우리집안에 파놓고 우리가 마시는 것이지, 온 동네와 다 나눌 순 없지 않습니까?

그러므로 성령을 처음 받아쓰는 우물물 같이 나 혼자서 성령과 동행하는 충분한 능력을 우리가 가지고 있습니다만 우리가 성령으로 세례를 받고 충만함을 받으면 속에서 강물이 넘쳐 나오는 것입니다. 강물은 온 도시와 나누어 마실 수가 있는 것입니다. 그러므로 나 혼자 구원받았으나 성령세례 받으면 강물같이 넘쳐나는 성령의 능력으로 온 도시와, 온 촌락과, 다 나눌 수 있는 것입니다.

요한복음 7장 37절에 "명절 끝 날 곧 큰 날에 예수께서 서서 외쳐 가라사대 누구든지 목마르거든 내게로 와서 마시라 나를 믿는 자는 성경에 이름과 같이 그 배에서 생수의 강이 흘러나리라 하시니"고 말씀하신 것입니다. 우리들이 예수님을 믿자마자 하나님께서 주시는 영이 바로 성령인 것입니다. 그러므로 누구든지 믿는 자는 성령을 이미 받은 사람인 것입니다. 그러나 성령을 받고 난 다음에도 더 간절히 기도해서 나만 성령 모시고 있지 말고 이 성령의 은혜를 온 천하에 나누기 위해서 성령 충만함 받기 위해서 우리 기도해야 되는 것입니다. 성령세례 받기 위해서 기도드리는 것입니다.

그리고 성령은 인격자이기 때문에 성령님과 끊임없이 교통을 해야 되는 것입니다. 성령님과 함께 친하게 지내고 감사하고 함께 손잡고 지내며 모든 일을 성령과 함께 의논하고 성령님의 도우심을 받아서 우리는 아버지 하나님의 사랑과 예수 그리스도의 은혜 속에 들어가게 되는 것입니다. 그러므로 이렇게 하기 위해서는 우리가 굉장히 애를 쓰고 힘을 쓰고 노력을 해야 되는 것입니다. 예수님께서 친히 말씀하기를 내가 너희를 고아와 같이 버려놓지 않고 너희에게 오리라고 말씀하셨는데 이제 오늘날 성령 없이는 모두 다 고아와 같이 되어 버리고 마는 것입니다. 보혜사 없이는 고아가 됩니다. 처음 보혜사인 예수님 없이 구원받을 수 없는 것처럼, 두 번째 오신 보혜사 성령 없이는 우리가 이 세상에서 성공적인 신앙생활을 할 수 없습니다.

그러나 성령으로 무장한 사람은 어떤 사람보다 위대한 능력을 힘입게 되는 것입니다. 그러기 때문에 우리 영혼이 잘됨같이 범사에 잘 되며 강건하고 생명을 얻되 넘치게 얻게 됩니다. 머리가 되고 꼬리 되지 않고 위에 가고 아래 가지 아니하며 남에게 꿔줄지언정 꾸지 않게 됩니다. 이유는 하나님의 성령께서 우리에게 지혜의 영이 되시고, 총명의 영이 되시고, 모략의 영이 되시고, 재능의 영이 되시고, 지식의 영이 되시고, 하나님을 경외케 하는 영이 되시고, 하나님 아버지와 예수님을 계시하는 영이 되셔서, 우리에게 도저히 세상 사람으로 감당할 수 없는 영원한 하늘에서 원천적인 능력을 우리에게 공급해 주시기 때문입니다.

저는 차를 타든지, 걸어가든지, 항상 마음으로 기도합니다. 차를 타고 지방에 가는 경우가 있습니다. 시간이 세 시간 이상 걸리는 경우도 있습니다. 그 시간동안 기도하면서 가는 것입니다. 자연스럽게 성령의 불로 충만하게 되는 것입니다. 목적지에 가서 집회를 한다든지, 안수를 한다든지, 하면 정말 말로 표현할 수 없는 성령의 역사가 일어납니다. 기도는 이렇게 합니다. 호흡을 들이쉬고 내쉬면서 마음으로 방언기도를 하는 것입니다. 기도하기를 시작하여 시간이 지나면 성령의 불이 심령에서 올라오는 것을 몸으로 느끼게 됩니다. 이렇게 성령의 불로 충만하니 말씀을 전하고, 안수 기도할 때 성령의 강한 역사가 나타나는 것입니다.

23장 TV를 보면서 성령의 불로 충만 받는 법

(살전5:17)"쉬지 말고 기도하라"

예수를 믿고 성령으로 거듭난 성도는 항상 성령의 불로 충만해야 합니다. 성도가 세상을 살아가려면 TV를 시청하지 않을 수가 없습니다. 그런데 알고 보면 TV를 시청하는 것은 성령 충만을 유지하는데 저해요소가 됩니다. 그렇다고 TV를 시청 하지 않을 수가 없습니다. TV를 시청하면서 성령으로 충만함을 유지하는 조치를 취하고 TV를 시청해야 합니다. 이 장에서는 TV를 시청하면서 성령의 불로 충만함을 유지하는 비결을 알려드리겠습니다.

우리가 능력 있는 삶이라고 할 때 두 가지 측면을 고려해 볼 수 있을 것입니다. 우선은 죄를 이기고 시험을 이겨 하나님의 말씀대로 살아가는 능력을 들 수 있고, 그 다음은 다른 사람의 문제를 해결해주거나 신령한 능력으로 하나님의 존재를 나타내는 것이 있습니다. 하나님이 온전하신 것처럼 우리도 온전해지기 위해서는 반드시 능력이 있어야 하는데, 그렇지 못하면 세속적인 삶과 구분이 되지 않아 하나님의 영광이 나타날 수 없게 되는 것입니다.

죄를 이기고 경건한 삶을 살기 위해서는 하나님의 말씀을 잘 알아야 합니다. 하나님의 말씀을 주야로 묵상하고 그 뜻을 바르게 이해한 다음에 성령이 주시는 레마(능력)을 받아서 죄를 이기는 삶을 살게 되는 것입니다. 하나님의 말씀은 죄를 이기는 능력이 되는 줄은 모든 그리스도인들이 잘 알고 있지만 실상은 그렇지 못한

것이 현실입니다. 하나님의 말씀을 배우는 성도들은 물론이거니
와 말씀을 가르치는 목회자들마저도 죄에 빠져서 삶을 망치는 사
람이 적지 않습니다.

많은 사람들이 겉과 속이 다른 이중적인 삶을 살고 있는데, 특
히 그리스도인이 그런 삶을 살게 되면 세상 사람들로부터 심각한
비난을 받게 됩니다. 말씀을 잘 알고 있는 사람들 가운데에도 이
중적인 삶을 사는 사람이 있습니다. 이는 바리세인들이 그러하듯
이 우리들도 역시 그렇습니다. 이를 극복하지 못하는 까닭은 능력
이 없기 때문입니다. 죄의 유혹을 이길 수 있는 능력이 없어서 세
상과 적당히 타협하면서 절충적인 삶을 살게 되는 것입니다.

신령한 능력이 없으면 다른 사람의 영적 문제에 대해서 전혀 도
움을 줄 수 없게 되며, 자기만의 신앙에 머물고 맙니다. 이렇게 능
력이 없는 상태임에도 불구하고 살아가는 데는 별로 지장을 느끼
지 못합니다. 대부분이 능력 없는 삶을 살고 있기 때문에 외눈박
이가 사는 동네에서는 두 눈을 가진 사람이 장애인이듯이 능력이
없는 그리스도인이 넘치는 곳에서는 능력 있는 그리스도인이 이
상한 사람 취급을 받게 되는 것은 당연한 일입니다.

감성이란 자극에 대하여 느낌이 일어나는 능력을 말합니다. 죄
를 이기고 타인을 도울 수 있는 능력의 근본은 감성에서 나옵니
다. 가장 큰 능력은 사랑인데 이는 감성적인 요소이지 이성적인
요소는 아닙니다. 머리에서 나오는 것이 아니라, 가슴에서 나오기
때문에 감성이 풍부하지 못하면 이를 잘 표현하지 못하게 됩니다.
그래서 TV를 시청할 때 머리와 눈으로 보고, 마음으로 성령님에

게 기도하는 것입니다. 한마디로 권능이 나오는 마음을 강화시킴으로 성령의 불을 소멸하지 않는 방법을 강구하자는 것입니다. 능력은 드러나는 것이기 때문에 그것이 내재되어 있는 것만으로는 충분하지 못합니다. 기도하여 밖으로 나타나게 해야 합니다. 이를 알고 있는 바울은 그의 제자 디모데에게 믿음이 있음을 보고 안수해서 그 능력을 겉으로 들어나게 해 주었습니다.

안수는 우리가 가지고 있는 능력을 드러내어 표현되게 해 주는 기능이 있습니다. 이는 영으로 하는 기도입니다. 사랑하는 마음이 있어도 이를 표현하지 않으면 상대방이 잘 알 수 없듯이 우리 가운데 주어진 능력이 드러나지 않으면 잘 알 수 없습니다. 그래서 능력이 없는 것이나 마찬가지 삶을 살게 되는 것입니다. 능력은 지성 보다는 감성에서 더 강력하게 작용하는 경향이 있기 때문에 능력 있는 삶을 살고자 한다면 자신의 내면에 있는 감성적 요소들을 끌어내어야 합니다.

다양한 영적 은사들 역시 감성적 성향에서 더 강하게 작용하기 때문에 성령의 능력을 사모하는 사람은 감성적 분위기에 자신을 내어놓는 훈련이 필요합니다. 이것이 영으로 하는 기도입니다.

능력은 성령이 나누어 주시거나 성령이 임재하면 성령께서 자신의 능력으로 역사를 하게 됩니다. 성령은 모성적이며 감성적이기 때문에 우리의 좌뇌나 이성을 사용하지 않고 우뇌나 감성을 사용하게 되는 것입니다. 우리가 TV를 시청할 때 좌뇌와 이성을 사용하여 시청합니다. TV를 시청하면서 마음으로 기도하면 우뇌와 감성이 밖으로 나오기 때문에 TV에서 보고 듣는 세상적인 것들이 자신의 마음 안으로 들어오지 않는 것입니다. 오히려 성령의 역사로 밖으로 나가게 되는 것입니다. 그래서 이성적 판단(mind)보다는 감성적 느낌(heart)을 사용하기 때문에 감성적인 사람이 능력을 받기가 훨씬 쉽습니다. 그러므로 우리가 하나님의 능력을 사모한다면 우선 감성적인 기질들을 적극적으로 개발해야 할 것입니다.

감성적 작용의 대표적인 기능이 '상상력'입니다. 하나님의 역사하심에 대한 그림을 그리는 사람이 능력을 받을 수 있는 확률이 높은 것입니다. 이성적이고 논리적인 기도를 하는 사람보다 감성적인 기도를 하는 사람이 더 많은 능력을 받습니다. 그래서 능력을 받는 사람들을 보면 무언가 어설프고 무지한 것 같아서 이성적인 사람들은 그들을 업신여기게 되는 것입니다. 사회가 지성적인 사람들 위주로 되어 있기 때문에 그렇습니다. 저는 영상기도를 강조합니다. 성령의 임재 하에 영상기도를 함으로 감성을 발달하게 하기 때문입니다.

그리고 이제는 세상도 바뀌어 감성적인 사람이 더 성공하기 쉬운 세상이 되었습니다. 창조적 발상을 하는 사람이 대박을 내는 사회가 되어가고 있는 것입니다. 컴퓨터 세상은 상상력으로 이루어지는 것입니다. 상상력은 무한한 가치를 창출해내는 중요한 수단인 것입니다. 그것이 감성에서 오는 것이며, 모든 지혜가 성령으로부터 오기 때문에 감성적인 사람이 성공하기 쉬운 세상이 된 것입니다.

능력 있는 목회가 각광을 받는 세상이 되어가고 있습니다. 말씀과 능력이 함께 하는 목회자가 성공하게 됩니다. 죄를 이기고 믿음으로 승리하는 사람이 존경을 받게 되는 세상이 되었습니다. 세상의 모든 가치 판단의 기준이 능력의 유무에 있습니다. 사람들에게 매력적으로 보이는 사람이 승리할 수 있는데 그 매력은 세상을 이기는 능력에서 오는 것입니다. 그 기본이 감성입니다. 이제까지 우리는 감성을 어떻게 다루어야 하는지를 잘 몰랐습니다. 그래서 모두 서툴기 때문에 외면하기도 했습니다.

　세상은 약삭빠르기가 한이 없습니다. 다가오는 세상은 감성이 좌우한다는 사실을 그리스도인보다 더 빠르게 간파하고 감성 교육을 하고 있지 않습니까? 감성 훈련은 마음(heart)을 다루는 훈련이며, 이것이 영성 훈련의 본질이기도 합니다. 성령이 우리 마음을 어떻게 주장하는지를 바르게 깨닫는 훈련입니다. 마음의 움직임이 어떻게 일어나는지를 파악하는 것입니다. 그것이 성경이 우리들에게 일깨워주고 있는 "주야로 묵상하는 것"입니다. 그리고 깊은 영의기도를 하는 것입니다. TV 시청을 할 때조차, 마음으로 기도를 함으로 감성이 발달하게 하자는 것입니다.

　'감성이 모든 영성을 지배한다'고 주장한 에드워즈의 말을 우리가 새겨보아야 합니다. 예일대학을 졸업한 지성인인 그가 감성을 중요하게 생각한 까닭은 그를 통해서 성령의 대부흥이 일어나는 과정을 몸소 경험하면서 깨닫게 된 진리인 것입니다. 그는 18세기 당시 결코 쉽게 얻을 수 없는 영적 지식을 가지고 있었습니다. 비록 그가 지성인이고 학구적인 사람이긴 하지만 그것만으로는 결코 알 수 없는 엄청난 영적 지식을 가지고 설교를 했다는 사실은 당시나 지금이나 사람들을 놀라도록 합니다.

지성적인 그가 감성(affection)을 중요하게 여긴 까닭을 이해하는 데는 그리 어렵지 않습니다. 그는 평생 성령이 역사하는 현장에서 사역했으며, 성령의 기름부음을 항상 경험하면서 성령과 동행하면서 깨닫게 된 지혜가 바로 감성이라는 것입니다. 바울 역시 논리적이고 학구적인 사람이지만 그가 성령과 동행하면서 깨닫게 된 것은 하나님의 신비였습니다. 그것은 논리나 이성을 초월하는 것이었으며, 하나님의 살아계신 증거였습니다. 그래서 그는 "하나님의 나라는 말에 있지 않고 능력에 있다"고 담대하게 증거 하게 되었습니다.

저 역시 바울처럼 에드워즈처럼 그런 성령과 동행하는 긴 세월을 경험하면서 깨닫게 된 사실은 바로 감성입니다. 이것이 제대로 작동하지 않으면 하나님의 능력 안에 머물 수 없음을 깨닫게 되었고 그래서 이를 강조하는 것입니다. 성령은 이론으로 배워서 깨닫는 것으로는 부족합니다. 감성으로 느껴야만 제대로 알 수 있는 것입니다. 자녀가 부모를 이론으로 아는 것이 아니라 동거하면서 느낌으로 배우고 아는 것처럼, 우리의 아버지이신 하나님 역시 동행하면서 느끼는 느낌으로 알아가는 것입니다. 그것이 능력의 원천입니다.

감성을 강하게 하려면 깊은 영의기도를 해야 합니다. 깊은 영의기도가 되어야 감성이 풍부하여 하나님의 마음을 읽을 수가 있습니다. 이성주의자들도 깊은 영의기도를 하면 감성이 풍부하여 내적인 능력과 외적인 능력이 균형을 이루는 성도가 될 수 있습니다. 기도를 해야 합니다. 기도는 내면을 강화시키는 기본적인 수단입니다. 기도하지 않으면 하나님의 마음을 알지 못하여 이성주의로 갈 수밖에 없습니다. 그런데 이성주의자들이 기도하기를 싫어합니다. 우리 교회 영성훈련에 참석해서도 기도를 하지 못합니다. 그러므로 인내하지 못하고 도중에 포기하여 깊은 영성을 개발하지 못합니다. 감성은 기도에서 나옵니다. 여성분들이 감성이 풍부한 것은 깊은 영의기도를 즐겨하기 때문입니다. 감성이 풍부하여 분위기를 잘 의식하기 때문에 여성들이 남성보다 감성이 풍부하여 영감 있는 분들이 많습니다. TV를 시청하면서 이렇게 마음으로 기도를 합니다. 눈으로 보고 머리로 판단을 하면서 마음으로 기도를 합니다. 호흡을 들이쉬고 내쉬면서 하나님! 사랑합니다. 하나님! 도와주세요. 호흡을 깊게 들이쉬면서 하나님! 내쉬면서 사랑합니다. 이렇게 마음으로 기도하면서 TV를 시청하는 것입니다. 당신도 한번 당장 실천 해보세요. 마음이 평안하고 성령의 불로 얼굴이 화끈거리면서 성령의 임재를 몸으로 느낄 것입니다.

무엇보다도 성령의 충만함을 유지하려는 의지가 중요합니다. 마음으로 조금 기도하다가 TV시청에 정신을 놓으면 절대로 안 됩니다. 주체는 TV 시청이 아니고, 마음으로 기도하는 것이라는 것을 명심해야 합니다. 경각심을 가지고 지속적으로 해보세요. 자꾸 하다가 보면 습관이 되어 좋습니다. 기도하는 습관으로 바뀌게 됩니다. 이렇게 되면 당신의 영성은 자꾸 깊어질 것입니다. 성령의 불로 충만한 자신을 몸으로 느끼게 될 것입니다. 차츰 성격도 유순하게 변할 것입니다.

4부 성령의 일하심과 역사

24장 성령의 인도를 받는 법

(요3:8)"바람이 임의로 불매 네가 그 소리는 들어도 어디서 와서 어디로 가는지 알지 못하나니 성령으로 난 사람도 다 그러하니라"

주님을 믿는 모든 사람들은 다 그의 생활에 성령님의 인도를 받기를 간절히 사모합니다. 그러나 그 방법을 몰라서 애를 태웁니다. 성령님의 인도하심은 한두 가지 결정적인 방법으로 하시는 것이 아니기 때문에 쉽게 이 방법으로 하라 저 방법으로 하라고 말할 수 없기 때문인 것입니다. 여러 가지 방법으로 주님 뜻대로 인도하시는데 그 여러 가지 방법을 한번 알아보고자 하는 것입니다.

1. 특별계시를 통하여

성령님은 특별 계시를 통하여 우리에게 하나님의 뜻을 보여 주시는데 그 특별 계시란 꿈이나 환상이나 예언 등을 통하여서 하시는 것입니다. 성경에 사도행전 2장 17절로 18절에 보면 "하나님이 말씀하시기를 말세에 내가 내 영을 모든 육체에 부어 주리니 너

희의 자녀들은 예언할 것이요 너희의 젊은이들은 환상을 보고 너
희의 늙은이들은 꿈을 꾸리라 그 때에 내가 내 영을 내 남종과 여
종들에게 부어 주리니 그들이 예언할 것이요" 거기서 예언과 환상
과 꿈을 통해서 하나님께서 말씀하시리라 했는데 가장 하나님이
중요하게 여기는 것이 꿈입니다. 꿈같은 소리 하지 말라고 우리가
말하지만 하나님께서 꿈을 가장 중요하게 사용하십시다. 왜냐하
면 예수 그리스도 하나님의 아들의 탄생을 알릴 때 환상으로 알리
지 않고 예언으로 알리지 않고 요셉에게 꿈으로 알렸던 것입니다.
만왕의 왕, 만주의 주 그리스도가 탄생하는 그 소식을 꿈을 통해
서 말씀한 것입니다.

마태복음 1장 19절로 21절에 보면 "그의 남편 요셉은 의로운
사람이라 그를 드러내지 아니하고 가만히 끊고자 하여 이 일을 생
각할 때에 주의 사자가 현몽하여 이르되 다윗의 자손 요셉아 네 아
내 마리아 데려오기를 무서워하지 말라 그에게 잉태된 자는 성령
으로 된 것이라 아들을 낳으리니 이름을 예수라 하라 이는 그가 자
기 백성을 그들의 죄에서 구원할 자이심이라 하니라" 얼마나 놀라
운 하나님의 메시지를 환상을 통하지 않고 예언을 통하지 않고 꿈
을 통했습니다. 또 그뿐 아니라 헤롯이 예수님을 죽이려고 할 때
애굽으로 피난 가라고 지시할 때도 하나님은 꿈을 통해서 하신 것
입니다.

마태복음 2장 13절에 "그들이 떠난 후에 주의 사자가 요셉에게
현몽하여 이르되 헤롯이 아기를 찾아 죽이려 하니 일어나 아기와

그의 어머니를 데리고 애굽으로 피하여 내가 네게 이르기까지 거기 있으라 하시니" 그래서 애굽에 내려갔습니다. 애굽에 요셉이 마리아와 예수 그리스도와 함께 생활했는데 또 하나님께서 이제는 헤롯이 죽었으니 고향땅으로 돌아오라고 하는 것도 꿈으로 메시지를 보내 주신 것입니다.

마태복음 2장 19절로 20절에 "헤롯이 죽은 후에 주의 사자가 애굽에서 요셉에게 현몽하여 이르되 일어나 아기와 그의 어머니를 데리고 이스라엘 땅으로 가라 아기의 목숨을 찾던 자들이 죽었느니라 하시니" 그러면 우리가 꾸는 꿈은 다 주님이 주시는 것입니까? 대게 개꿈이 많지요. 주님이 우리에게 주신 꿈은 꿈에 예수님이 나타나시던지 천사가 나타나서 계시를 할 때 진실로 하나님이 주신 특별계시로 받아들일 수 있습니다. 그러지 않고 밥을 많이 먹어 배가 불러서 꿈꾸는 것은 다 개꿈이지 참된 꿈은 아닌 것입니다. 주님의 사자들이 와서 현몽하여 말씀할 때는 진실한 꿈이 되는 것입니다. 그렇기 때문에 우리는 꿈을 다 하나님의 말씀이라고 해석하면 큰 오해를 하는 것입니다. 사탄이 말할 때도 있고 내 인간의 생각으로 꿈을 꿀 때도 많습니다. 오직 꿈이 하나님의 사자가 와서 말씀하든지 예수님 말씀한 그 말씀이 성경에 어긋나지 않을 때 그 꿈은 진실로 하나님이 계시한 꿈인 것입니다.

그 다음에 환상이 있습니다. 환상은 자지도 않고 깨어 있는데 영화를 보듯이 텔레비전을 보듯이 눈앞에 하나님이 말씀하고 싶은 것이 나타나는 것을 말하는 것입니다. 사도행전 10장 1절로 3

절에 보면 "가이사랴에 고넬료라 하는 사람이 있으니 이달리야 부대라 하는 군대의 백부장이라 그가 경건하여 온 집안과 더불어 하나님을 경외하며 백성을 많이 구제하고 하나님께 항상 기도하더니 하루는 제 구 시쯤 되어 환상 중에 밝히 보매 하나님의 사자가 들어와 이르되 고넬료야 하니"

이 고넬료라는 이달리야의 대장이 하나님을 믿고 기도를 많이 하고 구제를 많이 했는데 제 구시라니까 오후 3시입니다. 오후 3시에 가정예배를 보는데 갑자기 하나님의 사자가 나타났습니다. 깜짝 놀랐는데 말하기를 네가 기도하고 구제한 것이 하나님께서 상달되어 기억한바 되었으니 욥바에 가서 피장 시몬의 집에 있는 베드로를 청하라 그렇게 말씀하신 것입니다. 이것은 환상인 것입니다. 이와 같이 결정적일 때 주님께서 환상을 통해서 우리에게 말씀하시는 것입니다.

그 다음에 주님께서 말씀하시는 것은 음성입니다. 우리의 가슴속에 하나님의 음성이 들려오든지 예언을 통해서 음성으로 말씀하든지 음성으로써 주님이 우리를 인도하실 때가 있는 것입니다.

사도행전 13장 1절로 3절에 보면 "안디옥 교회에 선지자들과 교사들이 있으니 곧 바나바와 니게르라 하는 시므온과 구레네 사람 루기오와 분봉 왕 헤롯의 젖동생 마나엔과 및 사울이라 주를 섬겨 금식할 때에 성령이 이르시되 내가 불러 시키는 일을 위하여 바나바와 사울을 따로 세우라 하시니 이에 금식하며 기도하고 두 사람에게 안수하여 보내니라"

그들이 하나님 앞에 금식하고 기도하며 예배하고 있을 때 성령이 말씀했습니다. 성령은 영인데 영으로 말씀한건 못 알아듣잖아요. 그중에 있는 어떤 예언의 은사를 가진 사람의 입을 통해서 예언을 하신 것입니다. 그래서 바울과 바나바를 따로 세워서 선교사로 보내라고 말씀하신 것입니다.

그 다음에는 마음에 묵시를 통해서 주님께서 말씀한 것입니다. 마음에 생각을 떠오르게 하는 것입니다. 하나님이 지시하시는 것입니다. 누가복음 2장 25절로 26절에 "예루살렘에 시므온이라 하는 사람이 있으니 이 사람은 의롭고 경건하여 이스라엘의 위로를 기다리는 자라 성령이 그 위에 계시더라 그가 주의 그리스도를 보기 전에는 죽지 아니하리라 하는 성령의 지시를 받았더니" 마음에 지시가 오는 것입니다.

이렇게 할 것이다. 저렇게 할 것이다. 기도하는데 누가 말도 안 했는데 마음에 그런 깨달음이 오는 것입니다. 그러면 하나님께서 그 지시를 통해서 말씀할 때가 많습니다. 많은 사람이 제게 와서 그런 질문을 해요. 목사님이 병자 위해 기도하고 난 다음에 이런 병이 나았다. 저런 병이 나았다. 그것 무엇을 보고 그렇게 합니까? 어떻게 압니까? 그것은 마음에 지시가 오는 것입니다. 그냥 아무 생각도 없는 마음에 하나님이 그런 지시를 주시는 것입니다. 지시를 주시는 것이 꼭 내 상관이 나에게 명령하는 것과 같이 마음에 명령이 떨어지면 분명히 알아요. 아. 이것이 하나님의 음성이라. 분명히 알아서 그 지시를 따라 병 나은 사람들이 있다는 것을 말할 수가 있는 것입니다.

　내가 마음대로 하지도 못하고 내 믿음대로 할 수도 없는 것입니다. 하나님이 지시하는데 따라서 행하는 것입니다. 그러므로 하나님께서 특별 계시인 꿈이나 환상이나 음성이나 마음에 지시를 통해서 우리에게 성령으로 인도해 주시는 것입니다.

2. 마음의 소원을 통하여

　마음의 소원을 통하여 우리를 인도하시는 것입니다. 빌립보서 2장 13절 읽어 보십시다. "너희 안에서 행하시는 이는 하나님이시니 자기의 기쁘신 뜻을 위하여 너희에게 소원을 두고 행하게 하시나니" 보통 사람들은 주로 이를 통해서 하나님이 인도하시는 것입니다. 하나님 성령께서 마음속에 뜨거운 소원을 일으켜 주시는 것입니다. 그냥 보통 소원은 우리가 다 가지고 있지 않습니까? 그러나 그것이 아니고 어느 특정한 일에 대해서 뜨겁게 마음에 소원을 일으켜 주시는 것입니다. 그래서 그 소원이 마음속에 일어나서 아무리 기도해도 사라지지 아니하고 그 소원과 함께 마음에 기쁨과 평안이 동반할 때 하나님이 이를 통해서 우리에게 말씀하신다고 생각할 수 있는 것입니다.

　빌립보서 4장 6절로 7절에 "아무 것도 염려하지 말고 다만 모든 일에 기도와 간구로, 너희 구할 것을 감사함으로 하나님께 아뢰라 그리하면 모든 지각에 뛰어난 하나님의 평강이 그리스도 예수 안에서 너희 마음과 생각을 지키시리라" 내 생각이나 마귀의 생각은 마음에 넘치는 평안을 안줍니다. 소원이 와도 마음이 불안하고 초조합니다. 하나님이 말씀하시면 마음에 평안과 기쁨이 넘칩니다. 생각 밖의 일이 마음속에 소원 되더라도 마음이 평안해요. 보통 마음에 소원이 뜨거워지고 소원이 기도하면 할수록 더 뜨거워지고 소원과 함께 마음에 평안과 기쁨이 있으면 하나님이 성령으로 인도한다고 생각하는 것이 좋습니다.

로마서 12장 2절에 "너희는 이 세대를 본받지 말고 오직 마음을 새롭게 함으로 변화를 받아 하나님의 선하시고 기뻐하시고 온전하신 뜻이 무엇인지 분별하도록 하라" 분별은 우리가 해야 되는 것입니다. 하나님께 뜨거운 소원이 오고 평안과 기쁨이 오더라도 이것이 정말 하나님께로 왔는지 사탄이 말하는지 분별을 해야 되는 것입니다. 하나님께로 오는 소원은 말씀에 어긋나지 아니하고 마음에 평안과 기쁨이 동반하지만 하나님의 뜻이 아닌 사탄이 갖다주는 것은 마음이 불안하고 기쁨이 없으며 성경과 일치하지 않습니다. 그러므로 우리가 분별하는 것을 꼭 해야 될 것입니다.

3. 주위환경을 통하여

하나님이 우리를 인도하시는 길은 주위 환경을 통하여 인도하시는 것입니다. 나는 아무런 특별 계시도 마음에 소원도 받지 않았는데 환경이 나를 몰아넣는 것을 말하는 것입니다. 요한복음

16장 13절에 보면 "그러나 진리의 성령이 오시면 그가 너희를 모든 진리 가운데로 인도하시리니 그가 스스로 말하지 않고 오직 들은 것을 말하며 장래 일을 너희에게 알리시리라" 인도하여 주시는 것입니다. 환경으로 인도를 해줘요. 올 곳이나 갈 곳이 없는데 그 길밖에 갈 곳이 없는데 그것을 통해서 하나님이 인도하시는 것입니다.

그리고 또 하나님께서는 우리를 인도하실 때 미리 예비해 놓고 그리로 오라고 할 때가 있는 것입니다. 주님의 예비하신 손길입니다.

고린도전서 2장 9절에 보면 "기록된바 하나님이 자기를 사랑하는 자들을 위하여 예비하신 모든 것은 눈으로 보지 못하고 귀로 듣지 못하고 사람의 마음으로 생각하지도 못하였다 함과 같으니라"고 말한 것입니다. 하나님은 우리의 일생을 예비해 놓은 것입니다. 내가 눈으로 보지 못하고 귀로 듣지 못하고 마음으로도 생각하지 못하는 것을 하나님이 원하시면 그 길로 가도록 예비 해놓은 것입니다. 그 예비한 하나님의 역사가 나타납니다. 기도하면…. 나타나면…. 그 예비한 것이 하나님의 뜻 인줄 알고 그리로 들어가면 나머지 일을 주님께서 책임져 주시는 것입니다.

4. 절대적인 하나님의 뜻

그리고 네 번째 하나님의 성령의 인도는 하나님 말씀을 읽다가 마음속에 말씀으로 깨닫게 하는 것입니다. 이것은 절대적인 하나님의 인도인 것입니다. 하나님 말씀, 하나님의 말씀 창세기부터 계시록까지 있는 말씀 속에서 하나님이 우리에게 말씀하실 때 틀림없는 하나님의 뜻으로 받아들일 수 있는 것입니다.

이사야 8장 19절로 20절 한번 읽어 보십시다. "어떤 사람이 너희에게 말하기를 주절거리며 속살거리는 신접한 자와 마술사에게 물으라 하거든 백성이 자기 하나님께 구할 것이 아니냐 산 자를 위하여 죽은 자에게 구하겠느냐 하라 마땅히 율법과 증거의 말씀을 따를지니 그들이 말하는 바가 이 말씀에 맞지 아니하면 그들이 정녕 아침빛을 보지 못하고" 여기에 보면 신접한 자 점쟁이들 무당들이 온갖 지절거리며 말을 하더라도 그것이 하나님이 그를 통해서 말하지 않는다는 것입니다. 무당이나 신접한 자들이 말하는 것이 성경에 일치하지 않으니까 그것은 사탄이 하는 것이니 반드시 하나님의 율법과 증거의 말씀에 비춰봐서 하나님 말씀에 따라서 결정을 내리라는 것입니다. 우리가 하나님 말씀이 어느 것이 우리에게 주는 말씀인지 알수 있습니까? 하나님 말씀이 올 때 마음에 깊이 감동이 오는 구절이 있습니다. 성경에는 헬라어로 하나님 말씀으로 로고스라는 말씀이 있고 레마라는 말이 있는 것입니다.

로고스는 하나님이 우리에게 주신 기록된 말씀인 것입니다. 그것은 우리 모든 사람에게 다 준 똑같은 성경말씀 이것은 로고스 말씀입니다. 그러나 이 로고스를 읽다가 성령이 감동을 해서 마음이 찡해지고 이것은 하나님이 내게 말씀하신다 할 때는 그 로고스가 레마로 변하는 것입니다. 믿음은 들음에서 난다. 들음은 그리스도의 말씀으로 말미암아 …. 거기에 들음이란 레마를 말하는 것입니다. 믿음은 레마가 오면 마음에 믿음이 생겨나는 것입니다.

그냥 로고스는 읽으면 하나님에 대한 지식을 얻습니다. 하나님의 뜻에 대한 지식을 얻는데 그것이 마음에 깊이 감동이 되고 마음이 찡해지면 하나님이 나보고 말씀하시는 것이 레마가 되면 믿음이 생기는 것입니다. 그러므로 성경말씀을 그냥 눈감고 손가락으로 꽉 집어서 이것이 하나님 말씀입니다. 그것은 아닙니다. 그것은 아니고 내가 하나님 말씀을 읽던지 듣던지 하다가 마음이 찡해지고 콧등이 씽긋해지는 때가 있습니다. 성도들이 설교를 들어도 설교 전체가 다 믿음이 되는 것은 아닙니다. 그 설교를 듣다가 어느 구절이 내 마음속에 부딪힙니다. 어느 말씀을 하실 때 어느 예화를 들을 때 내 마음에 확 부딪히면서 저것 날보고 하는 말이다. 그때는 로고스가 아니라 레마인 것입니다. 그저 평범하게 들으면 그것 참 좋은 말씀이다. 내가 못 깨달은 것 깨달았네. 그것은 로고스인 것입니다. 내 마음에 성령의 깊은 감동으로 다가오는데 그것이 로고스가 아닙니다. 레마가 되는 것입니다.

로마서 10장 17절에 "그러므로 믿음은 들음에서 나며 들음은 그리스도의 말씀으로 말미암았느니라"

이 그리스도의 말씀이 레마인 것입니다. 바로 베드로가 그 체험을 한 것입니다. 밤바다 배를 타고 가는데 예수님이 캄캄한데 물 위로 걸어오시니까 다 유령이라고 고함을 치고 배에 머리를 숙이고 벌벌 떨었습니다. 그때 무조건하고 베드로가 이스라엘 백성이 홍해수를 건너갔는데 나도 이스라엘 백성처럼 믿음으로 걸어가자! 구약성경에 홍해수가 갈라졌지 않느냐? 그러고 나갔더라면 죽었을 것입니다. 주시어든 나로 물위로 오라 하소서. 주님이 오라! 그것은 베드로 보고 말한 말인 것입니다. 거기에 다른 제자들보고 오라고 말하는 것 아닙니다.

그러니까 베드로는 물위로 걸은 것입니다. 아프리카에 목사님들이 모여서 성경 공부를 하다가 베드로가 물위로 걸은 사건을 읽고 난 다음에 그들이 다 감동을 하고 하나님께 감사를 드리고 베드로도 예수님에게 기도를 하고 물위로 걷는데 우리도 물위로 못 걸을 것이 무엇이냐. 우리도 한번 기적을 체험하자. 그리고 합심을 하고 보트를 타고 호수 가운데 가서 예수 이름으로 걷습니다. 하고 물에 뛰어 들어갔다가 다 빠져 죽었데요. 왜냐하면 베드로는 하나님의 직접 음성을 들었습니다. 그런데 이 사람들은 성경에 기록된 로고스를 가지고서 사건을 가지고서 자기에게 적응해서 사용하다가 그런 비극을 당한 것입니다. 그러나 하나님 말씀이 마음 속에 깊은 감동으로 다가오면 레마가 되면 그것이 하나님의 인도하심이 되는 것입니다.

위대한 교부 어거스틴은 젊은 시절에 방탕한 삶을 산 것으로 유명합니다. 십대에 동거를 하여 사생아를 낳았고, 이교도에 물들기도 한 그를 위해서 어머니 모니카가 밤이나 낮이나 울면서 금식하며 그 아들을 위해서 기도를 했습니다. 그런데 어느 날 그가 정원을 거닐다가 어린애들의 노랫소리를 들었습니다. "펴서 읽어라! 펴서 읽어라!" 꼭 자기를 보고 하는 말 같아서 그 자리에서 성경을 쫙 폈는데 로마서 13장 13절에서 14절 말씀이 눈에 들어오는데 이 말씀이 그냥 마음에 뜨거운 윤도로써 마음을 지지는 것처럼 감동을 주는 것입니다.

"낮에와 같이 단정히 행하고 방탕하거나 술 취하지 말며 음란하거나 호색하지 말며 다투거나 시기하지 말고 오직 주 예수 그리스도로 옷 입고 정욕을 위하여 육신의 일을 도모하지 말라" 옛날에도 그 말씀을 듣기도 하고 읽기도 했으나 아무 감동이 없었는데 그날 펼쳐봐라! 펼쳐봐라!는 애들의 소리를 듣고 성경을 펼치니까 이 로마서를 읽고 마음에 깊이 감동이 되고 크게 충격을 받고 그 길로 변화되어서 그는 역사상 위대한 성자가 된 것입니다. 그는 이 말씀에 크게 감동되어 이후 그의 신앙과 삶이 획기적으로 변화되었고 기독교 역사 가운데 큰 인물이 되었습니다.

또한 기도의 용사인 중국 선교사 허드슨 테일러는 어느 날 아버지의 서재에서 이리저리 살피면서 책을 빼보는데 한 책의 제목이 "그리스도께서 다 이루었다"는 제목이었습니다. 그때 갑자기 머리가 콱 맑아지면서 "예수께서 십자가에서 내가 다 이루었다 했으니 주님께서 이를 다 이루었으니 내가 할 일은 없지 않느냐? 내가 할 일은 주님께서 다 이루어 놓은 것을 전달만 하면 될 일이지 내가 무슨 일을 할 필요는 없지 않느냐?"

그것이 레마로 다가와서 굉장히 마음에 충격을 받고 그는 인간의 수단과 방법으로 일을 하려고 하지 말고 주님이 다 이루어 놓으신 그 뜻대로 하겠다고 생각을 하고 예수 그리스도를 의지하고 기도한 다음에 하나님께서 마음에 감동을 주셔서 중국인 외지 선교사로 가서 중국을 복음화 하는 위대한 선구자가 되고 하늘나라 말씀을 증거 하는 주의 일꾼이 된 것입니다. 이처럼 성령님께서는 때로 우리 마음에 감동으로 주시는 말씀 레마를 통하여 우리를 인도하시는 것입니다. 레마가 오면 그것을 그냥 버리지 마시고 마음에 깊이 받아들여서 여러분 은혜를 받으셔야 되는 것입니다.

성경에는 성령을 보혜사라고 말했습니다. 보혜사는 파라클리트라는 것인데 하나님께서 우리를 돕기 위해서 항상 우리 곁에 계신 분을 말하는 것입니다. 성령은 예수님과 꼭 같은 보혜사로써 우리를 돕기 위해서 우리 곁에 와 계신 것입니다. 예수님은 처음 오셔서 우리를 돕기 위해서 십자가를 걸머지셨고 다 이루어 놓으셨고 성령님은 다 이루어 놓으신 예수님의 은혜를 가지고 우리를 돕기 위해서 우리 가운데 계시기 때문에 성령님은 항상 우리를 인도하시기를 원하시는 것입니다. 우리가 겸비한 마음으로 하나님을 참으로 경외하고 하나님의 인도를 받고 살기를 간구할 때 성령께서는 여러 가지 방법으로 특별계시, 마음에 소원, 주위 환경, 절대적인 하나님의 뜻 레마를 통해서 인도하여 주시는 것입니다.

로마서 8장 14절에"무릇 하나님의 영으로 인도함을 받는 사람은 곧 하나님의 아들이라" 누구든지 저를 믿으면 하나님의 아들이 되지 않습니까? 그런데 성령이 다 와 계셔도 성령을 인정하지도 아니하고 환영하지도 아니하고 무시하고 성령을 예비하지 아니하면 성령이 말을 해도 안 듣습니다. 불순종하는 자식이 집에 있으면 부모가 아무리 말을 해도 안 듣잖아요. 귓등으로 듣잖아요. 우리가 하나님을 두려워하고 하나님을 간절히 섬기고 사모하면서 하나님의 뜻대로 살겠다고 간구하면 주님이 이 여러 가지 중에 한 방법을 통해서 우리를 인도해 주시는 것입니다.

그 결과로 우리 마음속에 믿음이 생기는 것입니다. 눈에는 아무 증거 안보이고 귀에는 아무 소리 안 들리고 손에는 잡히는 것 없어도 마음속에 혹은 꿈을 통하여 혹은 환상을 통하여 혹은 음성을 통하여 묵시를 통하여 마음의 소원을 통하여 또 레마를 통해서 어떠한 방법으로 마음에 말씀을 하시면 그 말씀의 결과로 마음속에 전에 없던 믿음이 마음속에 생기는 것입니다. 아주 사람의 생각으로 상상할 수 없는 믿음이 생기는 것입니다. 다른 사람들은 보고 미쳤다고 말하고 정신없는 짓을 한다고 말합니다. 그러나 자기는 그 믿음이 하나님 성령으로 생긴 것입니다. 그래서 그 믿음으로 나가면 주님께서 말씀하십니다. 네 믿음대로 될지어다. 오늘날 이와 같이 성령으로 말미암아 믿음을 얻어서 나가는 사람들이 상상을 초월한 위대한 일을 하게 되는 것입니다. 하나님 기적이 일어나게 되는 것입니다. 개인, 가정, 생활, 자녀, 사업 문제를 가지고 하나님께 간절히 기도하십시오. 그러면 레마가 임하는 것입니다.

25장 성령의 역사를 따라가는 법

(행4:24-31`)"그들이 듣고 한마음으로 하나님께 소리를 높여 이르되 대주재여 천지와 바다와 그 가운데 만물을 지은 이시요. 또 주의 종 우리 조상 다윗의 입을 통하여 성령으로 말씀하시기를 어찌하여 열방이 분노하며 족속들이 허사를 경영하였는고 세상의 군왕들이 나서며 관리들이 함께 모여 주와 그의 그리스도를 대적하도다 하신 이로소이다. 과연 헤롯과 본디오 빌라도는 이방인과 이스라엘 백성과 합세하여 하나님께서 기름 부으신 거룩한 종 예수를 거슬러 하나님의 권능과 뜻대로 이루려고 예정하신 그것을 행하려고 이 성에 모였나이다. 주여 이제도 그들의 위협함을 굽어보시옵고 또 종들로 하여금 담대히 하나님의 말씀을 전하게 하여 주시오며 손을 내밀어 병을 낫게 하시옵고 표적과 기사가 거룩한 종 예수의 이름으로 이루어지게 하옵소서 하더라. 빌기를 다하매 모인 곳이 진동하더니 무리가 다 성령이 충만하여 담대히 하나님의 말씀을 전하니라"

우리가 일반적으로 성령께서 예배드릴 때 역사하는 통상적인 역사를 알아야 될 것입니다. 요한복음 16장 7절로 13절에 우리 한번 읽어 보십시다. "그러나 내가 너희에게 실상을 말하노니 내가 떠나가는 것이 너희에게 유익이라 내가 떠나가지 아니하면 보혜사가 너희에게로 오시지 아니할 것이요 가면 내가 그를 너희에게로 보내리니 그가 와서 죄에 대하여, 의에 대하여, 심판에 대하여 세상을 책망하시리라 죄에 대하여라 함은 그들이 나를 믿지 아니함이요 의에 대하여라 함은 내가 아버지께로 가니 너희가 다시 나를 보지 못함이요 심판에 대하여라 함은 이 세상 임금이 심판을 받았음이라 내가 아직도 너희에게 이를 것이 많으나 지금은 너희가 감당하지 못하리라 그러나 진리의 성령이 오시면 그가 너희를 모든 진리 가운데로 인도하시리니 그가 스스로 말하지 않고 오직 들은 것을 말하며 장래 일을 너희에게 알리시리라."

성령을 주님께서 우리에게 보내실 때 뭐라고 보냈느냐면 보혜사 성령을 보냈다고 말한 것입니다. 보혜사, 헬라어로 파라클레토스라고 말합니다. 한번 따라 말씀하세요. 파라클레토스. 무슨 의미냐면 하나님께로부터 보내심을 받아 우리를 돕기 위해서 항상 우리 곁에 계신 분이란 말입니다. 하나님께서 우리를 돕기 위해서 보내심을 받아 항상 우리와 함께 계십니다. 예수님은 처음 보혜사, 성령님은 다른 보혜사인 것입니다. 예수님 자체도 보혜사인 것입니다. 그러므로 우리 예수 믿는 사람이 보혜사를 모르면 아무것도 못합니다. 하나님의 보내심을 받아 제 삼위 하나님이 항상 우리와 함께 계셔서 도움을 베푸시는데 이 보혜사 성령이 우리에게 어떤 도움을 베푸느냐면 죄에 대하여 우리를 꾸짖으시는 것입니다. 죄에 대하여 꾸짖는 것은 무엇이냐 예수님이 십자가에 못박혀 너 일생의 죄를 다 청산했는데 이 예수님을 믿으면 죄가 용서받고 의롭다함을 얻어 구원을 받겠는데 오늘날 사람들이 예수를 믿지 않고 자기가 의로운 행동을 해서 구원을 받으려고 하니 구원 못

받거든요. 죄를 짓지 않는 의인이 누가 있는 것입니까? 모든 사람이 죄를 범하였으매 하나님의 영광에 이르지 못합니다. 그렇기 때문에 성령은 예수 믿으라. 너희들 인간의 힘과 능으로는 구원 못받는다. 예수 믿으라. 믿기만 하면 구원 받는다. 예수 믿으라. 성령이 그것을 가르치는 것입니다. 그러므로 성령의 음성을 듣고 우리는 예수를 믿어야 되는 것입니다.

요한복음 3장 16절에 "하나님이 세상을 이처럼 사랑하사 독생자를 주셨으니 이는 그를 믿는 자마다 멸망하지 않고 영생을 얻게 하려 하심이라" 누구든지 저를 믿으면 멸망하지 않고 영생을 얻습니다.

> "그러므로 이제 그리스도 예수 안에 있는 자에게는 결코 정죄
> 함이 없나니 이는 그리스도 예수 안에 있는 생명의 성령의 법이
> 죄와 사망의 법에서 너를 해방하였음이라"(롬 8:1~2)

성령이 오시면 죄와 사망의 법에서 우리를 해방시키므로 우리가 성령을 통해서 의롭게 살 수 있는 것입니다. 그래서 죄에 대하여 우리들에게 실상을 가르쳐 주시고 그 다음에 성령이 우리를 깨닫게 해주는 것은 의에 대하여 말하는 것입니다. 예수님은 말씀하십니다. "너희들의 죄를 다 짊어지고 무덤에 들어가서 죄를 다 청산하고 의롭게 되었기 때문에 부활했다"

옛날에 이씨 조선 시대에 우리나라에 나랏돈 천 냥 빚지고 갚지

못하면 감옥에 잡혀가서 사형을 당했습니다. 천 냥 빚을 갚지 못하면 사형 당했어요. 그런데 한 사람이 천 냥 빚을 지고 갚지 못해서 감옥에 들어갔다가 정한 날에 감옥에서 나와서 길거리에 걸어다닙니다. "저 사람 어떻게 걸어 다니느냐?" "빚 갚았다." 빚 갚은 증거가 길거리에 걸어 다니는 것입니다. 예수님이 부활했다는 것은 예수님이 십자가에서 우리 모든 죄를 짊어지고 죄 덩어리가 되어서 음부에 내려갔다가 3일 만에 갚았기 때문에 부활한 것입니다. 갚지 못했으면 부활 못했습니다. 오늘날 이 세상에 모든 종교 지도자들의 무덤이 다 있어요. 왜, 못 갚았기 때문에 ….예수님은 무덤이 없어요. 갚아버렸기 때문에 ….어느 종교지도자치고 부활했다는 분은 예수님 밖에 없습니다. 왜, 예수님은 우리의 죄, 나의 죄, 너의 죄 다 짊어지고 십자가에서 형벌을 받아 몸찢고 피흘리고 음부에 들어가서 사흘 동안 음부에 계시다가 주님이 모든 우리의 빚을 청산하고 이제는 음부에 있을 필요가 없기 때문에 주님은 나왔어요. 부활하셨습니다. 주님이 지금까지 부활 못했으면 여러분의 죄, 나의 죄는 못 갚았습니다. 박수 한번 크게 쳐보십시다.

야~ 정말 신바람 나는 것입니다. 그 검은 죄가 그리스도가 다 청산하고 부활하셨음으로 말미암아 우리는 죄없는 의로운 사람들이 된 것입니다.

"우리를 구원하시되 우리가 행한 바 의로운 행위로 말미암지

아니하고 오직 그의 긍휼하심을 따라 중생의 씻음과 성령의 새

롭게 하심으로 하셨나니 우리 구주 예수 그리스도로 말미암아
우리에게 그 성령을 풍성히 부어 주사 우리로 그의 은혜를 힘입
어 의롭다 하심을 얻어 영생의 소망을 따라 상속자가 되게 하려
하심이라"(딛 3:5~7)

하늘나라의 상속자 우리는 보통사람들이 아닌 것입니다. 천국
을 상속으로 받을 자들인 것입니다. 그래서 예수님의 보내신 성령
께서 너는 의로운 사람이다. 너는 의인이다. 그리스도로 말미암아
의롭게 되었다고 말씀하시는 것입니다. 그 다음 심판에 대하여라
하면 이 세상 임금인 마귀가 심판 받았습니다. 마귀가 아담과 하
와를 꾀어가지고서 이 세상을 손에 넣었었으나 예수님이 이 땅에
오셔서 우리의 죄를 다 짊어지고 죄에 대하여 의에 대하여 심판에
대하여 주님이 고난당하심으로 마귀의 심판을 청산해버리고 만
것입니다.

히브리서 2장 14절에 "자녀들은 혈과 육에 속하였으매 그도 또
한 같은 모양으로 혈과 육을 함께 지니심은 죽음을 통하여 죽음의
세력을 잡은 자 곧 마귀를 멸해버리고" 만 것입니다.

요한일서 3장 8절에 "죄를 짓는 자는 마귀에게 속하나니 마귀
는 처음부터 범죄함이라 하나님의 아들이 나타나신 것은 마귀의
일을 멸하려 하심이라"

주님이 마귀를 심판하시고 마귀를 멸했기 때문에 예수님이 여
러분에 들어오시면 마귀는 한길로 왔다가 일 곱 길로 도망치고 마

는 것입니다. 오늘 마귀는 이 자리에 와서 큰소리 못합니다.

마귀는 그 부하인 귀신들을 데리고 우리를 도적질하고 죽이고 멸망시키는 일을 했지만 이제 예수님을 모신 우리에게는 보혜사 성령이 와 계신 것입니다.

보혜사 성령이 와서 당신을 돕고 계십니다. 의로운 은혜로 돕고 계시고 성령의 능력으로 돕고 계신 것입니다. 우리는 외롭지 않습니다. 성령께서 함께 믿어주시고 살아주시고 죽어주시는 것입니다. 살 때도 성령이 같이 계시고 죽을 때도 성령이 우리 손잡고 죽어주시는 것입니다. 이제 두려울 것 없어요. 당신은 그리스도의 본을 따 하나님의 상속자들인 것입니다.

얼마나 영광스러운지 모릅니다. 하나님은 우리를 사랑하십니다. 당신을 통해서 하나님은 영광을 받으시는 것입니다. 그러므로 당신은 다른 보혜사 성령과 더불어 깨어나고 일하시고 주무시고 영혼이 잘됨같이 범사가 잘되며 강건하고 생명을 얻되 풍성히 얻는 신앙생활을 하다가 주님 나라에 들어가게 되시기를 바랍니다. 말라빠져 비틀어진 종교가 아닙니다. 때 묻고 먼지 묻은 종교가 아닙니다. 예수님 안에서 성령과 더불어 살아있는 발랄하고 생기찬 신앙을 가지고 있습니다. 예수 그리스도는 어제나 오늘이나 영원토록 당신에게 동일하십니다. 성령 안에 아버지의 사랑이 있고 성령 안에 예수님의 은혜가 있고 성령 안에 삼위일체 기적이 있다는 것을 알게 되시기를 바랍니다.

26장 성령의 권능을 받고 사용하는 법

(행1:7-8)"이르시되 때와 시기는 아버지께서 자기의 권한에 두셨으니 너희가 알 바 아니요. 오직 성령이 너희에게 임하시면 너희가 권능을 받고 예루살렘과 온 유대와 사마리아와 땅 끝까지 이르러 내 증인이 되리라 하시니라"

성경은 온통 하나님의 권능에 대한 기사들로 가득 차 있습니다. 복음서에는 주님의 권능의 기사들이 거의 전부를 차지합니다. 사도행전에서부터는 사도들과 제자들이 이룬 성령의 권능이 거의 전부를 차지합니다. 성경을 믿는 사람들은 성경을 읽어가면서 주의 권능으로 이루신 일들이 얼마나 많은지 그저 놀랄 따름입니다. 시편 기자가 말한 대로 "하나님께서 한 번 말씀하셨고 내가 두 번 들은 것이 이것이니 곧 권능은 하나님께 속하였다 하는 것이라."(시62:11)는 말씀을 절감합니다. 권능은 하나님께 속한 것입니다. 생명의 권능이든 사망의 권능이든 부활의 권능이든 어둠의 권능이든 간에 권능은 모두 주께 속한 것입니다. 주님은 권능의 하나님이십니다. 성령은 하나님의 영이시며, 하나님 자신이십니다. 고로 하나님의 권능이 곧 성령의 권능입니다.

권능이란 단지 육체적인 힘, 물리적인 힘만을 말하지 않습니다. 힘과 능력과 무엇을 할 수 있는 권리, 권한 등을 모두 포함하는 말입니다. 주님은 모든 것을 할 수 있는 권능이 있습니다. 주님은 살릴 수도 있고, 죽일 수도 있습니다. 심을 수도 있고, 뽑을 수도 있습니다. 세울 수도 있고, 파괴할 수도 있습니다. 주님은 할 수 있는 힘과 능력 뿐 아니라 무엇을 해도 상관없는 그런 합법적인 권한이 있습니다. 이것을 권능이라고 합니다. 하나님은 사람들에게 자연을 지배하고, 땅을 다스릴 합법적인 지위와 권능을 주셨습니다. 반대로 사탄은 죄의 권능, 사망의 권능, 어둠의 권능을 사람들에게 주어 하나님의 법을 파괴하고, 어기도록 합니다. 성령의 권능과 말씀의 권능 아래 있으면 우리는 하나님의법대로 삽니다. 하나님의 뜻을 행합니다. 그러나 마귀의 권능 아래 있으면 그는 죄의 소욕대로 삽니다.

하나님의 모든 것은 권능과 함께 임합니다. 복음은 복음의 권능, 부활은 부활의 권능으로 임하며, 성령은 성령의 권능으로 임합니다. 권능이 없는 단지 말뿐인 진리는 진리가 아닙니다. 그것은 종교요 철학입니다. 종교와 철학은 가르침과 계명만 있을 뿐 권능이 없습니다. 거짓말 하지 마라는 가르침은 있지만 거짓말을 싫어하는 마음, 하지 않을 수 있는 힘은 주지 않습니다. 율법 역시 마찬가지입니다. 명령은 있지만 명령을 수행할 힘을 주지 않습니다. 그러나 복음은 하나님의 권능입니다. 복음의 내용을 이론이나 말이 아니라 실제 그대로 이루어 내는 능력을 줍니다.

십자가는 하나님의 권능입니다. 십자가의 죽음이 단지 역사적 사실로서 남의 이야기로 그치는 것이 아닌 것은 십자가의 피와 죽음이 나의 죄사함, 나의 죽음으로 만드는 권능이 있기 때문입니다. 성령은 권능입니다. 말씀 역시 권능입니다. 권능이 없는 말은 그냥 소리에 지나지 않습니다. 주님의 말씀은 그 자체가 능력이요 힘이요, 지혜요, 생명입니다. 권능으로 임하기 때문입니다. 이 점이 모든 종교와 차이를 나타내는 부분입니다.

현대 교회가 안고 있는 문제는 이것입니다. 주님을 믿지만 주님의 권능은 없고, 성령은 받았는데 성령의 권능은 없고, 말씀을 읽고 보긴 하지만 말씀의 권능이 없다는 것입니다. 복음을 알고 믿는다고 하지만 복음의 권능을 모릅니다. 교회는 성령의 권능에 대해서 많이 설교하고 가르칩니다. 그러나 이 권능이 단지 방언을 하고, 병을 고치는 식의 표적을 기대하는 것이 고작입니다. 이는 성경도 모르고 하나님의 권능도 알지 못한데서 오는 오해입니다.

하나님의 권능이란 무엇입니까? 하늘을 날고 바다를 걷고 땅을 가르고 병자를 고치고 죽은 자를 일으키는 것이 하나님의 권능인 줄로 알면 빙산의 일각을 전부로 아는 것입니다. 우리는 이 시간 우리에게 주신 하나님의 권능에 대해서 알기를 원합니다. 이것은 반드시 알아야만 합니다. 사도 바울은 기도하기를, "그분의 강력한 권능의 활동을 통하여 믿는 우리에게 베푸신 지극히 큰 권능이 어떤 것인지 너희로 하여금 알게 하시기를 구하노라."(엡1:19)고 했습니다. "믿는 우리에게 베푸신 지극히 큰 권능"이란 어떤 것입니까? 성경이 말하는 하나님의 권능은 이것입니다.

첫째, 복음입니다. 그리스도의 복음이 믿는 자들에게 임한 하나님의 권능입니다. "내가 그리스도의 복음을 부끄러워하지 아니하노니 이는 이 복음이 믿는 모든 자를 구원에 이르게 하시는 하나님의 권능이기 때문이라. 먼저는 유대인에게요, 또한 그리스인에게로다."(롬1:16). 홍해가 갈라지고, 여리고 성이 무너지고, 반석이 갈라져 물이 터져 나오는 일 등은 놀라운 하나님의 권능이지만 사람을 구원에 이르게 하는 권능은 아닙니다. 그리스도의 복음은 외적 변화가 아니라 믿는 자들 안에 일어나는 일대 변화요, 능력입니다.

둘째, 십자가를 선포하는 것입니다. "이는 십자가를 선포함이 멸망하는 자들에게는 어리석은 것으로되 구원받은 우리에게는 하나님의 권능이 되기 때문이라."(고전1:18). 십자가는 지성을 자랑하던 그리스 사람들에게는 어리석은 것이었습니다. 전혀 새로운 철학도 가르침도 아니었고 신선하고 기발한 아이디어도 아니었습니다. 그들에게 십자가는 심오한 깊이의 학문이나 탐구해 볼만한 무엇이 아니었습니다.

그냥 어리석기 그지없는 이야기에 불과했습니다. 유대인들에게는 걸림돌이었습니다. 다른 이야기는 몰라도 십자가는 입에 담기도 싫은 그런 이야기였습니다. 그러나 믿는 자들, 구원받은 우리에게는 이것이 바로 하나님의 권능이란 것입니다.

셋째, 예수 그리스도가 권능입니다. "부르심을 받은 자들에게는 유대인에게나 그리스인에게나 그리스도는 하나님의 권능이시요, 하나님의 지혜이시니"(고전1:24). 예수 그리스도 그분 자신이 하나님의 권능이시며, 하나님의 지혜이십니다. 우리가 성령과 권능을 받는다고 할 때 권능은 성령을 통해 우리 안에 들어오신 그리스도를 말합니다. 전능하신 하나님은 그리스도를 통해서 모든 권능을 행하실 수 있습니다. 그리스도 안에서, 그리스도를 통해서만 일하십니다. 내가 살지 않고 그리스도가 내 안에 사시도록 하는 것이 영적인 삶이며, 믿음의 삶입니다. 복음, 십자가, 그리스도는 성도들 안에 주어진 하나님의 권능이요, 이 권능이야 말로 사망을 이기고, 죄를 이기고, 육신을 이기고, 세상을 이기고, 마귀를 이기는 것들입니다.

이 셋은 믿는 자들 안에 누구에게나 예외 없이, 차별이 없이 주어진 하나님의 권능입니다. 외모의 구분이 없습니다. 행위로 말미암는 것이 아닙니다. 오직 믿음으로 주어지는 하나님의 권능입니다. 이 시대는 경건의 모양은 있으나 경건의 능력은 부인하는 시대입니다(딤후3:5). 이는 이들이 그리스도의 복음이 아니라 세상 복음, 거짓 복음을 마음에 받아들였기 때문입니다. 십자가를 제쳐두고 영광을 얻고자 하기 때문입니다. 예수 그리스도 없이 성령만을 외치기 때문입니다. 성령의 권능이란 말이 매우 성경적인 어휘지만 '그리스도가 하나님의 권능'이란 그리스도 중심에서 벗어날 때 그들이 말하는 성령은 성령이 아니라 마귀의 영이요, 악령에 지나지 않습니다.

그렇다면 하나님의 권능이 성도들에게 어떻게 드러납니까? 그리스도의 권능은 우리가 약하고 죽을 때 드러납니다. 자아를 부인하고, 죽음에 이르도록 자신을 십자가에 넘겨줄 때 하나님의 권능이 그 사람을 통해 완전해 집니다. 주님은 사도 바울에게 이르기를, "주께서 내게 이르시되, 내 은혜가 네게 족하도다. 이는 나의 강한 능력이 약한 데서 완전해지기 때문이라, 하셨느니라. 그러므로 내가 오히려 크게 기뻐하며 나의 연약한 것들을 자랑하리니 이것은 그리스도의 권능이 내 위에 머무르게 하려 함이라."(고후 12:9)하셨습니다. 사도 바울은 자신 위에 하나님의 권능, 즉 성령의 권능이 늘 머물러 있게 된 것이 자신의 연약함 때문이란 주님의 말씀에 크게 기뻐하며, 연약한 것들을 부끄러워한 것이 아니라 자랑했습니다.

우리에게 주신 지극히 뛰어난 권능은 우리에게서 나는 것이 아닙니다. 우리 안에 계신 하나님, 우리 안에 계신 그리스도, 우리 안에 거하시는 성령님에게서 나오는 것입니다. "그러나 우리가 이 보배를 질그릇 안에 가졌나니 이것은 뛰어난 권능이 하나님에게서 나며 우리에게서 나지 아니하게 하려 함이라."(고후4:7). 우리 안에는 전기가 있는 것이 아니라 전기를 일으키는 발전기가 있습니다. 우리 안에는 타오르는 불만 있는 것이 아니라 불을 일으키는 기름이 있습니다. 불같은 말씀이 있습니다. 권능이 없다면 성경의 말씀은 그냥 말장난에 불과합니다. 내가 아무리 성경을 읽어도 권능으로 임하지 않을 때 약간의 감화도 주지 못하며, 삶을 바꾸어 주지도 못합니다. 성경을 읽든 설교를 듣든 그냥 읽고 듣는 것이 전부입니다.

복음을 전하는 성도들도 마찬가지입니다. 전할 때 말의 지혜로 전하는 것이 아니라 권능으로 전해야 합니다. 사도들은 선포할 때 어떻게 전했는가 보십시오. "사도들이 큰 권능으로 예수님의 부활을 증거하매 큰 은혜가 그들 모두에게 임하니라."(행4:33). 권능으로 선포했습니다. 단지 말의 지혜나 웅변이나 논리력으로 전한 것이 아닙니다. 이는 사도 바울도 마찬가지입니다. "나의 말과 나의 복음선포는 사람의 지혜의 유혹하는 말로 한 것이 아니요, 오직 성령과 권능을 실증(實證)함으로 한 것이니 이것은 너희 믿음이 사람의 지혜에 있지 아니하고 오직 하나님의 권능에 있게 하려 함이라."(고전2:4~5). 우리는 말이 아니라 성령과 권능을 실증함으로 전해야 합니다. 이것이 핵심입니다. 사도 바울의 전도 사역을 보십시오.

> "능력 있는 표적과 이적을 통해서나 하나님의 영의 권능으로 이루신 것이니 이로써 내가 예루살렘으로부터 일루리곤 근방에 이르기까지 그리스도의 복음을 충만히 선포하였노라."(롬 15:19).

성령의 권능을 통해서 복음이 전해졌을 때 들은 사람들은 2차적인 증거나 표적을 필요로 하지 않았습니다. 마음 안에 들어온 복음의 권능이 얼마나 컸던지 이들은 믿기 위해 어떤 변증이나 설득이나 논리를 필요로 하지 않았습니다. 이런 권능이 없을 때 사람들의 믿음은 사상누각에 불과하기 때문에 여러 가지 지혜의 말을 필요로 하고, 사람들의 말과 증거를 요구합니다. 그렇게 해도 확신을 하지 못합니다. 그러나 성령의 권능으로 임한 복음은 누구의 반박이나 반대나 박해를 받아도 기꺼이 이겨나갑니다.
사람의 말이나 논리로 된 복음은 다른 사람의 말로 반박될 수 있고, 자기 확신은 자신의 상태에 따라 변할 수 있습니다. 그러나 성령의 권능으로 임한 진리는 외적인 그 무엇으로도 흔들거나 바꿀 수 없습니다. 우리는 성령의 권능에 대해서 간구하고, 구해야 합니다. 이것은 구하는 자에게 주시는 은혜입니다. 사도 바울은 말하기를, "이는 하나님의 왕국이 말에 있지 아니하고 오직 권능에 있기 때문이라."(고전4:20). 우리는 말로 임한 복음이 아니라 권능으로 임한 복음으로 구원받았습니다. 누구나 말로 복음을 전하는 일은 견해에 불과하지만 권능으로 전하는 복음은 구원에 이르게 합니다. 성경은 말합니다. 복음 선포는 성령과 권능으로 이루어지는 것입니다. 말로 된다면 좋겠지만 그렇게 되지 않습니다.

성령을 받는 것과 권능을 받는 것은 약간의 차이가 있습니다. 앞에서 말씀드린 세 가지 하나님의 권능은 이미 믿는 신자들에게 있습니다. 믿음의 권능이나 기도를 통해 하나님이 주시는 은혜 역시 모든 성도들이 누릴 수 있는 것들입니다. 주님은 제자들에게 성령을 주시고, 권능을 주셨습니다. "오직 성령님께서 너희에게 임하신 후에 너희가 권능을 받고 예루살렘과 온 유대와 사마리아와 땅의 맨 끝 지역까지 이르러 내 증인이 되리라, 하시니라."(행1:8). 주님은 성령이 임한 후에 권능을 받는다고 말씀하십니다. 우리 주님 역시 성령을 받으신 후에 권능을 받으셨습니다.

주님은 요한에게 침례를 받고 위로부터 성령이 임하셨습니다. 그러나 성령의 권능을 받은 것은 광야의 시험을 받고 난 후였습니다. "예수님께서 성령의 권능을 입고 갈릴리에 돌아오시매 그분의 명성이 주변 온 지역에 퍼지니"(눅4:14). 이 구절에 대해 베드로는 이렇게 말합니다. "하나님께서 나사렛 예수님께 성령님과 권능으로 기름을 부으시매 그분께서 두루 다니시며 선을 행하시고 마귀에게 억눌린 모든 사람을 고치셨으니 이는 하나님께서 그분과 함께하셨음이라."(행10:38). 성령님과 권능은 동격이 아니라 구분하고 있습니다. 성령이 내주하는 성도라고 해서 모두 권능이 있는 성도는 아닙니다. 하나님은 사도들에게 주신 권능을 모든 성도들에게 동일하게 주시지 않았습니다.

성령을 주시는 것과 권능을 주시는 것이 완전히 동일하지는 않습니다. 성령이 임하기 전에도 하나님께서는 특별한 사역을 위해서 권능을 주신 예들이 있습니다.

"오 하나님이여, 주는 주의 거룩한 처소들 밖에서 무서운 이시니 곧 이스라엘의 하나님은 자신의 백성에게 능력과 권능을 주시는 이시니이다. 하나님을 찬송할지어다."(시68:35).

삼손, 기드온 등과 같은 사사들은 주의 영이 임했을 때 권능을 같이 받았습니다. 제자들은 전도 여행을 떠날 때 주님으로부터 권능을 받아서 떠났습니다. "예수님께서 열두 제자를 부르사 부정한 영들을 대적하여 그들을 내쫓으며 온갖 질환과 온갖 질병을 고치는 권능을 주시니라."(마10:1). 제자들이 받은 권능은 특별한 것이었습니다. 이들은 주님으로부터 선교 헌금을 받아 떠난 것이 아니라 '권능'을 받아 떠났습니다. 이들이 받은 권능은 부정한 영들을 대적하여 내 쫓는 권능, 온갖 질환과 온갖 질병을 고치는 권능이었습니다. 누가복음에는 이렇게 기록합니다. "보라, 내가 너희에게 뱀과 전갈을 밟으며 원수의 모든 능력을 제압할 권능을 주노니 어떤 방법으로도 너희를 해칠 것이 전혀 없으리라."(눅10:19). 이들이 성령을 받은 것은 아닙니다. 이들은 '권능'을 받았습니다. 이들은 후에 오순절에 성령을 받고, 다시 권능을 받습니다.

권능도 다양합니다. 믿을 때 누구나 받는 권능이 무엇입니까? 하나님의 아들들이 되는 권능입니다. 성령을 받았다는 것은 하나님의 아들들이 되는 권능을 받은 것입니다. "그분을 영접한 자 곧 그분의 이름을 믿는 자들에게는 다 하나님의 아들들이 되는 권능을 주셨으니"(요1:12). 이들은 후에 부활의 권능을 입고 부활하게 되며, 민족들을 다스릴 권능을 받아 왕과 제사장이 됩니다.

성령을 받는 것은 예수를 믿는 믿음으로 되는 것이며, 전 성도들에게 예외 없이 자동적으로 주어지는 것이며 차별이 없습니다. 성령은 예수 그리스도를 믿고 난 후에 따로 받는 것이 아닙니다. 성도가 성령을 달라고 외치는 것은 참으로 황당한 기도입니다. 믿는 자 안에는 성령이 거하고 있기 때문입니다. 그러나 성령의 지혜, 성령의 권능, 성령의 충만을 달라는 것은 얼마든지 가능합니다. 우리는 매 순간 성령의 지혜와 권능을 얻고 충만해질 필요가 있기 때문입니다. 성도들은 주의 사역을 위해 따로 성령의 권능을 주시기를 구할 수 있습니다. 우리가 하나님의 일을 하기 위해서는 성령이 필요한 것이 아니라 성령으로 충만해 질 필요가 있고, 사역을 감당하기 위한 권능을 필요로 하기 때문에 구해야합니다.

우리는 성경을 통해 하나님의 권능, 주의 권능, 그리스도의 권능, 성령의 권능이란 말을 계속해서 볼 수 있습니다. 주님은 하나님 보좌 우편에 앉아 계시는데 성경은 "권능의 오른 편"에 앉아 계시다고 말합니다. 저는 구원받은 성도들에게 "믿을 때 성령을 받았느냐?"와 같은 질문은 하지 않습니다. 그러나 성령으로 충만한가? 성령의 권능을 소유하고 있는가? 고 묻고 싶습니다.

오늘날 많은 교회에서 이 진리를 가리고 있습니다. 무지로 인해 부정하는 경우도 있고, 의도적으로 무시하는 경우도 있습니다. 믿는 순간 성령을 받은 것이 전부이고 그 다음은 없다고 철저히 믿기 때문입니다. 특히 오순절의 교회들, 은사주의자들의 폐해를 목격한 근본주의 교회들이 더욱 그러합니다. 믿은 후에 안수나 기도나 부가적인 무엇을 통해 성령을 받아야 한다고 주장하는 교리도 황당하지만 믿는 성도들이 권능을 받기를 구하고 기도해야 한다는 사실을 무시하는 것도 잘못된 가르침입니다. 저는 예수 그리스도를 믿은 지 벌써 만 30년이 넘었지만 성령의 권능이 부족하다는 사실을 절감합니다. 이는 구원받지 못했다는 것이 아닙니다. 설교를 못한다는 말도 아니고, 구령을 못한다는 이야기도 아닙니다. 그러나 분명한 것은 이전까지 저는 이런 진리를 그다지 심도 있게 생각해 보지 않았고, 성령의 권능을 받지 못했다는 것을 알았습니다. 그래서 저는 목회를 시작하면서부터 저와 이 교회 성도들에게 성령의 권능이 강력하게 임해 주시기를 기도하고 있습니다.

주님의 사역을 위해 '권능'을 구하고 있는 것입니다. 저는 설교자로서 목사로서 교사로서 이 능력이 필요합니다. 성경에 이르기를, "이것은 너희 믿음이 사람의 지혜에 있지 아니하고 오직 하나님의 권능에 있게 하려 함이라."(고전2:5)고 말하기 때문입니다.
남의 주석서나 신학 책자들을 통해 배운 사람의 지혜나 교리를 결
코 가르치고 싶지 않습니다. 말의 지혜로 선포하고 싶지 않습니
다. 성경은 말합니다. "진리의 말씀과 하나님의 권능과 오른손과
왼손에 든 의의 병기로 그리하며"(고후6:7). 우리는 진리의 말씀
과 더불어 하나님의 권능이 있어야 합니다. 권능이 없을 때 아무
도 듣지 않습니다. 우리는 주의 권능을 구해야 합니다. 저절로 임
하는 것이 아니라 구해야 임하는 것입니다. 성경은 말합니다. "
주와 그분의 능력을 구할지어다. 항상 그분의 얼굴을 구할지어
다."(시105:4). 성경은 구하라고 말씀합니다. "주와 그분의 능력"
을 구하십시오. 주님은 "너희가 악할지라도 너희 자녀들에게 좋은
선물을 줄 줄 알거든 하물며 하늘에 계신 너희 아버지께서 구하는
자에게 성령을 더 주시지 아니하겠느냐? 하시니라."(눅11:13)고
하셨습니다. 성령은 믿는 자녀들에게 주는 것이며, 특히 구하는
자에게 주시는 것임을 말하고 있습니다. 그래서 구해야만 합니다.
아침, 저녁으로 능력을 부어 주시기를 구하십시오. 지혜를 부어
주시기를 구하십시오. 하나님이 이미 주신 것들을 더욱 활활 타오
르게 해 주시도록 구하시고 없는 것들은 새롭게 주시도록 구하십
시오. 이것이 중요합니다. 신서한 기름부음을 구하십시오. "그러
나 주께서 내 뿔을 들소의 뿔 같이 높이셨으며 내게 신선한 기름을
부으셨나이다."(시92:10).

우리가 마귀와 싸워 이기려면 마귀의 권능보다 더 큰 권능이 필
요합니다. 세상을 이기려면 세상보다 더 큰 힘이 필요합니다. 죄

를 이기려면 죄의 권능보다 더 큰 권능이 필요합니다. 주님을 위해서 일을 하고자 한다면 주님의 권능을 구하십시오. 우리 자신의 힘과 지혜는 보잘 것 없는 것들입니다. 하나님의 권능은 영적인 삶을 살기 위해서, 승리를 위해서도 필수적입니다.

하나님은 권능의 하나님이십니다. 하나님의 권능은 한 마디로 '전능'(almighty)이란 말로 표현됩니다. 이 '권능'에 대해 알지 못할 때 사람들은 하나님을 제한하고 오해하게 됩니다. 사두개인들이 부활을 불신하고 부정한 것은 그들이 성경을 알지 못하고, 하나님의 권능을 알지 못했기 때문입니다. "예수님께서 그들에게 대답하여 이르시되, 너희가 성경도 알지 못하고 하나님의 권능도 알지 못하므로 잘못하고 있는 것이 아니냐?"(막12:24). 사람은 어느 학교를 나오고, 얼마나 공부를 했든지 간에 성경을 알지 못하고 하나님의 권능을 알지 못할 때 오류에 빠지게 됩니다. 하나님의 권능을 알지 못하고, 믿지 못할 때 신자들이라 할지라도 잘못하게 되고, 주님을 격노하게 만드는 것입니다. 하나님의 권능을 알지 못할 때 주님의 말씀을 시험하게 되며, 의심하게 되고, 불신하게 되는 것입니다.

사람들이 크게 오해하는 또 한 가지는 성령의 권능이 임하는 것이 나를 초인적으로 만들어 주거나 영예나 높임을 받게 해 줄 것이라 생각하는 것입니다. 성령의 권능은 우리에게 박해를 받을 수 있는 힘을 줍니다. 주님이 주신 권능으로 성도들은 고난에 동참할 수 있습니다. "그러므로 너는 우리 주의 증거와 그분의 갇힌 자 된 나를 부끄러워하지 말고 오직 하나님의 권능에 따라 복음의 고난에 참여하는 자가 되라."(딤후1:8). 이보다 더 분명하고 확실한 권능이 없습니다. 모욕과 수치를 받고, 죽을힘이 어디서 생깁니까? 성령의 권능이 임할 때 생깁니다. 우리 자신의 힘으로는 복음의 고난에 참여하지 못합니다. 피하려 할 것입니다. 성령의 권능은 자기를 부인하고 자기 십자가를 지고 주님을 따를 수 있는 힘을 줍니다. 그래서 어떤 고난이나 고통도 감당할 수 있게 되는 것입니다. 시험의 때에 박해를 받아보면 그 사람이 성령의 권능이 있는지 없는지 알 수 있습니다.

실제적인 삶의 문제들로 나가 봅시다. 사람은 누구나 자신이 생각하는 것, 눈에 보이는 것이 크게 다가옵니다. 그래서 하나님의 권능이 작게 보이고, 불가능해 보입니다. 주의 종들, 주의 백성들이 주의 크신 권능을 정확히 알고 믿기만 한다면 삶의 모든 문제들이 문제가 되지 않을 것입니다. 하나님은 믿음의 삶을 사는 모든 성도들에게 먼저 하나님의 권능을 알게 하시며, 자신이 전능자 하나님이심을 계시하시고 믿게 하십니다. 성경에는 전능자란 말이 무려 59회나 나옵니다. 믿음의 조상들은 하나같이 전능자 하나님을 계시 받고, 그 하나님을 믿음으로 의지함으로써 의심과 불신을 떨쳐 버리고 믿음의 증거를 지닌 훌륭한 삶을 살았습니다.

하나님은 99세의 아브람에게 나타나 자식을 주실 것을 말씀하셨습니다. 생물학적으로 이미 더 이상 자녀를 낳을 수 없는 몸 상태가 되어 버렸음은 아브람이나 사래도 잘 알고 있었습니다. 그러나 하나님은 죽은 것과 방불한 그런 몸에서도 자녀를 낳을 수 있게 해 주실 능력이 있습니다. 25년 전에 아브람을 부르실 때 주신 약속의 말씀은 아브람의 몸, 나이, 환경, 건강 상태 등에 전혀 제한을 받지 않으십니다. 전능자 하나님이시기 때문입니다. "아브람이 구십구 세였을 때에 주께서 아브람에게 나타나 이르시되, 나는 전능자 하나님이라. 너는 내 앞에서 행하여 완전할지니라."(창 17:1). 모든 약속의 말씀은 전능자 하나님이시기에 언제나 유효한 것이며, 확실한 것입니다. 전능자 하나님을 기억하십시오. 전능하신 하나님이시기에 어떤 말씀도 폐해지거나 무효화되거나 더 이상 소용이 없게 된 말씀이 없습니다. 말씀을 무효화하는 유일한 한 가지는 '불신'뿐입니다. 전능하신 하나님의 능력을 제로로 만드는 것은 사람의 불신입니다. 믿음이란 하나님의 무한한 권능이 현실에서 드러나게 하는 통로입니다.

천사 가브리엘은 처녀 마리아에게 "하나님께는 불가능한 일이 없느니라."(눅1:37)고 하셨습니다. 주님에게는 늙은 사라나 엘리사벳이나 처녀 마리아가 남자를 모른 채 아이를 낳는 일이 어려운 일이 아니었습니다. 말씀으로 천지를 창조하신 주님께서, 흙으로 사람을 지으신 주님께서 어려운 일이 있을 수 있습니까? 전혀 없습니다. "주에게 너무 어려운 일이 있겠느냐?"(창18:14a) 이것이 주님의 말씀입니다. 있을 수 없다는 것입니다. 예레미야는 고백하기를, "주 하나님이여! 보시옵소서. 주께서 주의 크신 권능과 펴신 팔로 하늘과 땅을 만드셨사오니 주께는 너무 어려워 할 수 없는 일이 없나이다."(렘32:17b)라고 했습니다. 주님께는 어려운 일이 없고, 힘드신 일이 없고, 놀랄 일이 없으신 것입니다. "만군의 주가 이같이 말하노라. 이 날들에 이 일이 이 백성 중의 남은 자들의 눈에는 놀랍게 보일지라도 내 눈에야 어찌 놀랍겠느냐? 만군의 주가 말하노라."(슥8:6). 우리 주님의 증언을 들어 보십시오. 주님은 참되고 신실한 증인으로써 하나님을 증거하셨습니다. "그분께서 이르시되, 사람에게는 불가능한 것들이 하나님께는 가능하니라, 하시니라."(눅18:27).

사람들이 안 된다, 불가능하다, 길이 없다, 더 이상 어떻게 할 수 없다고 하는 것들이 하나님께는 가능하다고 하시는 것들이라고 하시는 것입니다. 저와 여러분들에게 불가능한 것들이 무엇입니까? 그런 것들이 나올 때마다 "하나님께는 가능한 것들"이라고 고백하고 시인하며 믿음을 가지십시오.

그것이 믿음의 고백입니다. 불가능한 것들을 만날 때마다 '하나님의 권능'이 드러날 때라는 생각을 하고, 하나님을 의지하십시오. 신자의 삶이란 그런 것입니다. 이제 주님이 일하실 때라고 고백하는 것입니다. 사람들은 자신의 문제는 항상 본래의 모습보다 훨씬 커 보이며, 점점 부풀어져서 나중에는 하나님보다 더 크게 보이고, 하나님의 말씀조차 눌러 버리며, 하나님의 권능이 초라하게 보일만큼 커 보이는 법입니다.

오늘날 우리는 하나님의 권능을 어떻게 믿고 체험할 수 있습니까? 우리는 출애굽의 성도들처럼 눈에 보이는 불기둥이나 구름 기둥이 없습니다. 눈에 보이는 성전이나 영광의 구름이 임하는 것도 볼 수 없습니다. 표적을 보여 주는 대언자들도 없습니다. 그러나 지금도 하나님의 권능은 여전히 강력하게 일하고 있습니다. 성령께서 하나님이시기 때문입니다. 성령은 믿는 자들 안에 들어오셔서 말씀을 성취하시고 기도를 응답하심으로 크신 권능을 보이십니다.

불신과 더불어 주님의 권능을 막는 것은 죄입니다. "보라, 주의 손이 짧아져서 구원하지 못하는 것도 아니요, 그분의 귀가 둔하여서 듣지 못하는 것도 아니라."(사59:1). 성령의 권능을 구할 때 우리는 먼저 죄를 회개하고, 깨끗한 마음을 주시기를 구해야 합니다. 마음속에 바른 동기를 가지고 구해야 합니다. 주님은 먼저 우리의 마음속을 들여다보시기 때문입니다.

바른 마음을 주시기를 구하고 하나님의 약속의 말씀을 붙들고 믿음으로 구할 때 주님이 주시는 것입니다. 늦더라도 기다리고, 더딜지라도 인내하며 구하는 것이 중요합니다. 성령 충만, 성령의 권능 등이 설교 시간에 외쳐지는 진리가 되지 않고 매 순간 경험적으로 소유할 수 있는 것임을 말씀드립니다.

자, 다 같이 믿음으로 권능을 구합시다. 권능은 하나님과 영의 통로가 열릴 때 오는 것입니다. 깊은 영의기도를 하여 항상 하나님과 친밀하게 지내기를 바랍니다. 그리하여 항상 권능이 함께하는 성도가 되기를 바랍니다.

27장 성령의 열매 맺는 삶을 사는 법

(갈5:22-23)"오직 성령의 열매는 사랑과 희락과 화평과 오
래 참음과 자비와 양선과 충성과 온유와 절제니 이같은 것을 금
지할 법이 없느니라"

우리가 회개하고 예수님을 구주로 영접하는 그때부터 우리 속
에 들어오셔서 우리 속에 천국 복음의 깊이를 이해하고 강한 믿음
과 헌신을 하도록 인도하십니다. 우리들의 인격 속에 그리스도의
모습을 닮게 하는 성령님의 열매를 맺게 해 주시는 것입니다. 오
늘 우리는 성령께서 우리들을 통하여 맺으시는 열매를 알아보고
기도와 믿음으로 성령께 순종하여 이 하늘의 보배로운 열매로 우
리 삶이 가득해야만 하겠습니다.

아무리 외면적으로 훌륭하게 보이는 신자라도 그 인격의 내부
에 성령의 열매가 없으면 그는 마치 열매 없이 잎만 무성한 무화
과나무처럼 예수님의 저주를 받아 말라버리고 말 것입니다. 요한
복음 15장 2절에 보면 "무릇 내게 있어 과실을 맺지 아니하는 가
지는 아버지께서 이를 제해 버리시고 무릇 과실을 맺는 가지는 더
과실을 맺게 하려 하여 이를 깨끗케 하시느니라"고 말씀을 하고
있는 것입니다. 그러면 하나님의 성령께서 우리를 통하여 맺기를
원하시는 열매를 우리 하나하나 알아보고, 그 열매를 사모하고,
그 열매를 맺도록 성령과 우리 믿음으로 협조해야 하겠습니다.

성도는 권능도 있어야 하지만 권능이전에 성령의 열매가 있어야 합니다. 성령의 권능이나 은사는 성령의 열매 안에서 나타나야 정확합니다.

1. 첫째 열매는 사랑입니다.

성령께서 맺으시는 사랑은 정욕적인 사랑인 에로스가 아닙니다. 헬라어에 에로스의 사랑은 정욕적인 사랑을 말하는 것입니다. 또 우정의 사랑인 필레오 사랑이 아닙니다. 친구와 친구간에 사랑하는 그런 사랑도 아닙니다. 부자간의 사랑인 스톨케 사랑도 아닙니다. 이와 같은 사랑은 모두가 그 정도의 차이는 있으나 주고받는 조건부 사랑인 것입니다.

그러나 성령께서 내게 주시는 사랑, 하나님의 사랑은 즉 아가페 사랑인 것입니다. 아가페 사랑은 희생적으로 주는 사랑인 것입니다. 무조건적인 사랑인 것입니다. 일방적인 사랑인 것입니다. 하나님이 세상을 이처럼 사랑하사 독생자를 주셨으니 이는 누구든지 저를 믿으면 멸망하지 않고 영생을 얻으려 하는 것은 아가페 사랑인 것입니다. 희생적으로 주신 사랑이요, 무조건적인 사랑이요, 하나님께서 죄인된 우리를 향해서 조건 없이 일방적으로 사랑해준 사랑인 것입니다. 이와 같은 사랑은 인간적으로 불가능합니다.

그 때문에 성령께서 기적적으로 우리의 삶 속에 맺어주는 열매인 것입니다. 그런데 이 아가페 사랑이 기본에 깔려야만 건강한 가정, 건강한 사회, 국가 및 세계가 될 수 있는 것입니다. 그러므로 우리는 매일 성령께서 우리의 생애 속에 아가페 사랑을 맺을 수 있도록 간구하고 성령께 협조해야만 하는 것입니다.

2. 성령께서 우리의 삶 속에 맺으시는 열매는 희락의 역사인 것입니다.

성령께서 맺는 희락은 돈을 많이 벌기 때문에, 그 때문에 마음속에 일시적으로 기뻐지는 그런 희락이 아닙니다. 지위가 높아져서 환희에 차서 부르짖는 그런 희락도 아닙니다. 명예가 오므로 말미암아 자랑스럽고 기뻐하는 것도 아닌 것입니다. 환경이나 육체를 통해서 오는 그런 희락이 아닙니다. 이와 같은 희락은 변화무쌍한 환경으로 인해 곧 사라져버리고 마는 것입니다.

성령께서 맺으시는 희락은 예수님의 은혜로 말미암아 영혼 속에서 솟아오르는 말할 수 없는 영광스런 즐거움으로 기뻐하는 기쁨인 것입니다. 이와 같은 희락의 열매는 주님의 말씀을 사모하고 기도하기를 게을리 하지 않는 사람이 생활 속에 맺어지는 열매인 것입니다. 이와 같은 기쁨이 삶을 건강하게 하고, 능력 있게 살 수 있도록 만들어 주는 것입니다.

사람이 이 땅에 살면서 그 마음속에 기쁨을 잃어버리면 삶의 의욕을 상실합니다. 삶의 용기도 잃어버린 것입니다. 살아갈 수 있는 힘을 잃어버리고 마는 것입니다. 우리에게는 끊임없는 엑스타시, 마음을 황홀케 하는 기쁨이 언제나 필요한 것입니다. 그런데 이 세상에서 얻는 기쁨은 순식간에 사라집니다. 그러나 하나님께서 예수 그리스도를 믿음으로 말미암아 우리 가슴속에 성령으로 부어주시는 기쁨은 영원한 기쁨인 것입니다.

그렇기 때문에 바울 선생은 감옥에 들어앉아서 고통과 괴로움 속에 있으면서도 에베소 교인들을 향해서, 혹은 빌립보 교인들을 향해서 기뻐하라 내가 다시 말하노니 기뻐하라고 말씀하신 것입니다. 이 기쁨은 성령께서 우리의 마음속에 맺어주시는 기쁨인 것입니다. 이러므로 말씀을 사모하고 간절히 기도하면서 성령이여 우리의 영혼 속에 성령이 주시는 기쁨의 열매를 맺게 하여 주시옵소서. 우리는 늘 기도해서 우리 마음속에 광채를 가지고 기쁨을 가슴속에 가득히 담고 살기를 바랍니다.

3. 화평의 열매인 것입니다.

성령께서 주시는 화평은 환경이 갖다 주는 화평이 아닙니다. 어느 부자가 화평을 묘사한 그림을 얻기 위하여 유명한 화가들을 집에 청하여 대접을 잘 하고 그림을 그리도록 했습니다. 당선되는 작품은 고가로 사겠다는 약속은 물론 했습니다. 그래서 화가들이 열심을 다하여 이 부자가 그것을 쳐다볼 때마다 마음에 화평을 느낄 수 있는 그림을 그리려고 전력을 기울이고, 그 그림을 완성하고 난 다음에 그 부자 집 정문에 와서 이 그림을 전시했습니다.

그리고 곧 바로 사줄 것을 기대했습니다. 한 사람의 그림 앞에 부자가 섰습니다. 그 그림을 보니 평화롭고 호젓한 전원의 모습을 그린 그림입니다. 소는 누워서 여물을 씹고, 닭은 목을 쭉 뻗고 정오의 시간을 알리게 큰 소리로 꼬끼오하고 울고 있고, 개는 한 곳에서 늘어지게 잠을 자고 있습니다. 거기에 불안한 징조는 아무데도 없습니다.

반드시 그 그림을 살 것이라고 생각했는데, 이 부자는 그 앞에서 잠시 서 있다가 고개를 끄덕끄덕하고 난 다음에는 지나가 버렸습니다. 두 번째 그림을 보았습니다. 두 번째 화가는 할아버지, 할머니, 아버지, 어머니, 자녀들이 함께 모여 오순도순 이야기를 나누는 아름다운 장면을 그린 그림이었습니다.

그곳에서도 사랑과 정이 넘치고 화평이 가득했습니다. 그러나 그곳에서 잠시 머물다가 부자는 지나갔습니다. 세 번째 그림을 보니 깊은 산중 호수에 바람 한 점 없는데, 하늘을 가는 구름 한 점이 물위에 둥실 떠있는 장면을 그린 그림이었습니다. 그것도 잠시 동안 들여다보다가 이 부자는 지나가 버리고 말았습니다.

네 번째 그림은 나이아가라폭포처럼 천지를 진동하며 쏟아지는 폭포의 바위구석에 뻗어 나온 가냘픈 나뭇가지에 둥지를 틀고 알을 품고 앉아있는 어머니 새가 있는데, 지금 바람이 불어와서 물보라가 덮치면 그 둥지도 나뭇가지도 흔적도 없이 사라질 그런 위험한 곳에 둥지를 틀고 알을 품고 있는 그 어미 새의 눈 속에 불안과 공포가 하나도 없습니다.

평안한 마음으로 알을 품고 있습니다. 그 부자는 이 장면에 못박힌 듯이 서서보고 있더니 그는 고가를 주고 그 그림을 샀습니다. 사람들이 모두 불평을 말했습니다. 도대체 이것이 무슨 평화냐, 지금 당장 폭포의 물이 조금이라도 바람에 날리면 나뭇가지도 꺾어지고, 둥지도 다 날아갈 만한 위험에 있는데 이게 무슨 평화냐? 그때에 부자가 하는 말이 그 말이 옳다. 언제 바람이 불어폭포의 물이 휩쓸어 와서 나뭇가지가 꺾어지고, 둥지가 날아갈지모르는 그 위험한 상태에서도 이 어미 새의 눈을 보라, 조금도 두려워하지 않고 알을 품고 평안한 가운데 앉아 있다. 이것이 이 세계에서 필요한 평화다. 오늘날 우리가 사는 세계는 언제 불안과 고통과 시험과 환난이 폭포처럼 다가올지 모르는 곳에 살고 있습니다.

우리가 살고 있는 이 땅은 평화로운 땅이 아닙니다. 그럼에도 불구하고 이 새처럼 마음에 평안을 가지고 살 수 있다면 이게 참된 평화라고 말했습니다. 그러한 평화는 세상 사람으로 만들어지지 않습니다. 이는 하늘에서 내려온 성령께서 내게 주는 평화의 열매인 것입니다. 성령이 주는 평화의 열매는 바깥 환경에 구애되지 않는 영혼의 깊은 곳에 가득히 채워지는 평화인 것입니다.

이 평화만이 두려움과 불안을 이기고, 강한 믿음과 용기를 주는 것입니다. 이러기 때문에 예수님을 구주로 모시고, 성령이 충만하여 말씀을 읽고 기도하며 찬미하는 삶 속에 하나님의 성령은 끝없는 평화의 열매로 맺어지게 하여 주시는 것입니다.

이런 평화가 있는 사람이 행복을 가질 수 있는 것입니다. 힘이나 명예나 돈이나 온갖 것 다 가지고 있다하더라도, 여러분 평안이 없으면 행복은 사라지고 마는 것입니다. 행복의 조건은 바로 마음의 평화이고, 이것은 성령께서 우리에게 베풀어주는 것입니다.

4. 오래 참음입니다.

인내는 믿음의 바탕입니다. 그 때문에 하나님께서는 우리에게 축복하시기 전에 항상 인내를 시험해 보십니다. 오래 참을 수 있는 사람인가, 없는 사람인가, 그리스도의 신자들은 반드시 오래 참는 성격을 가져야 하나님께 복을 받을 수 있는 것입니다. 오래 참음은 하나님의 말씀을 믿는 기본 바탕입니다.

내가 말씀을 믿었으면, 동남풍이 불고 서북풍이 불어도 흔들리지 않고, 오직 그 말씀을 믿고 참을 수가 있어야 되는 것입니다. 하나님께 대한 사라지지 않는 기대와 소망의 터전이 바로 인내입니다. 하나님께 대해서 우리가 기대와 소망을 가졌으면 우리 앞길이 칠흑같이 어두워도 기대와 소망을 버리지 말고 당황하지 말고, 인내하면서 기대와 소망을 가지고 전진해 나갈 수 있어야 됩니다.

하나님의 사랑에 대한 추호의 의심도 없는 확신이 바로 인내인 것입니다. 내가 어둡고 캄캄한 사망의 골짜기를 지나갈지라도 하나님은 나를 사랑하고 계신다는 이러한 확신을 가지고 인내하고 참고 나가는 것입니다. 어떤 유대인이 유럽 독일의 강제 노동 수용소에서 수용돼 있다가 사형장으로 나가기 전에 벽에 기록한 글이 지금도 남아 있다는 것입니다.

비록 하늘에 구름이 끼어 태양이 보이지 않으나, 구름 위에 언제나 태양이 있는 것처럼, 지금 스산한 환경 가운데 있으므로 하나님이 우리를 사랑하는 것 보이지 않으나, 그러나 하나님은 이 배후에서 항상 우리를 사랑하고 계신다는 것입니다.

그러므로 환경에서 시련이 다가오므로, 하나님의 사랑이 눈에 보이지 않음 같아도, 그 시련 뒤에 하나님의 손길은 언제나 움직이고 있다는 것을 우리는 인내의 믿음으로 알아야만 하는 것입니다.

이러므로 성령은 우리 마음 가운데 오래 참는 인내의 믿음을 열매 맺게 해주는 것입니다. 인내가 없는 믿음은 믿음이 아닙니다. 그렇기 때문에 하나님께서는 우리에게 은총을 베풀기 전에 언제나 크고 작은 시련을 보내어서 과연 참느냐, 과연 참을 수 있는가, 이것을 시험해 보고 난 다음 하나님께서 은혜와 복을 허락하여 주시는 것입니다.

5. 자비 입니다.

하나님께서 우리에게 시험해 보는 것은 자비의 시험이며, 성령께서 우리 마음속에 내리시는 열매도 자비의 열매인 것입니다.

자비란 것은 무엇일까요? 자비는 불쌍히 여기는 마음이 바로 자비심입니다. 부모는 자식에 대한 사랑이전에 애처롭고 불쌍히 여기는 자비의 마음을 갖고 있는 것입니다. 그러므로 부모의 사랑이란 그냥 사랑이 아닙니다. 그 속에는 애처롭고 불쌍히 여기는 마음이 언제나 바탕에 깔려 있는 것입니다.

이와 같이 하나님께서 사람을 지었을 땐 처음에 그 마음속에 사랑과 자비심을 가지고 지음을 받았습니다. 그런데 죄와 마귀가 인간 속에 들어와서 그 사랑과 자비심을 완전히 파괴해 버리고 만 것입니다. 오늘날 우리의 마음속에 남아 있는 것은 무엇입니까? 원수를 맺게 하는 마음인 것입니다. 서로 미워하고 서로 저주하고 파괴하려는 그런 마음이 우리 마음속에 있습니다.

분쟁하는 마음이 있습니다. 타협과 양보를 거부하고 서로 물고 찢고 싸우는 마음입니다. 시기하는 마음이 있어 남이 잘되는 것이 보기 싫고, 고통스러워 견딜 수가 없어서 남을 해치는 마음입니다. 분노하는 마음이 있습니다. 정신적으로 남을 폭행하는 그런 마음이 있습니다. 파당을 지어서 서로 갈라지고 분리하는 이러한 마음들이 우리에게 가득히 있어, 우리에게 불행을 초래하고 있는 것입니다.

하나님께서 우리를 대하시는 마음은 사랑하는 마음, 자비로우심, 불쌍히 여기는 마음인 것입니다. 성경에 보면 간음하다가 현장에서 잡힌 여자를 사두개 교인, 바리새교인, 율법주의자들이 끌고 와서 다 죽이라고 할 때, 예수님께서 뭐라고 말씀했습니까? 너희 중에 죄 없는 자가 먼저 돌로 쳐라. 그 말에 모두다 간담이 서늘해서 다 도망을 치자 예수께서 말씀하시기를, 여자여 너를 정죄하는 자가 있느냐? 여자가 말하기를 없나이다.

나도 너를 정죄하지 아니한다. 집으로 돌아가서 다시 죄를 짓지 말라고 했습니다. 예수님은 자비를 베풀고, 생명을 살리기를 원하시는 것입니다. 예수님은 죽이기를 원하지 않는 것입니다. 그러므로 오늘 성령께서 우리의 마음속에 맺으시는 열매는 이같이 불쌍히 여기는 마음이며, 사람을 살리려고 하는 마음, 이 마음을 성령의 열매로 주님께서 맺게 하기를 원하시는 것입니다.

6.양선입니다.

하나님의 성령이 우리 마음속에 맺게 하는 열매는 양선인 것입니다. 이 세상에는 천성이 선량하고 양순한 사람이 있는가 하면, 포악하고 악질적인 사람도 있습니다. 오늘날 젊은 세대 중에서 성품이 점점 포악해지고, 거칠어지는 경향이 있습니다. 그 이유는 세상이 점점 사람의 가치를 등한시하고, 물질만능 황금만능 시대로 들어가기 때문에 점점 사람들이 물질화하고, 포악해지는 것입니다.

그렇기 때문에 입에 담기조차 치가 떨리는 강도, 강간, 납치, 인신매매, 근친상간 등 정말 인간 종말의 현상을 우리는 신문 지상을 통해서 매일같이 보고 있는 것입니다. 이것은 정말 말세가 가까이 왔구나하는 것을 피부로 느끼게 하는 것입니다. 이런 중에서도 성령께서는 예수님을 따르는 사람들의 마음속에 양선의 열매를 맺게 하고 있는 것입니다.

선량한 마음이 될 수 있는 그런 열매를 하나님의 성령께서 맺게 하는 것입니다. 양선의 열매가 가득한 사람들은 착한 남편이 되고, 착한 아내가 되고, 착한 자녀들이 되고, 착한 이웃이 되고, 착한 성도는 참으로 값으로 헤아릴 수 없는 보배들인 것입니다. 이와 같은 사람들이 있기에 이 세상은 살아갈 수 있는 곳이 되는 것입니다.

성령께서 바로 이와 같은 착한 마음 선량하고 양순한 마음의 열매를 우리의 영혼 속에 맺으려고 오늘도 노력하고 있는 것입니다. 우리는 이 마음을 받아들여야 되는 것입니다. 이 마음을 받아들일 때 하나님께로부터 복을 받을 수가 있는 것입니다.

7. 충성의 열매입니다.

충성심이란 어떠한 경우에도 변절하지 않고, 한결 같이 섬기는 마음인 것입니다. 이 충성심이야말로 얼마나 필요한지 오늘날 사람들은 만나면 자기의 이해 상관으로 곧장 변절합니다. 그리고 배반합니다. 그리고 서로 서로를 비난합니다. 그래서 점점 이와 같은 충성심을 이 세상에서 찾아보기 힘들어 집니다.

예수님의 열두 제자 중에 가룟 유다는 적나라하게 예수님을 배반했고, 열한 제자 중에도 생활환경이 억압을 당하고, 어려워질 때 그들은 다 변절하고 도망친 경험이 있습니다. 사도 바울은 말세에 충성심을 상실한 세대가 올 것을 예언하셨습니다.

디모데후서 3장 1절로 4절에 보면 "네가 이것을 알라 말세에 고통 하는 때가 이르리니 사람들은 자기를 사랑하며 돈을 사랑하며 자긍하며 교만하며 훼방하며 부모를 거역하며 감사치 아니하며 거룩하지 아니하며 무정하며 원통함을 풀지 아니하며 참소하며 절제하지 못하며 사나우며 선한 것을 좋아 아니하며 배반하여 팔며 조급하며 자고하며 쾌락을 사랑하기를 하나님 사랑하는 것보다 더하는" 시대가 온다고 말씀한 것입니다.

이러한 것들이 사람들이 마음속에 충성심을 빼앗아 가고 마는 것입니다. 오늘날 일본사회가 강한 것은 일본 사람들은 그들이 소속한 집단에 대한 충성심이 말할 수 없이 뜨겁습니다. 그 때문에 그들은 세계 최대의 경제대국을 이루어 놓고 만 것입니다. 우리 한국 사회의 크나큰 병폐는, 우리 한국은 국가에 대한 충성심도, 집단에 대한 충성심도, 사회에 대한 충성심도 갖고 있지 않습니다. 우리 한국에 가장 부족한 것은 충성심의 부족인 것입니다. 그러나 우리 하나님을 섬기는 사람은 하나님 아버지와 예수 그리스도에 대하여 죽도록 충성해야만 하는 것입니다. 배신자는 결코 천국에 들어가지 못합니다. 성령께서 주님의 백성들의 마음속에 이 충성스러운 마음의 열매를 맺으려고 애를 쓰고 계십니다. 성경 요한계시록에 네가 죽도록 충성하라, 그리하면 내가 생명의 면류관을 네게 주겠다고 말씀하신 것입니다. 주를 믿는 사람만이라도 우리는 하나님 아버지와 예수님과 교회에 대하여 그 나라와 의를 먼저 구하며 충성스러운 마음을 가져야 되는 것입니다.

8. 온유입니다.

하나님의 성령께서 우리 마음속에 맺으시는 열매는 온유의 열매인 것입니다. 온유는 따뜻하고 부드러운 마음, 잘 길들임을 받아 순종하는 마음을 뜻하는 것입니다. 여러분 산과 들에 사는 사나운 짐승은 대개 거칠고 험한 삶을 살고, 늘 위험에 노출됩니다. 곰이나 사자나 호랑이나 여우나 이런 온유하지 않은 길들임을 받지 않은 짐승들은 험산 준령 바위틈에 살고, 낮에 들로 내려오지 못합니다.

언제나 위험에 노출되고, 심한 어려운 환경가운데 고통을 받고 삽니다. 그러나 온유한 짐승들 보십시오. 사람이 기르는 가축은 온유한 짐승들이며, 길들임을 잘 받은 짐승들입니다. 그들은 사람의 보호와 돌봄을 받아 평안하고 복된 삶을 사는 것입니다. 이처럼 우리 사람의 생각에는 사나운 사람들이 이 세상에서 잘살 것같이 생각합니다. 박하고 공갈하고 폭력을 사용하고 남에게 해를 가하는 사나운 사람들이 잘 살 것 같지만은 그러나 아직 우리의 경험 속에 보면 이와 같은 사나운 사람, 폭력배들이 이 땅에서 화평을 즐기고 잘사는 것을 우리가 보지를 못합니다.

그러나 성경이 약속한 것은 무엇입니까? 온유한 자는 복이 있나니 저희가 땅을 차지할 것이라고 말한 것입니다. 온유한 자는 땅을 차지하고, 풍부한 화평으로 즐길 것이라고 했습니다. 왜냐하면 온유한 사람은 우리 하나님께서 친히 돌보아주시기 때문인 것입니다. 하나님이 함께 해서 복을 주실 것입니다. 그렇기 때문에 주님께서는 약한 자를 대적치 말라고 하셨으며, 오른 뺨을 치면 왼 뺨을 돌려대며, 오리를 가자하면 십리를 가고, 겉옷을 달라하면 속옷까지 주고라도 악한 자와 싸우지 말라고 했었습니다.

온유한 사람이 현실적으로 눈에 보기에는 언제나 손해를 보고, 상처를 입는 것 같지만은 먼눈으로 보면 땅을 차지하고, 풍부한 화평으로 사는 사람은 온유한 사람, 온유한 민족이 그렇게 되는 것입니다. 그러므로 우리는 우리 마음속에 성령이 맺기를 원하시는 이 온유의 열매를 맺을 때, 하나님께서 그와 더불어 우리에게 넘치는 복을 내리어 주시는 것입니다.

9. 절제의 열매인 것입니다.

절제는 분수에 맞게 조절하고 사는 것을 말하는 것입니다. 아무리 좋은 것이라도 넘치는 것은 좋지 않습니다. 좌로나 우로나 치우치면 그것은 나쁜 것이 되는 것입니다. 좋은 것도 절제가 있어야 좋아지는 것입니다. 뜨거운 신앙은 좋은 것입니다만, 그러나 절제를 잃어버리고, 뜨거운 신앙을 갖는다고 가족과 생활을 저버리고 도를 넘치게 되면 광신이 됩니다.

그것은 분수를 뛰어넘은 조절이 안 되는 신앙인 것입니다. 그래 하나님을 믿는 사람이 자기 처자를 분토와 같이 버린 것이 그게 신앙이라고 생각한다면 이것은 대단히 잘못된 병든 신앙이 되어버리고 마는 것입니다. 오늘 시한부 종말론에 빠져서 광신적으로 날뛴 사람들이 어떤 사람들입니까? 모두 절제를 잃어버린 신앙 때문인 것입니다.

주님이 강요하신다면 우리가 있는 자리에서 열심히 아버지는 아버지의 일을 하고, 어머니는 어머니의 일을 하고, 자식은 자식의 일을 하고, 생산직은 생산직에 종사하고, 사무직은 사무직에 종사하면서 예수를 잘 믿고 있으면, 주님이 오시면 그대로 올라가는 것입니다.

그대로 혹은 자다가 올라가고, 혹은 일하다가 올라가고, 혹은 아침밥 먹다 올라가고, 언제고 내가 그리스도를 중심에 모시고 성실한 인생을 살아가면 어느 자리에서라도 올라가지 날짜를 정해놓고 떴다 놓았다 집안을 다 버리고 가정을 버리고 모여 가지고서 열광적으로 고함을 치고 이래서 잘 믿는 사람이라는데 이런 사람을 주님께서 데리러 오지 않습니다.

주님이 정말 강림하신다면 이런 사람은 버리는 것입니다. 절제 있는 신앙, 아담한 신앙, 정상적인 신앙, 이런 신앙을 하는 것이 참된 신앙인 것입니다. 그러므로 하나님은 물질세계나 영적인 세계에서나 똑같이 정확한 질서와 평온의 법도로 다스리고 계신 것입니다. 나쁜 일은 말할 필요 없거니와 좋은 일에도 언제나 절제와 발란스 즉 평형을 잃어버리면 이것은 신앙이 아닙니다.

여호수아는 여호수아 1장 7절에 "오직 너는 마음을 강하게 하고 극히 담대히 하여 나의 종 모세가 네게 명한 율법을 다 지켜 행하고 좌로나 우로나 치우치지 말라 그리하면 어디로 가든지 형통하리니"라고 말한 것입니다. 치우친 신앙은 좋은 것이라도 그것은 즉 나쁜 것으로 변화되고 마는 것입니다. 이러기 때문에 우리는 좌로나 우로 치우치지 않는 신앙을 가져야만 되는 것입니다.

그러므로 성령은 절제의 영이신 것입니다. 그 때문에 우리의 모든 삶에 하나님의 성령이 오시면 우리에게 분수를 깨닫게 해 주시고, 우리 인생을 조절해서 살며, 절제 심을 가지고 살 수 있도록 열매를 맺어 주시는 것입니다. 구원받은 성도들 안에는 당장 성령께서 들어오셔서 그때부터 열매 맺기 시작하는 것입니다.

우리들은 성령의 소원을 쫓아 열매 맺기를 소원하고 그 열매를 간구할 때 하나님의 성령은 우리에게 충만한 열매를 맺게 하여 주시는 것입니다. 요한복음 15장 8절로 9절에 "너희가 과실을 많이 맺으면 내 아버지께서 영광을 받으실 것이요 너희가 내 제자가 되리라 아버지께서 나를 사랑하신 것같이 나도 너희를 사랑하였으니 나의 사랑 안에 거하라"고 말씀하셨습니다.

요한복음 15장 16절에 "너희가 나를 택한 것이 아니요 내가 너희를 택하여 세웠나니 이는 너희로 가서 과실을 맺게 하고 또 너희 과실이 항상 있게 하여 내 이름으로 아버지께 무엇을 구하든지 다 받게 하려 함이니라"고 말씀한 것입니다. 우리가 열매 맺는 삶을 살 때, 하나님께 기도하면 하나님께서 응답하여 주실 것이라고 말씀한 것입니다.

입술로만 주여! 주여! 하면서 우리의 삶 속에 잎사귀만 무성하고, 열매 없는 무화과처럼 되면 주님께서 우리에게 기도를 응답해주기는커녕 와서 저주해버리고 마는 것입니다. 이러므로 우리가 예수를 믿고 구원을 받은 성도는 성령을 우리 속에 모시고 있습니다.

성령은 우리를 통하여 이 열매를 맺기를 원하시는 것입니다. 사랑과 희락과 화평과 오래 참음과 자비와 양선과 충성과 온유와 절제니 이러한 것을 금할 법이 없느니라. 성령의 열매가 얼마나 풍성하고 많은 가에 따라서 당신의 기도가 얼마나 많이 하늘에 상달되며, 얼마나 하나님이 많이 축복해 줄 수 있는 자격을 구비 했는가 아닌가의 관권이 되는 것입니다.

10.성령집회와 집회실황 테이프 교재안내

충만한 교회에서는 하나님의 군사를 양성하기 위하여 매주 집회를 하고 있습니다. 충만한 교회는 특색이 있는 교회로서 본 교회에 소속된 교인들의 영성유지를 위하여 주일날 성령의 강력한 역사가 일어나는 예배를 드립니다. 이때 불같은 성령으로 세례를 체험하고 치유를 받고 있습니다. 직장 생활로 시간을 내지 못하는 성도들이 성령 체험과 치유받기 위하여 다수 참석하여 은혜를 받고 있습니다.

매주 화요일부터 목요일까지 년중 무휴 진행하는 집회는 매일 11시부터 16시 30분까지 성령능력 기적치유 집회를 매주 다른 과목을 가지고 진행하고 있습니다.

매주 목요일 밤에는 성령의 불세례를 체험하는 집회가 19시 30분부터 22시까지 있습니다. 지방에 살고 계셔서 집회에 참석하지 못하는 분들을 위하여 집회 실황녹음 테이프와 CD, 교재가 준비되어 있습니다.

교재와 테이프, CD를 신청하시면 택배로 보내드립니다. 충만한 교회에 비치된 집회 실황 녹음테이프와 CD는 33개 세트가 있습니다. 모두 60분 테이프 12개와 CD 12로 녹음되어 있습니다. 테이프와 동일한 내용으로 교재가 준비되어 있습니다. 교재를 보면서 테이프를 들으면 성령의 역사와 치유를 받을 수 있습니다. 필요하시면 02)3474-0675로 전화하시기를 바랍니다. 테이프와 교재의 상세한 목록과 내용은 홈페이지 www.ka0675.com 에서 제작 비치된 교재와 CD,테이프 목록은 홈페이지를 참고 하시기를 바랍니다.

28장 성령을 소멸하지 않는 법

(살전 5:19-22)"성령을 소멸하지 말며 예언을 멸시하지 말고 범사에 헤아려 좋은 것을 취하고 악은 어떤 모양이라도 버리라."

하나님의 성령이 우리와 같이 계신 곳에는 하나님의 기적이 따릅니다. 이스라엘백성이 애굽에서 나와서 홍해수가 왔었을 때, 그들 앞에 구름기둥과 불기둥같이 성령이 친히 임재해서 인도했었습니다. 애굽의 대 군대가 도로 그들을 잡기 위해서 바로를 중심으로 동원해서 오니깐 이 구름기둥과 불기둥이 휙 돌아서 이스라엘 진 뒤로 돌아섰습니다. 그래서 애굽과 이스라엘 진 사이에 구름기둥과 불기둥이 서있으니 자, 밤에는 이스라엘 진은 대낮같이 밝고 낮에도 애굽 진은 칠흑같이 어두웠습니다.

그렇게 해서 이스라엘 진을 정비해서 모세가 지팡이를 내밀매, 홍해수가 갈라져서 육지처럼 홍해를 건너게 하고, 구름기둥과 불기둥이 덮인 곳에는 메추라기가 떨어지고, 만나가 임하고, 바위에서 물이 솟구쳐 올라오고, 사람들이 병들지 아니하고, 옷과 신발이 닳지 아니하는 기적이 일어났던 것입니다. 이와 같이 성령께서 역사하고, 성령께서 임재하시고, 성령께서 이끌어 가는 곳에는 오늘날에도 살아 계신 하나님의 역사가 나타나는 것입니다.

이러므로 기독교의 신앙은 바로 성령의 신앙인 것입니다. 예수를 믿으면 하나님의 성령이 우리 속에 와서 거하시고, 우리가 간절히 구하면 성령이 충만하셔서 성령 안에서 살아있는 하나님과 우리는 직접 교제하는 것입니다. 성령의 교통을 통해서, 성령과 함께 인생동업, 신앙동업을 함으로써 성령의 교통과 함께 움직이면서, 성령과 일체 되면서 우린 하나님과 함께 살게 되는 것입니다. 이러므로 성령이 계신 곳에는 마귀도, 태풍도, 환경도 우리를 무너뜨릴 수가 없습니다.

오늘 그렇기 때문에 성령을 소멸하고 나면 그것은 신앙이 아닙니다. 개인적으로 성령을 소멸한 그 사람은 종교적, 형식적, 의식적인 사람은 될지 몰라도 구원받은 사람이 아니며, 교회에서 성령을 소멸해버리면 그 교회는 십자가 간판은 붙여놓았다 할지라도 거기에는 구원의 길이 열려있지 않은 교회인 것입니다. 죽은 교회인 것입니다. 이렇기 때문에 오늘날 우리가 가장 관심사를 기울여야할 것은 "너희가 믿을 때 성령을 받았느냐?"는 것입니다.

성령을 소멸하지 말라는 것입니다. 바로 기독교는 성령이 도와주셔서 예수를 믿고, 신앙이 자라고, 성령이 도와주셔서 천국까지 가는 것입니다. 그러면 무엇이 우리 성령의 역사를 소멸시키는 것입니까?

1.꿈과 환상을 잃어버리면 성령을 소멸시킨다.

왜냐하면 성령은 전진형이요, 발전형이요, 창조형인 것입니다. "성령이 너희에게 임하시면 너희가 권능을 받고, 예루살렘과 온 유다와 사마리아와 땅끝까지 이르러 내 증인이 되리라."고 말한 것입니다. 이것은 무엇이냐면 성령은 정체의 영으로써 한곳에 가만히 머물러 있을 수가 없고, 성령은 자꾸 움직이는 것입니다. 그래서 예루살렘에서는 유다로 움직여나가고, 유다에서는 사마리아로, 사마리아에서는 땅 끝까지 성령은 전진해나갑니다, 창조해나갑니다, 생산해나갑니다, 진취해나갑니다.

이러므로 성령과 같이하는 사람은 이와 같은 전진적인, 꿈과 환상이 그 마음속에 있어야 됩니다. 오늘날 개인적으로나 가정, 사업을 하는 사람이나 교회라도 발전하는 꿈과 환상을 저버리고 '여기가 좋사오니, 여기 있으십시다'하고서 초막 셋을 짓고 들어앉으면 그때로부터 하나님의 성령의 역사는 그처버리고, 성령은 거기서 떠나가 버리고 마는 것입니다. 이러므로 꿈과 환상을 갖지 않은 사람은 성령과 동행할 수 없습니다. 우리는 내일은 오늘보다, 다음 달은 금번 달보다, 명년은 금년보다 발전하는 꿈과 환상을 가져야 되는 것입니다.

이러므로 내일에 대한 계획과 목표를 세우고, 그것이 이루어질 꿈과 환상을 가슴속에 가지고, 믿음으로 기도할 때 이러한 사람과 성령이 같이 하십니다. 우리 충만한 교회도 우리 교회가 계속해서 번성해나가는 꿈과 환상을 가지고 있어야 합니다. 우리 교회를 통하여 많은 성도가 성령을 체험하고 치유 받아 하나님의 군사가 되는 꿈과 환상을 가지고 있을 동안에는 성령께서 역사 하시는 것입니다.

이러므로 예수 믿는 사람에게는 주님 오시는 그날까지 그 자리에 앉아있을 수가 없습니다. 모든 것에 발전적인 꿈과 환상을 가져야 되는 것입니다. 이에 성경에"꿈이 없는 사람은 망한다."고한 것처럼, 오늘 이 시간에 꿈이 없으면 성령을 소멸해버리고 만다는 것을 알아야 합니다. 우리는 항상 하나님 말씀을 읽어서 말씀을 재료 삼고 기도를 통하여 더 발전적인, 향상적인 개인과 가정, 생활과 교회에서 꿈을 갖게 되어야 합니다.

2.부정적인 감정을 가질 때 성령이 소멸된다.

성령을 소멸하는 일은 부정적인 감정을 가질 때 성령이 소멸됩니다. 부정적인 감정이란 불평 말입니다. 이 불평은 관계를 끊어버립니다. 남편이 불평 투성이면 아내와의 관계가 끊어집니다. 아내가 바가지를 긁고, 불평을 자꾸 하면 남편과의 애정적인 관계 끊어집니다. 한 집단사회에도 불평분자가 들어와서 자꾸 불평하면 논쟁이 생기고 교제가 끊어집니다.

이와 같이 사람들이 생활에서 자꾸 불평하면 하나님과의 교제가 끊어지기 때문에 성령께서 역사 할 수 없습니다. 불평, 원망대신에 오히려 감사하고, 찬송하고, 기뻐하면 하나님의 성령께서 역사해서 문제를 해결해 주시는 것입니다. 이렇기 때문에 부정적인 감정인 불평을 최대한도로 우리는 억제해야 될 것인 것입니다. 원망도 한가집니다. 원망은 자기를 타당화 하고서 자꾸 남 때문에 입니다.

남편 때문에, 아내 때문에, 부모 때문에, 자식 때문에, 이웃 때문에, 나라 때문에… 그래서 자기 스스로 깨어지고 회개할 줄 모르고 자기를 타당화 하고 남에게 책임을 전가하는 이러한 일을 할 때, 이 원망을 통해서 성령은 소멸됩니다. 성령은 원망하는 사람과 같이 머물러서 일하지 않습니다. 그 다음, 미움도 성령을 소멸합니다. 성령은 사람을 살리러왔지, 죽이러 안 왔는데 미움이란 것은 정신적인 살인인 것입니다.

이렇기 때문에 미워해서 분쟁이 있는 곳에는 성령이 떠나갑니다. 성을 내는데도 성령이 떠나갑니다. 성내는 것이 하나님의 의를 이루지 못한다고 했으므로 성을 내는 사람은 불의를 행하는 것입니다. 이러므로 불의를 행하는 자와 의로운 성령이 같이 있을 수가 없는 것입니다. 이러므로 우리의 생활 속에 부정적인 감정인 불평이나 원망, 미움이나 성내는 것, 아주 평범하고 통상적인 것 같지만은 이런 것들이 성령을 소멸해버리고 마는 것입니다. 성령의 임재하심이 이런 것으로 말미암아 소멸되고, 그 대신에 마음속에 도적질하고, 죽이고, 멸망시키는 마귀의 손길이 나타나는 것입니다. 이러므로 우리들은 성령을 소멸치 않기 위해서 부정적인 감정을 하나 없이 회개하고, 이런 부정적인 감정을 모두 다 대적하시기를 바랍니다.

3.우상숭배를 하면은 성령이 소멸된다.

우리는 예수 그리스도와 약혼한 사람인 것입니다. 이러므로 마음을 다하고, 뜻을 다하고, 정성을 다하고, 목숨을 다하여 신랑 되신 예수님을 사모하고 사랑해야지 딴 데 마음을 주어서 우상을 섬기면 영적인 간음을 하게 되는 것입니다. 우리는 그런 우상을 안 섬긴다고 말하지만 마음속에 탐욕은 우상숭배인 것입니다. 자기의 마음속에 탐욕이 들어온 아나니아와 삽비라는 자기의 재산을 팔아 가지고도 그걸 일부는 감추고, 일부분만 가지고 와서 이것이 전부 다 가지고 온 것이라고 그랬었습니다.

하나님은 탐욕을 가지고 하나님을 섬기는, 우상을 섬기는, 전심으로 섬기지 않고 간음한 것과 같은, 이러한 아나니아와 삽비라를 그들 앞에서 죽여 버리고 마는 것입니다. 하나님께서는 탐욕을 미워하십니다. 자기의 분수를 넘어서 탐심을 갖고, 탐욕으로서 사는 사람은 바로 우상을 섬기는 사람으로써 하나님보다도 물질을 더 사랑하거나 자기의 환경을 더 사랑하는 사람인 것입니다. 이러한 사람은 영적으로 간음한 사람으로서 주님께서 내버려 두지 않습니다. 우상숭배는 성령을 소멸해버리고, 하나님의 성령이 떠나갑니다. 이렇기 때문에 우리의 생애 속에 눈에 보이는 우상이나, 눈에 보이지 않는 마음의 탐욕, 하나님보다 더 사랑하는 일이 있으면 이를 모두 다 젖혀버리고 성령이 충만하게 되기를 바랍니다.

4.음란은 성령 충만을 방해하고, 성령을 소멸시킨다.

성경은 뭐라고 말합니까?"너희 몸은 하나님의 성전이라. 하나님의 성령이 거하는 거룩한 전이니, 하나님의 성전을 더럽히면 하나님이 저를 멸하시리라"고 말한 것입니다. 오늘 이 시간에 우리는 예수 그리스도의 보혈로서 값주고 사고, 하나님의 거룩한 성령이 거하는 성전이 되어있는 것입니다. 이러므로 음란은 이 성전을 더럽히기 때문에 성령이 음란으로 더럽힌 그 몸속에 성전 삼고 거할 수가 없는 것입니다.

음란은 왜냐하면 막연한 것이 아니라 세 가지 죄가 있습니다. 음란은 처음, 간음죄입니다. 간음죄란 것은 결혼 한 부부 간이 아닌 다른 사람하고 서로 육체적인 교제가 있을 때, 이것은 간음죄입니다. 하나님께서 간음죄를 음란죄 중에서 가장 심히 다룹니다. 다윗을 하나님이 그렇게 사랑 했지만은 다윗이 자기 남편이 있는 우리야의 아내를, 우리야가 일선에 나갔을 동안에 그를 손대어서 간음을 했습니다. 하나님께서 간음죄를 지은 다윗을 가만 내버려두지 않았습니다.

무섭게 심판해서 가정이 풍비박산 되도록 얻어맞은 것입니다. 우리 하나님께서는 간음죄를 내버려두지 않습니다. 간음죄란 결혼한 사람들이, 결혼한 사람들끼리 육체적인 죄를 범할 때 간음죄가 되는 것입니다. 성경에는 사통의 죄가 있습니다. 사통의 죄라는 것은 결혼하지 않고 서로 섞여 사는 것을 말합니다. 영어로는 '포니 케이션'이라고 말하는데 요사이 구라파나 미국에 이러한 죄들이 얼마나 있는지 모릅니다.

결혼도 하지 않고 중고등학교, 대학생만 되면 벌써 이 때문에 골치를 앓습니다. 제가 외국에 성회를 자주 다니시는 목사님에게 들은 이야기입니다. 교육청에 있는 사람이 목사님보고 이런 말을 하더랍니다. "우리 구라파는 큰일 났습니다. 벌써 딸내미 13살만 되면 학교에 보낼 때 반드시 피임약을 그의 가방에다 집어넣어 줘야 됩니다." 13살만 되면 부모가 학교에 갈 때 반드시 점심박스와 함께 피임약을 넣어줘야 됩니다. 사통의 죄, 결혼도 하지 않고서 막 섞여 사는 이 사통의 죄가 오늘날 잘 먹고, 잘 입고, 잘사는 나라일수록 더 격심하게 많아지는 것입니다.

옛날에도 성경에 보면 노아의 홍수 때, 사람들이 육체가 됨으로 하나님의 영이 영원히 사람과 같이 않겠다고 해서 노아의 홍수로 멸했습니다. 소돔과 고모라 사람들이 다 색욕을 좇아서 육체가 될 때 하나님께서 소돔과 고모라 성을 유황불로 멸해버렸습니다. 오늘날 세계가 하나님께서 잘 먹게 하시고, 잘 입게 해 주시고, 편안하게 살게 해 주시니깐 이와 같은 사통의 죄가 팽배해서 이 땅은 스스로 불로써 심판 받을 준비를 하고 있는 것입니다.

그 다음이 음란죄인 것입니다. 음란죄란 것은 남창, 여창 음란한 창녀들이 모여 가지고서 음행을 행하는 것입니다. 이것도 오늘날 세계가 저지른 가장 무서운 죄악인 것입니다. 일본에 있는 목사님이 저에게 전화해서 이런 말을 하는 것입니다. "목사님, 정말 창피해서 견딜 수가 없습니다. 한국에서 온 젊은 여성들이 일본에 건너와서, 관광 비자를 가지고 와서 일본에서 음란한 행위를 해서 돈을 법니다. 그래서 어떤 사람은 300만 엔을 벌었다, 뭐 500만 엔을 벌었다. 그리고 난 다음에 한국으로 나갔다가, 또 관광 비자를 받아서 들어와서 창피해서 일본 사회에서 머리를 들

수가 없다." 음란한 것, 그렇게 해서 돈을 벌어서 그 돈이 그에게 행복을 가져오느냐? 그 돈은 불길같이 그 살을 먹어 들어가는 것입니다.

이러므로 오늘날, 간음하는 죄와 사통하는 죄와 음행 하는 죄, 이러한 죄들이 우리의 성전을 더럽히면 성령은 떠나가 버리고 마는 것입니다. 이러한 개인에게도 성령이 떠나가고, 이러한 교회에도 성령이 떠나가고, 이러한 나라에도 성령이 떠나가고 나면 그 다음에 심판이 다가오는 것입니다. 하나님의 성령이 떠나간 곳은 심판밖에 남은 것이 없습니다. 그러므로 음란한, 이러한 생활을 우리가 다 청결하고 성령이 충만하게 해야 될 것입니다.

5.성령을 소멸케 하는 것은 세속적인 것들이다.

이 세상에서 너무 육신의 정욕과, 안목의 정욕과, 이 세상 자랑에 섞여서 말도 세속적인 말을 합니다. 보고 듣는 것 세속에 취하고, 몸에 걸치는 의복도 몸이 반쯤 노출 되는 옷을 입습니다. 그 다음 세속적인 곳에 갑니다. 이렇게 하면 성령께서 그곳에 따라 다닐 수가 없습니다. 이래서 세속적인 생활 속에는 성령이 떠납니다. 사람들이 여간 신령하더라도 점점 세속적인 친구들과 세속적인 곳에 어울려 다니면 그 다음에는 기도하기 싫고, 성경 읽기 싫고, 교회오기 싫고, 예수 믿는 것이 바보같이 보이게 되고, 타락해버리고 마는 것입니다. 이러므로 세속적인 것들 속에는 원수 마귀가 역사하기 때문에 성령이 소멸됩니다.

제가 지금까지 목회를 하면서 느낀 것은 세상 사람들하고 잘 어울리는 성도가 있다는 것입니다. 예수를 믿고 교회에 들어와 믿음 생활하는 성도가 세상 사람들하고 어울린다는 것은 그 사람들하고 영이 통한다는 것입니다. 영이 통하기 때문에 어울리는 것입니다. 이런 분들은 빨리 자신의 영적인 상태를 점검하여 보아야 할 것입니다. 세상 사람들로부터 세상의 영이 자신에게 전이 될 수 있기 때문입니다.

그래서 우리 부모님들은 자녀들이 어떤 친구들을 만나고 있는지도 알아보아야 합니다. 친구를 보면 그 자녀의 영적인 상태를 알 수가 있기 때문입니다. 요즈음은 인터넷을 통해서도 세속의 것들이 우리의 안방까지 침투하고 있습니다. 그렇기 때문에 인터넷을 주의해야 합니다. 아이들이 간혹 어떤 곳에 접속하고 있는지도 관심을 가져야할 것입니다. 그래서 어떤 분들은 컴퓨터를 거실에다가 설치해 둔 가정도 있다는 이야기를 들었습니다. 어떻게 하든지 우리 아이들을 세속으로부터 보호해야 합니다. 대다수의 은둔형 외톨이들이 컴퓨터에 마음을 빼앗기고 있다는 것입니다.

그래서 하루 종일 컴퓨터에 매달려서 사는 것입니다. 부모나 친구와 대화하는 것보다도 컴퓨터가 더 좋다는 아이들도 있다는 것입니다. 학교 가는 것보다 컴퓨터 하는 것이 더 좋습니다. 세속은 우리의 영적인 생활에 지대한 영향을 줍니다. 우리 교회 어느 집사님이 얼굴이 좋지를 못해서 집사님 요즈음 무슨 좋지 못한 일이 있습니까? 했더니, 이렇게 말하는 것입니다. 요즈음 TV를 조금 열심히 보았더니 영력이 떨어져서 그러는가봅니다. 이렇게 대답을 하는 것입니다. 자신이 왜 얼굴이 그렇게 되었는지 안다는 것입니다.

이런 분은 자신의 영을 지킬 수가 있는 분입니다. 어느 여 목사님은 우리교회에 오셔서 내적치유를 받고 영안이 열렸습니다. 그리고 예언의 은사도 나타났습니다. 그러던 분이 저에게 하루는 이렇게 말하는 것입니다. 제가 요즈음 TV에 나오는 드라마에 마음을 빼앗겨서 그런지 영력이 많이 떨어지고 깊은 영의기도가 잘 되지 않습니다. 심령이 평안하지 못합니다. 하고 찾아와서 몇 주 다니면서 은혜를 회복하고 가셨습니다. 이와 같이 TV는 우리의 영적인 생활에 많은 영향을 미칩니다. TV에 빠져서 사는 것은 좋지 못합니다. 귀한 영성 관리를 위하여 꼭 필요한 경우만 TV를 보아야 할 것입니다. TV를 보지 말라고는 할 수가 없습니다. 영성관리를 위하여 꼭 필요한 프로그램만 보라는 것입니다.

6.기도와 말씀을 등한히 하면 성령 충만이 안 된다.

우리가 성령의 충만함을 받기 위해서는 기도와 말씀을 등한히 하면 성령 충만이 안 됩니다. 오늘날 성령이 오시면 성령은 반드시 말씀을 가지고 오시는 것입니다. 성령이 오셔서 뭐 등이 뜨겁더라, 몸이 진동이 오더라. 그런 육체적인 반응을 너무 찾지 마십시오. 이것을 잘못 알면 크게 속아 넘어갈 수도 있는 것입니다. 우리가 알아야 할 것은 최초 성령을 체험할 때 몸으로 느끼는 현상이 나타납니다. 이는 성령께서 자신 안에서 역사하고 계시다는 것을 알려주어 믿게 하기 위해서 역사하시는 것입니다.

그러나 성령으로 장악이 되면 몸으로 느끼는 현상이 현저하게 줄어든다는 것을 알아야 합니다. 이제 성령이 자신 안에서 역사하고 계시다는 믿음이 생겼기 때문에 믿음으로 알아가라는 것입니다. 성령이 오시면, 하나님 말씀의 비밀을 나타냅니다. 성령이 충만해지자마자 하나님 말씀을 읽고 싶습니다. 말씀을 열심히 공부하는 사람은 자연적으로 성령으로 충만하게 됩니다. 성령과 만나는 장소가 성경 말씀인 것입니다.

그래서 성령이 충만하면 말씀을 읽게 되고, 말씀을 읽으면 믿음이 생겨요. "믿음은 들음에서 나며, 들음은 그리스도의 말씀으로 말미암느니라"고 말씀으로 믿음이 생기면, 믿음으로 기도하면, 기적이 일어나게 되는 것입니다. 그래서 신앙이 불길같이 자라게 됩니다. 그래서 저는 항상 이렇게 강조합니다. 말씀 안에서 성령의 역사가 일어나야 합니다. 너무나 성령의 역사만 좇아가다가 보면 잘못 될 수도 있습니다.

왜냐하면 마귀도 역사를 일으키기 때문입니다. 욥기에 보면 마귀도 하늘에서 불이 내리게 했습니다. 반드시 성령의 역사는 말씀 안에서 나타나야 합니다. 일본의 목사님들이 말씀을 설교하지 않는 다고 합니다. 일본 목사님들은 머리가 아주 좋은 분들이랍니다. 공부를 많이 해요. 공부를 많이 하기 때문에 성경공부를 하는 것이 아니라, 세상공부를 많이 한다고 합니다. 신학공부, 철학공부를 많이 해서 사회주의 운동한다고 교회에 들어와서 하

나님 말씀을 증거 하지 않는다고 합니다.

마음이 죄로 짓밟히고, 병들고, 마귀에 짓눌리고, 고통에 처하고, 문제를 가진 사람들이 교회에 와서 말씀을 듣고 믿음을 얻어서 이 문제를 해결해야 되겠는데, 목사님들께서 교회에서 언제나 고상한 철학적, 뭐 문학적, 무슨 뭐 사회학적인 이야기만 말하고 성경을 말하지 아니함으로 말미암아 교인들이 회개하고 믿음을 얻을 수 없기 때문에 문제가 해결되지 아니함으로 교회에서 떠나가고 마는 것입니다. 성경은 뭐라고 말했습니까? 예수께서 친히 말씀하기를"주의 성령이 내게 임하셨으니, 이는 나를 보내사 가난한 자에게 복된 소식을 전하게 하려고 내게 기름을 부으시고 포로된 자에게는 자유를, 눈먼 자에게는 다시 보게 함을 전파하며, 눌린 자를 자유케하고 하나님의 은혜의 해를 전파하게 함이라"하셨습니다.

예수 자신께서 성령으로 말미암아 사람들에게 학문을 강의한 것이 아니라, 고통당하는 인생들을 건져주신 것입니다. 죄지은 사람을 용서해주고, 병든 자를 고쳐주고, 마귀에 눌린 자를 놓아주고, 절망에 처한 자에게 소망을 주고, 위로를 주며, 생명을 주고, 소망을 주고, 사랑을 주었습니다. 오늘날, 세계가 필요한 것은 이와 같이 상처 입은 사람들이 도움이 필요한 것입니다. 오늘날, 교회가 만일 이러한 것을 하지 않으면 성도들은 교회를 떠나가 버리고 말 것입니다. 그런 것을 알기 위해서는 말씀으로 돌아와야 되요. 창세기부터 요한계시록까지 하나님의 말씀만이 우리에게 생명을 줍니다.

"도적이 오는 것은 도적질하고, 죽이고, 멸망시키는 것뿐이요, 인자가 온 것은 양으로 생명을 얻게 하되 더 풍성히 얻게 하겠다."고 했습니다. 오늘 예수님은 말씀을 통하여 우리들의 가슴속에 부딪쳐 오는 것입니다. 이렇기 때문에 우리가 성령으로 충만하면 말씀을 찾아가게 되고, 성령이 소멸되면 말씀을 읽지 않게 됩니다. 이러므로 성령 충만하기 위해서 말씀을 부지런히 듣고, 상고하고, 읽어야 합니다. 그리고 성령 충만은 무엇, 무엇해도 기도해야 됩니다.

기도하지 않고 성령 충만할 수 있나요? 아침에 일어나서도 한, 한 시간 동안 일찌감치 일어나서 기도하면, 그 사람 성령 충만하게 돼요. 교회에 와서도 성도들이 만나서 서로 만나보고, 대화를 하고, 식사라도 같이하고 이렇게 하면 점점 친해지는 것처럼, 성령과도 친해지려면 기도를 통해서 대화를 해야 되요. 기도는 성령과의 대화인 것입니다.

그래서 교회 와서 예배드리기 전에도 기도하고, 말씀 듣고 난 다음 통성으로 기도할 때 열심히 기도해서 성령과 대화하면 들은 말씀이 마음속에 양식이 되고, 영양분이 되어 가는 것입니다. 이러므로 위대한 하나님의 역사를 가져오기 위해서는 기도해야 되요. 첫째도, 둘째도, 셋째도 기도해야 되고 기도하지 아니하면 성령의 역사가 올 수가 없고, 기도하지 아니하면 마귀의 일이 무너질 수가 없으며, 기도하지 아니하면 하나님의 손길이 나타날 수 없으므로 우리는 기도에 전혀 힘을 써야만 하는 것입니다.

이래서 기도와 말씀을 등한히 할 때, 성령의 교통은 사라지고 성령이 소멸되는 것입니다. 성령이 소멸되면 세상이 들어옵니다. 정욕이 들어옵니다. 마귀가 들어옵니다. 그러나 성령께서 충만히 들어오면 자신의 안에서 세상이 떠나가고, 정욕이 소멸되고, 마귀가 쫓겨나고, 그 자리에 천국이 들어옵니다. 의가 들어옵니다. 평강이 들어옵니다. 기쁨인 희락이 들어오게 되는 것입니다. 우리 신앙생활의 승패는 성령과의 교제를 하느냐, 안 하느냐에 따라 있는 것입니다. 우리가 회개하고 예수를 구주로 믿을 때, 하나님 성령이 들어오셨고, 성령은 지식과 감정과 의지를 가진 인격자인 것입니다.

성령님을 인정하고, 환영하고, 모시어 드리고, 성령께 의지하면서, 성령과 함께 생활할 때 성령께서는 우리를 손잡고 이끌어서 하나님의 사랑과 예수 그리스도의 은혜 속으로 이끌어주면서 살아 계신 하나님의 능력과 영광을 체험하게 하는 것입니다. 우리가 성령으로 충만해있으면 원수마귀가 한길로 왔다가 일곱 길로 도망쳐버리고 말 것입니다. 성령의 구름기둥과 불기둥이 떠있는 그곳에 홍해수가 다가와도 갈라지고 말 것이고, 광야를 지나가도 만나가 임하고, 메추라기가 떨어지고, 생수가 솟아날 것입니다. 우리의 신앙에 기적과 승리는 성령과 함께할 때 일어날 수 있는 것입니다.

7. 혈기나 분을 품을 때 성령을 소멸한다.

사람은 약합니다. 왜 그렇습니까? 육을 가지고 있기 때문입니다. 아무리 성령으로 충만한 성도라도 혈기를 내면 육체로 돌아갑니다. 그래서 성경은 항상 기뻐하라. 쉬지 말고 기도하라. 범사에 감사하라. 고 하는 것입니다. 성경 말씀은 모두 우리를 위하여 하나님이 주신 것입니다. 우리는 성령으로 충만하여 항상 기뻐해야 합니다. 항상 기뻐하면 건강에도 좋습니다. 우리가 기뻐할 때 몸에서 엔돌핀이 나옵니다. 그래서 육체에 활력을 주어서 건강을 유지하게 됩니다. 그것뿐만이 아니라 마음이 열리게 되므로 성령으로 충만하게 되는 것입니다.

그러나 반대로 혈기를 내거나 분노할 때는 아드레날린이 분비됩니다. 그래서 우리의 뼈와 뼈 사이에 들어가 뼈로 마르게 합니다. 모든 질병은 자율신경계통의 흐름과 부조화로 생깁니다. 모든 질병의 대부분이 자율 신경의 부조화에서 나오는 경우가 많습니다. 그렇기 때문에 내 영이 무거운 죄 짐이나, 불평이나, 원망의 무서운 독소에서 자유 함이 있어야 합니다. 자율신경의 조화는 주로 마음의 평안과 영의 기쁨을 항상 유지하게 됩니다. 자율신경의 교감신경은 불안 좌절 분노, 등의 결과를 유발합니다. 부교감신경은 주로 기쁨, 화평, 감사, 용서, 사랑, 절제, 인내, 자비와 양선과 충성과 온유함을 주관합니다.

그래서 하나님은 (빌4:4)"주 안에서 항상 기뻐하라 내가 다시 말하노니 기뻐하라." 하시는 것입니다. 포도나무의 가지가 원줄기에 붙어 있어야 하듯이, 우리의 영적 생명과 성령의 역사는 생명의 근원 되시는 예수님에게 붙어 있어야 합니다. 그래서 영적 신령한 생명이 계속 공급을 받아서 끊임없이 흘러나오거나 솟아나야 합니다. 그런데 우리가 분노하거나 혈기를 내면 육성으로 돌아가기 때문에 이런 영적 생명이 공급되지 못하는 것입니다.

그래서 우리는 자신의 건강을 위해서라도 분노하거나 혈기를 내면 안 되는 것입니다. 성도는 마음에 보복의 칼을 품어서는 안 됩니다. 이는 자신의 영성관리와 건강을 위해서 삼가야 합니다. 그래서 우리는 항상 마음에 평안을 유지하려고 의지적인 노력을 해야 하는 것입니다. 그래야 내 안에 계신 성령으로부터 영적생명이 흘러나오는 것입니다. 이러한 생명의 흐름이나 성령의 흐름이 성경에서는 기름부음이라는 표현으로 설명되고 있습니다.

이러한 예수의 생명이 흘러넘치는 역사가 충만하기 위해서는 속사람(영)이 강건해야 합니다. 이 속 사람은 자율신경의 부교감 신경에 주로 영향을 받게 됩니다. 자율신경의 조화를 이루지 못하고, 분노나 불안이나 좌절 등을 일으키면 육성으로 돌아가 기도가 막히게 됩니다. 그래서 성령의 역사를 소멸하게 되는 것입니다. 성령을 소멸하게 되니 자신도 모르는 사이에 마귀가 틈을 타서 마귀가 역사하는 것입니다. 거기다가 건강에도 영향을 미쳐, 위장, 간, 심장, 폐, 등 오장육부의 혈관 정맥, 근육 등에 뻗어 있는 자율신경에 자극을 주게 되어, 신체에 이상을 일으키고 질병을 유발시키는 것입니다.

모든 쓰라림과 원한은 첫째 분노로부터 시작, 이것이 신체에 공급되는 아드레날린을 지나치게 분비시킵니다. 신체는 분비된 아드레날린의 초과량을 흡수할 수 없습니다. 결과적으로 그것은 신장으로 가지만 그러나 신장은 이 초과량을 수용할 수 없습니다. 그 결과로 그것은 신체의 관절에 모여 관절염을 일으킵니다. 관절염을 앓는 사람은 자신의 삶을 성찰하고, 혹 다른 사람에 대한 쓴 뿌리와 용서하지 않는 마음을 품고 있는지 여부를 알아보라고 성심성의로 충고하시기 바랍니다.

그러므로 분노나 혈기는 성령을 소멸하게 됩니다. 성령을 소멸하니 자신의 영 안에서 생명이 올라오지 못하므로 자신의 영적인 생활에도 지대한 영향을 줍니다. 우리는 자신의 건강과 성령의 충만함을 위해서라도 혈기나 분노는 다스려야 합니다. 그래서 자신의 영을 자신이 지키는 것은 자신의 힘으로는 불가능하고 성령으로 충만하여 성령의 인도가 있어야 하는 것입니다. 성령으로 충만하고 성령의 인도를 받기 위해서 마음의 평안을 유지해야 합니다. 마음의 평안은 말씀과 성령으로 심령이 치유되어 안정한 심령이 될 때 가능한 것입니다. 우리 말씀과 성령으로 충만하여 마음을 평안하게 유지합시다. 그래서 항상 내 안에서 성령의 기름부음(생수)이 올라오게 해야 합니다.

제가 지금까지 성령치유 사역을 하면서 정신적인 문제가 있는 분들을 상담한 결과 모두 불안과 두려움으로 고생을 하고 있었습니다. 마귀는 우리가 성령의 깊은 임재 가운데 들어가지 못하게 하려고 두렵게 하는 것입니다. 그래서 성령을 소멸하게 하는 것입니다. 마귀는 어떻게 해서라도 우리가 성령으로 충만하지 못하게 하려고 기를 쓰는 것입니다. 이렇게 불안과 두려움으로 고생하는 분들이 저희 교회에 오셔서 말씀과 성령으로 내적치유를 받으면 모두 말 못할 평안을 찾았다고 간증을 합니다.

그러므로 성령이 우리를 장악하면 평안해지는 것입니다. 성령의 속성은 평안이기 때문입니다. 반대로 불안하거나 두려움은 마귀가 주는 것입니다. 그래서 우리는 두려움을 성령의 역사로 몰아내야 합니다. 성령의 이재 가운데 두려움에게 명령해야 합니다. "나에게 두려움을 주는 귀신은 예수 이름으로 명하노니 물러갈지어다." 하며 대적해야 합니다. 그래서 항상 평안이 자신을 주장하게 해야 합니다. 우리는 성령의 소멸하는 원인을 알고 제거하려고 노력해야 합니다. 그래야 하나님과 영으로 교통하여 기도 응답을 받을 수가 있습니다.

그리고 성령의 능력으로 마귀와의 전투에서 승리할 수가 있습니다. 더군다나 자신의 건강을 위해서라도 평안을 유지해야 합니다. 그래서 성령으로 충만한 신앙생활을 하면 5-10년을 더 살수가 있는 것입니다. 우리 성령의 역사를 소멸하는 원인을 마음에 새기고 날마다 성령으로 충만한 생활을 합시다. 그리하여 항상 성령으로 충만하여 세상에 굴복하지 말고 날마다 마귀와의 영적 전투에서 승리하기를 바랍니다.

29장 성령의 생수가 넘쳐흐르게 하는 법

(겔 47:1-12)"그가 나를 데리고 성전 문에 이르시니 성전의 앞면이 동쪽을 향하였는데 그 문지방 밑에서 물이 나와 동쪽으로 흐르다가 성전 오른쪽 제단 남쪽으로 흘러내리더라. 그가 또 나를 데리고 북문으로 나가서 바깥 길로 꺾어 동쪽을 향한 바깥 문에 이르시기로 본즉 물이 그 오른쪽에서 스며나오더라. 그 사람이 손에 줄을 잡고 동쪽으로 나아가며 일천 척을 측량한 후에 내게 그 물을 건너게 하시니 물이 발목에 오르더니 다시 일천 척을 측량하고 내게 물을 건너게 하시니 물이 무릎에 오르고 다시 일천 척을 측량하고 내게 물을 건너게 하시니 물이 허리에 오르고 다시 천 척을 측량하시니 물이 내가 건너지 못할 강이 된지라 그 물이 가득하여 헤엄칠 만한 물이요 사람이 능히 건너지 못할 강이더라. 그가 내게 이르시되 인자야 네가 이것을 보았느냐 하시고 나를 인도하여 강가로 돌아가게 하시기로 내가 돌아가니 강 좌우편에 나무가 심히 많더라. 그가 내게 이르시되 이 물이 동쪽으로 향하여 흘러 아라바로 내려가서 바다에 이르리니 이 흘러내리는 물로 그 바다의 물이 되살아나리라. 이 강물이 이르는 곳마다 번성하는 모든 생물이 살고 또 고기가 심히 많으리니 이 물이 흘러 들어가므로 바닷물이 되살아나겠고 이 강이 이르는 각처에 모든 것이 살 것이며 또 이 강 가에 어부가 설 것이니 엔게디에서부터 에네글라임까지 그물 치는 곳이 될 것이라 그 고기가 각기 종류를 따라 큰 바다의 고기 같이 심히

많으려니와 그 진펄과 개펄은 되살아나지 못하고 소금 땅이 될 것이며 강 좌우 가에는 각종 먹을 과실나무가 자라서 그 잎이 시들지 아니하며 열매가 끊이지 아니하고 달마다 새 열매를 맺으리니 그 물이 성소를 통하여 나옴이라 그 열매는 먹을 만하고 그 잎사귀는 약 재료가 되리라"

선지자 에스겔은 환상 중에서 훗날 천년왕국 시절에 일어날 한 일을 보게 되었습니다. 즉 그때 하나님의 보좌 밑에서 생수의 강이 시작되어 큰 강물을 이뤄 넘쳐흐르게 됩니다. 그 강가에는 푸른 나무숲과 각종 열매 맺는 나무가 무성하게 됩니다. 그 강이 흐르는 곳에 각종 어족이 번성하며, 이 물이 흘러 들어감으로 바닷물이 소성함을 얻겠고 이 강이 이르는 각처에 모든 것이 살 것이라고 했습니다.

이 놀라운 생수의 강이 먼 천년왕국 시절에 일어날 환상이 아니라, 오늘날 우리의 현실적인 삶 속에서도 일어나고 있다는 사실을 하나님은 오늘 우리에게 말씀해주시는 것입니다. 왜냐하면 예수님께서 친히 말씀하시기를 요한복음 7장 37절로 38절에 "명절 끝날 곧 큰 날에 예수께서 서서 외쳐 이르시되 누구든지 목마르거든 내게로 와서 마시라. 나를 믿는 자는 성경에 이름과 같이 그 배에서 생수의 강이 흘러나오리라 하시니"고 말씀하셨습니다. 성경에 이른다는 말은 바로 에스겔서에 있는 말씀을 예수님께서 말씀하시는 것입니다. 하나님의 보좌에서 생수에 강이 흘러 난다고 성서에 말한 것처럼, 이제는 예수의 말을 믿는 사람들은 그 뱃속에서 그와 같은 생수의 강이 넘쳐 나리라고 말씀하셨습니다.

1. 신령한 생수가 흐르는 곳

우리가 오늘 확실히 알아야 할 것은 우리의 마음속에 하나님의 보좌가 있다는 것입니다. 우리 생각에는 하나님의 보좌가 구만리 장천 멀리 저 하늘에 계십니다.

그렇지 않으면 훗날의 새 하늘과 새 땅과 새 예루살렘이 이루어 졌을 때 새 예루살렘에 하나님의 보좌가 있을 것이라고 생각했는데 이미 지금 주 예수를 구주로 모신 사람 속에는 영적으로 하나님 보좌가 우리 속에 들어와 계신 것입니다.

요한복음 14장 23절에 "예수께서 대답하여 이르시되 사람이 나를 사랑하면 내 말을 지키리니 내 아버지께서 그를 사랑하실 것이요 우리가 그에게 가서 거처를 그와 함께 하리라"고 말씀하셨습니다. 하나님이 우리와 함께 거처를 하신다면 우리 안에 하나님의 보좌가 있다는 것이 마땅한 것입니다. 하나님은 우리가 들에서도 거처를 같이 하시고 집에서도 거처를 같이 하시고 직장에서도 거처를 같이 하시고 사업장에서도 거처를 같이하십니다.

그러므로 하나님이 계신 곳은 우리의 영 안에 보좌를 베풀고 계십니다. 하나님 아버지와 예수 그리스도가 우리 속에 보좌를 베풀고 계신다고 생각할 때 엄청난 축복입니다. 아마 너무나 엄청나기 때문에 우리가 안 믿으려고 할지도 모르겠습니다. 그러나 하나님 말씀은 거짓되지 않고 참 되십니다. 우리가 이론적으로 깨달을 수 있든 없든 그것은 하나님께는 상관이 없습니다. 하나님께서 우리 속에 보좌를 개설하고 계십니다.

시편 22편 3절은 "그는 시냇가에 심은 나무가 철을 따라 열매를 맺으며 그 잎사귀가 마르지 아니함 같으니 그가 하는 모든 일이 다 형통하리로다" 찬양하며 사는 마음에 하나님의 보좌가 임하시는 것입니다. 이스라엘의 찬송 중에 거하시는 주여! 라는 말은 원어에 보면 이스라엘의 찬송 중에 와 보좌를 만들고 와 앉아 계시는 주라고 말씀하고 계십니다.

그러므로 우리 속에 하나님의 보좌가 계실 뿐 아니라, 우리가 하나님을 예배드리고 찬미드릴 때 더욱 하나님의 영광이 우리 마음속에 임하시고 하나님의 보좌가 우리 마음속에 거하게 되는 것입니다. 하나님의 보좌가 우리의 마음속에 임하고 계시다는 것은 굉장한 의미가 있습니다. 그냥 우리가 영적으로 하나님 보좌가 우리 속에 와 계시구나 그렇게 할 정도가 아닙니다. 성경에 보면 천국 새 예루살렘의 하나님의 보좌에 생수가 넘쳐 남을 볼 수가 있습니다.

> "또 그가 수정 같이 맑은 생명수의 강을 내게 보이니 하나님과 및 어린 양의 보좌로부터 나와서 길 가운데로 흐르더라 강 좌우에 생명나무가 있어 열두 가지 열매를 맺되 달마다 그 열매를 맺고 그 나무 잎사귀들은 만국을 치료하기 위하여 있더라"
> (요한계시록 22:1-2)

이것은 꼭 천년 왕국 시절에 에스겔이 본 하나님의 보좌에서 넘쳐 나오는 생수가 모든 만물을 소성케 하고 나무가 무성하고 그 잎사귀는 치료하는 잎사귀가 될 것이라고 말한 것처럼, 천국 새 예루살렘의 하나님의 보좌에서 수정같이 맑은 생명수가 흘러 나와서 하나님과 어린양의 보좌로부터 길 가운데로 흘러 좌우에는 생명나무가 넘쳐나고 열두 달 달마다 생명 열매가 맺고 그 잎사귀는 만국을 소성케 하기 위하여 있다고 말합니다. 하나님 아버지와 어린양 예수를 모신 마음의 보좌에서 성령의 생수가 흘러넘친다는 것을 잊지 말아야 될 것입니다. 우리는 눈에 안 보이지만은 우리 예수 믿는 사람들이 하나님을 찬미하고 경배하기 위해 살 때 성령의 생명수가 우리의 뱃속에서 아버지와 그 아들 예수님의 보좌를 통하여 넘쳐 나오고 있는 것입니다.

고린도전도 6장 19절에 "너희 몸은 너희가 하나님께로부터 받은바 너희 가운데 계신 성령의 전인 줄을 알지 못하느냐 너희는 너희 자신의 것이 아니라" 우리는 하나님의 성전입니다. 하나님의 보좌가 우리 가슴에 있고 그 우편에 예수님이 앉아 계시고 아버지와 아들의 보좌를 통해서 성령의 생명수가 강물같이 흘러넘쳐 나옵니다. 그 생명수가 흘러나오는 곳에는 만물이 살아난다는 것입니다. 영혼이 잘되고 범사에 잘되고 강건하며 생명을 얻되 넘치게 얻는 모든 소금 땅이 치료함을 받고 물고기가 넘치게 살게 됩니다.

그 강둑에 모든 나무들이 무성하고 열매를 맺고 잎사귀는 치료하는 잎사귀더라. 이것은 예수님이 말씀한 대로 내가 오면 사람으로 생명을 얻되 더 풍성히 얻게 하려 함이라는 이 말씀처럼, 오늘 생명의 역사가 오늘 예수 믿는 성도의 생애 속에 나타나게 되어 있습니다. 이것을 우리가 모르면 안 됩니다. 우리는 평범한 성도들이 아닙니다. 예수를 믿을 때 죄와 마귀가 쫓겨 나가고, 우리 마음속에 아버지가 와서 보좌를 개설하십니다.

우편에 예수님이 계시고, 성령이 뱃속에서 강물처럼 흘러 넘쳐 나옵니다. 이 생명수는 에스겔이 환상에서 본 천년 왕국의 아버지의 보좌에서 넘쳐 나오는 생수와 요한이 계시에서 본, 새 예루살렘 아버지와 아들의 보좌로부터 넘쳐 나온 생명수가 만물을 소성케 하는 것과 똑같은 그런 역사가 오늘 미리 우리의 생애 속에 나타나게 되는 것입니다. 그러므로 우리 한사람, 한사람은 하나님의 보좌를 가슴속에 모시고 있는 사람들로 우리의 찬미와 기도를 통하여 생수가 넘쳐 나온 다는 것을 알아야 합니다.

2. 마음에서 넘쳐흐르는 생수의 강

우리의 마음에서 넘쳐흐르는 생수의 강은 도대체 어떤 것일까요? 어떤 것이기에 만물을 소성케 할까요? 우리의 마음에서 넘쳐 나는 샘물의 강은 의의 강물입니다. 죄를 씻고 죄책의 상처를 고치고 의와 영광으로 넘치게 하는 강물입니다. 예수님이 오셔서 아버지와 함께 보좌를 개설하고 계속해서 넘쳐 나오는 생수의 강물은 우리의 생애 속에 모든 죄의 더러움을 다 씻어버리는 것입니다. 모든 죄책을 다 치료하고 의로움과 영광으로 채우는 강물로 넘실거리게 되는 것입니다.

로마서 3장 23절로 24절에 "모든 사람이 죄를 범하였으매 하나님의 영광에 이르지 못하더니 그리스도 예수 안에 있는 속량으로 말미암아 하나님의 은혜로 값없이 의롭다 하심을 얻은 자 되었느니라" 이 값없이 의롭다함을 주시는 생명수의 강물이 우리 속에 넘쳐나게 되는 것입니다.

이것은 의로움의 강물인 것입니다. 그 다음 우리의 가슴속에 넘쳐 나오는 이 생명의 강은 성결의 강입니다. 세속의 더러움을 다 씻어내고 거룩하고 맑고 깨끗함을 가져오는 강입니다. 우리가 예수 믿기 전에는 세속의 더러움에 완전히 찌들어져 있었던 것입니다. 예수 믿고 난 다음에는 자꾸 샤워하는 것입니다. 이 성결의 강이 우리 속에서 넘쳐나니 세속의 더러움이 자꾸 씻겨 나가고 거룩하고 맑고 깨끗함을 가져와서 우리는 기어코 영도 마음도 생활도 깨끗하게 되어버리고 마는 것입니다.

고린도전서 6장 11절에 "너희 중에 이와 같은 자들이 있더니 주 예수 그리스도의 이름과 우리 하나님의 성령 안에서 씻음과 거룩함과 의롭다 하심을 받았느니라"라고 말하고 있습니다. 그러므로 성령의 성결의 생명의 강물이 우리 속에서 넘쳐나고 있다는 것을 알고 감사하고 기뻐하고 기도하면 더 역사가 일어나는 것입니다. 우리 속에서 넘쳐나는 이 생명의 강물은 기쁨의 강물입니다. 우리는 슬픔으로 꽉 들어찬 이 세상에서 우리 속에서 기쁨의 강물이 넘쳐흐른다는 것을 알아야하는 것입니다. 주의 앞에는 기쁨이 충만하고 주의 우편에는 즐거움이 넘칩니다.

시편 16편 11절에는 "주께서 생명의 길을 내게 보이시리니 주의 앞에는 충만한 기쁨이 있고 주의 오른쪽에는 영원한 즐거움이 있나이다" 하나님 보좌와 우리 주 예수 그리스도의 보좌가 우리 속에 계시고, 거기서 넘쳐 나오는 성령의 생명의 강은 기쁨과 즐거움의 생명의 강인 것입니다. 우리의 기쁨은 세상에서 부귀 영광 공명을 얻으므로 오는 기쁨이 아닌 것입니다.

우리의 속에서 넘쳐 나오는 성령의 생명의 강물이 바로 기쁨의 열매를 맺고 기쁨의 나무가 무성하게 만들어 주는 것입니다. 또 우리 속에 넘쳐 나오는 이 생명의 강물은 치료의 강물입니다. 병의 아픔과 고통을 씻어내고 상쾌함과 건강을 주는 강물인 것입니다. 우리 속에 그 강물이 흘러요. 보좌와 그 우편에 앉은 예수 그리스도를 통해서 이 치료의 강물이 넘치게 흘러내리고 있습니다. 그것을 생각하고 그것을 바라보고 그것을 믿어야 되는 것입니다. 기도하고 감사할 때 치료의 강물이 흘러서 우리의 속에 있는 모든 병을 다 치료해 버립니다. 우리 속에 건강과 상쾌함으로 채워주십니다.

출애굽기 23장 25절에 "네 하나님 여호와를 섬기라 그리하면 여호와가 너희의 양식과 물에 복을 내리고 너희 중에서 병을 제하리니"라고 말씀하셨습니다. 우리 속에서 넘쳐 흘러나오는 치료의 강물이 우리의 생활 속에 병을 제하여 주시는 것입니다.

말할 필요 없이 우리 속 보좌 우편에 앉아 계신 예수님은 우리의 연약한 것을 친히 담당하시고 병을 짊어지고 가셨습니다. 저가 채찍에 맞으므로 우리를 낫게 만들어 주셨습니다. 그를 통해서 넘쳐 나오는 생명의 강수는 치료의 강물인 것입니다.

그 다음 우리의 가슴속에서 넘쳐 나오는 강물은 형통의 강물입니다. 메마른 땅에 단비가 내리듯 형통의 강물이 넘쳐 우리가 백년 이내로 처음 겪는 무시무시한 한파를 통해서 산천초목이 다 타고 논과 들이 쩍쩍 갈라진 것을 보았습니다.

그러나 비가 하루 만에 그 모든 가뭄을 없애 버렸습니다. 산천초목이 푸르고 논과들에 곡식이 왕성하게 자라게 되었습니다. 왜? 비가 왔기 때문입니다. 우리의 삶이 세상에 살 동안에 메마르고 땅이 쩍쩍 갈라지고 모든 것이 다 절망이지만은 그리스도와 그 아버지의 보좌가 우리 속에 있을 때 우리 속에서 형통의 강물이 흐르기 시작하는 것입니다.

생명의 강물이 흐르면 이 강물이 흐르는 우리의 모든 삶 속에 일어서고 앉는 곳에 형통의 역사가 일어나게 되는 것입니다.

우리가 들에 가면 들이 복을 받고 집에 들어오면 집이 복을 받고 떡 반죽 그릇을 만지면 떡 반죽 그릇이 복을 받겠다고 한 것은 우리의 속에 형통의 강물이 흘러 나기 때문입니다. 시편 128편 2절에 "네가 네 손이 수고한 대로 먹을 것이라 네가 복되고 형통하리로다"라고 말씀하셨습니다.

우리 속에 형통의 강물이 흐르고 있기 때문입니다. 그러므로 예수 믿는 사람들은 패망할 것을 생각해서는 안 됩니다. 우리가 하나님과의 올바른 관계 속에서 있으면 우리의 삶 속에 형통의 강물이 흐르므로 우리의 생의 터전이 푸르고 창성한 열매가 맺게 되어 있는 것입니다. 우리 속에 흐르는 강물은 영생 천국의 강입니다. 죽음은 육신과 이 세상 삶을 끝내지만 그러나 이 생수를 마신 사람은 영적인 생명과 천국의 삶으로 넘치게 되는 것입니다.

요한복음 6장 54절에 "내 살을 먹고 내 피를 마시는 자는 영생을 가졌고 마지막 날에 내가 그를 다시 살리리니"라고 말씀하셨습니다. 영생의 생수가 우리 속에 넘쳐납니다. 육은 후패하나 속은 날로 새롭습니다. 육의 장막 집은 무너져도 우리 속에 하나님의 생수를 마신 우리들은 아버지와 아들과 함께 영원히 천국에서 살게 되는 것입니다.

3. 목마른 자는 내게로 와서 마셔라.

이 생수가 우리 속에 넘치지 만 우리가 이를 알고 마셔야 합니다. 목이 마르지 않는 사람은 생수가 우리 속에 넘쳐나는 것을 알고도 마시지 않으면 무슨 소용이 있습니까. 우리가 아무리 물병을 머리맡에 두었더라도 밤에 목이 말라 못 견디는데 그 물을 마시지 아니하면 우리는 역시 기갈이 될 것입니다.

예수 그리스도를 믿으므로 아버지의 보좌가 우리 속에 계시고 우편에 예수님이 계시고 성령의 생수가 넘쳐나더라도 우리가 마셔야 되는 것입니다. 마시려면 목마른 자가 마시지 목마르지 아니한 자는 마시지 못합니다. 옛 속담에도 사람들이 말을 물가로 끌고 올 수는 있어도 물을 마시우게는 못한다고 했습니다. 마시게 할 사람은 목이 말라야 합니다. 그러면 목마른 자는 어떤 자입니까? 목마른 자는 오직 마실 물을 생각합니다. 목마른 자는 물 외에 생각을 안 해요. 그저 앉아도 물! 서도 물! 물물물! 왜 목이 마르기 때문에. 의에 목마른 자는 의에 생수를 늘 생각하게 됩니다. 의롭게 되고 싶다. 나는 죄 사함을 받고 의롭게 되고 싶다.

늘 의에 목마른 자는 의의 생수를 생각하게 되고 성결에 목마른 자는 성결의 생수를 찾습니다. 거룩하게 살아야지 깨끗하게 살아야지 성결의 생수를 어디서 마실 수 있을까 찾습니다. 기쁨의 목마른 자는 기쁨의 생수를 찾습니다. 건강의 목마른 자는 건강의 생수를 찾습니다. 어디에서 건강을 얻을까? 건강의 생수를 갈급하게 찾습니다. 축복에 목마른 자는 축복의 생수를 생각하게 되고 영생에 목마른 자는 영생의 생수를 생각하고 꿈꿉니다. 우리의 마음속에 목이 말라야 됩니다. 우리가 목이 말라야 하나님의 은혜를 생각하고 꿈꾸고 그렇게 합니다. 이사야 44장 3절에 "나는 목마른 자에게 물을 주며 마른 땅에 시내가 흐르게 하며 나의 영을 네 자손에게, 나의 복을 네 후손에게 부어 주리니" 보십시오. 여기에 갈한 자에게 물을 주고 마른 땅에 물이 흐르게 하겠다고 했죠? 마음이 갈한 자 그런 사람에게 하나님이 신을 주고 하나님의 복을 내리라고 말씀하셨습니다.

마음이 갈하지 않고는 "구하라 주실 것이요. 찾으라 찾을 것이요. 문을 두드리라 열릴 것이요." 라고 했는데, 목이 마른 사람이 구하고 찾고 두드립니다. 목마른 자가 우물을 판다는 말이 있지 않습니까? 목이 마른 자가 무릎을 꿇고 엎드려 간구하게 되는 것입니다. 집중적으로 간절히 끈질기게 하나님이여 생수를 주시옵소서. 의에 생수를 마시게 하소서. 성결의 생수를 마시게 하소서. 기쁨의 생수를 주소서. 치료의 생수를 주소서. 형통의 생수를 주소서. 영생의 생수를 주소서 생수를 생각할 뿐 아니라 간절히 찾게 됩니다. 구하고 찾고 두드리게 됩니다.

시편 42편 1절에 "하나님이여 사슴이 시냇물을 찾기에 갈급함 같이 내 영혼이 주를 찾기에 갈급하니이다"사슴이 시냇물을 찾아 이리저리 뛰는 것처럼, 우리 영혼이 하나님을 찾아 갈급하여 주여 생수를 달라고 하나님께 부르짖어야 되는 것입니다. 너는 내게 부르짖어라 내가 네게 응답하겠다. 너희가 없는 것은 구하지 아니함이라 하는 것입니다. 갈급한 사람은 구하게 되어있습니다. 그 생수가 멀리 있지 않고 내 속에서 넘쳐 나오는 것입니다. 그리고 목마른 자는 하나님께서 생수를 주실 것을 확실히 믿어야만 되는 것입니다. 왜 우리 속에 아버지의 보좌가 있고, 그 우편에 예수님의 보좌가 있는데 보좌에서 생수가 이미 흐르고 있기 때문에 내가 반드시 생수를 갈급하게 생각하고 찾는 다면 그 생수를 주실 것을 믿어야 되는 것입니다.

요한계시록 21장 6절에 "또 내게 말씀하시되 이루었도다 나는 알파와 오메가요 처음과 마지막이라 내가 생명수 샘물을 목마른 자에게 값없이 주리니"라고 했습니다. 목마른 자에게 값없이 준다고 했습니다. 목이 마르지 않은 자에게는 값없이 주겠다고 말씀하지 않는 것입니다. 그러고 목마른 자는 상쾌한 생수의 기대로 기뻐하고 감사드려야 되는 것입니다. 그래야 생수를 마시게 되고, 내 영혼이 잘됨같이 범사에 잘 되며 강건하고 생명을 얻되 넘치게 얻게 될 것이라는 그 기대로 내 마음속이 좌절하고 우울한 것이 아니라 기쁨이 충만한 것입니다. 기대가 있는 사람은 기쁨이 충만합니다.

시편 95편 2절에 "우리가 감사함으로 그 앞에 나아가며 시를 지어 즐거이 그를 노래하자"라고 말씀하셨습니다. 느헤미야 8장 10절에 "여호와를 기뻐하는 것이 너희의 힘이니라"고 말씀하셨습니다. 그래서 주님께서는 목마른 자는 내게로 오라고 말씀하셨습니다. 이제 목이 말랐으니깐 우리가 생수를 생각하고 생수를 간절히 찾고 생수를 주실 것을 알고 어디로 가야합니까? 내게로 오라고 말씀하고 계십니다. 어떤 수양이나 인간적인 노력이나 종교나 의식의 집행들이 생수를 가져다주지 못합니다. 생수는 예수님께서 주시는 것입니다. 아버지와 그 옆에 있는 보좌 우편에 있는 예수께로부터 생수가 흐르기 때문에 주님은 생수를 마시기 위해서는 내게로 오라고 했습니다.

마태복음 11장 28절에 "수고하고 무거운 짐진자들아 다 내게로 오라 내가 너희를 쉬게 하리라" 예수께로 나아가야 합니다. 종교를 찾아 나아가거나 어떤 의식이나 형식을 집행해서 생수를 넣어주실 것을 알면 큰일입니다. 내가 곧 길이요 진리요 생명이니 나로 말미암지 않고는 아버지께로 올 자가 없다고 했습니다. 아버지와 아들에게로 가기 위해서는 예수님께 나아 가야 되는 것입니다. 오늘날 많은 사람들이 생수를 얻기 위해서 예수님께 나아가지 아니하고 세상의 헛된 신기루를 찾아 나아가는 것입니다. 오래 전에 이집트의 한 군대가 사막을 행군하고 있었습니다. 그런데 물이 떨어져 큰 위기를 맞이하게 되었습니다. 그래서 애타는 중에 그들은 멀리에 있는 호수를 보았습니다. 물이 출렁이고 물이 햇빛에 번쩍이었습니다.

그러나 안내자는 아니야 저건 호수물이 아니고 신기루다 사막에는 신기루가 생겨나는 것입니다. 실제가 아닌 것이 실제처럼 보여요. 그래서 안내자는 절대적으로 그곳에 가면 다 죽는다. 물이 아니라 신기루라고 말했습니다. 그러나 그들은 너무 목이 말라 아무 말도 귀에 들리지 않았기 때문에 화가 나서 그 안내자를 죽여 버립니다. 그리고 계속 호수가 보이는 곳으로 향해서 있는 힘을 다해서 전진해 들어갔습니다. 호수라고 도착을 했는데 실제로 물이 막 소리를 내며 흐르고 전부다 바짓가랑이를 올리고 물 속에 첨벙첨벙 걸어 들어갔습니다. 그래서 일개연대가 물을 실컷 마셨습니다. 그런데 일개연대가 사라져서 그를 찾기 위해서 특별부대를 편성해서 나가보니 일개연대가 모두다 목에 모래가 가득해서 죽었습니다. 그들은 신기루를 바라보고 물이라고 해서 막 퍼 마신 것이 즉 모래를 퍼 마신 것입니다. 온 목에 모래가 가득해서 일개연대가 전멸했습니다. 그들은 생수라고 생각했었는데 실제는 모래였습니다.

오늘날 세상 사람들이 생수라고 생각하면서 부귀영화와 공명과 권력을 취하여 나아가지만 그것은 다 모래입니다. 나중에 목에 모래가 가득하여지고 좌절과 절망으로 죽어 가는 것입니다. 생수는 세상에 있지 않고 오직 십자가에 못 박혀 고난당하신 예수님께만 생수가 있는 것입니다. 예수를 떠나서는 생수가 없습니다. 모두 다 있는 것 같으나 신기루에 불과합니다.

요한복음 3장 36절에 "아들을 믿는 자에게는 영생이 있고 아들에게 순종하지 아니하는 자는 영생을 보지 못하고 도리어 하나님의 진노가 그 위에 머물러 있느니라" 영생의 생명수는 아들에게 있지요. 아들을 떠나서는 없습니다. 그러므로 우리 예수께서 내게로 오라고 할 때 우리 예수님께 우리는 회개하고 나아와야 하는 것입니다. 회개하라 천국이 가까웠느니라 우리 하늘나라의 문화는 회개의 문화입니다.

서양 사람들은 무슨 일을 당하면 회개부터 먼저 하는데 일본 사람이나 동양 사람들은 무슨 일을 당하면 체면부터 먼저 차립니다. 일본이 왜 교과서 왜곡을 합니까? 체면 세우기 위해서입니다. 자기들이 2차 대전 동안에 나쁜 일을 안했다. 나쁜 일을 했다고 고백하면 체면이 말이 아니기 때문에 체면을 세워야합니다.

우리 동양 사람들은 동양적인 종교 영향력으로 말미암아 체면을 굉장히 중요하게 생각합니다. 그래서 내 체면을 세우기 위해서 내 얼굴을 세우기 위해서 회개를 안 하고 타당화를 합니다. 자기가 옳다고 여러 가지로 정당화합니다. 그래서 서양의 어느 한국에 있는 사업가가 말합니다. 한국 사람은 머리가 너무 좋은지 나쁜지 분명히 잘못했으면서도 불러서 명령을 하면 변명을 하는데 기가 막히게 변명을 한다는 것입니다.

자기가 타당하다고 그것이 서양 사람하고 다르다. 서양에서는 잘못해서 부르면 부르자마자 I am sorry 잘못했습니다. 고치겠습니다. 죄송합니다. 그러는데 한국 사람은 잘못했습니다. 죄송

합니다. 라는 말은 안 하고 전부 자기를 타당화 한답니다. 그래서 한국 사람들이 머리가 좋아서 그러냐, 어찌 해서 그러냐, 그래서 그것은 한국 문화가 그렇게 만들었다. 일본이나 한국이나 동양문화는 오랜 동양의 종교적인 전통을 따라서 체면을 중요하게 생각합니다. 야! 염치를 차려라 체면을 차려라 체면이 깎인다. 그래서 분명히 잘못했어도 불구하고 자꾸 체면을 세웁니다. 그래서 일본이 자기 체면을 잃지 않으려고 거짓말을 하면서 타당화합니다.

그러나 똑같이 죄를 지은 독일은 만 천하에 회개하고 자복하고 온 교과서에 우리 조상들이 이렇게 비참한 죄를 지어 유대인 600만 명을 죽였다. 그리고 600만 명의 가족에게 모두 다 보상을 합니다. 왜 서양의 기독교 영향력을 받아서 회개의 문화가 기반이 잡혔습니다. 모든 것이 회개로부터 출발을 합니다.

이것이 동양문화와 서양문화의 근본적인 차이입니다. 우리가 하나님께 체면을 세우겠다고 하나님이여 이것 때문에 저것 때문에 내가 잘못했지요. 그러나 나 때문에 잘못한 것이 아닙니다. 이러면 박살이 납니다. 하나님은 변명하는 자는 가차 없이 버립니다. 하나님이 기뻐하는 자는 상한 마음이라고 상하고 통회하는 자를 버리지 않는다고 했습니다. 우리 하나님 앞에는 깨어지는 것이 제일 좋습니다.

회개하고 깨어지고, 회개하라 천국이 가까왔느니라 그러므로 우리 주님께서 내게로 나오라고 말할 때 회개하고 나와야 합니다. 그리하면 스가랴 13장 1절에 말씀대로 "그 날에 죄와 더러움을 씻는 샘이 다윗의 족속과 예루살렘 주민을 위하여 열리리라"

이렇게 죄를 씻어주시는 것입니다.

요한 일서 1장 9절에 "만일 우리가 우리 죄를 자백하면 그는 미쁘시고 의로우사 우리 죄를 사하시며 우리를 모든 불의에서 깨끗하게 하실 것이요."우리가 회개하고 자백하면 불쌍히 여김을 받을 것입니다. 목이 곧으면 버림을 당합니다.

그러므로 우리가 생수가 갈급하여 주님께 나올 때 우리는 가슴을 치고 회개하며 나와야 하는 것입니다. 결코 타당화하지 말아야 하는 것입니다. 하나님 앞에서 타당화하지 말아야 하는 것입니다. 그리고는 주님께서 와서 마셔라, 마셔라, 내게로 와서 마셔라. 어떻게 마셔야 하나요? 주일날 예배드리러 오는 것이 마시러 온 것입니다. 말씀을 들을 때 마시고 말씀을 읽을 때 마시고 말씀을 헤아릴 때 마시는 것입니다.

시편 119편 116절에 "주의 말씀대로 나를 붙들어 살게 하시고 내 소망이 부끄럽지 말게 하소서" 주의 말씀을 통해서 우리가 마시게 되는 것입니다. 영혼이 잘됨같이 범사에 잘되고 강건하고 생명을 얻되 넘치게 얻도록 마셔야 되는 것입니다. 우리가 교회에 나오는 것은 생수를 마시기 위해서 나오는 것입니다. 우리가 사모하고 굶주려서 찾는 하나님께 서생수의 강물을 마시게 만들어 주시는 것입니다.

에스겔의 천년왕국 환상에서 본 보좌에서 흘러나오는 생수의 강이나 새 예루살렘 보좌에서 넘쳐흐르는 생수의 강이 모든 생명과 치료와 번영을 가져온 것처럼 오늘날 우리들의 마음의 보좌에서 아버지와 아들의 보좌 밑에 흐르는 성령의 생수는 우리에게 생명을 갖다주고 치료를 갖다 주고 번영을 갖다 주는 것입니다. 무릇 지킬 만한 것 보다 더욱 네 마음을 지켜라 생명의 근원이 이에서 난다고 말했습니다. 바로 생명의 근원이 보좌와 그 우편에 계신 아들 예수님께 있으므로 생명의 근원이 우리 생각을 통해서 오늘날도 넘쳐 나오는 것입니다.

그러므로 오늘 우리의 생각을 통하여 에스겔의 보좌 새 예루살렘의 보좌가 우리 속에 와있다는 것을 깨달아야 합니다. 아버지의 보좌와 아들 보좌를 통해서 생수가 넘쳐나므로 우리도 이 세상에 살면서 의의 생명수, 성결의 생명수, 기쁨의 생수, 치료의 생수, 형통의 생수, 영생의 생수를 배부르게 마셔야합니다. 그래서 영혼이 잘됨같이 범사에 잘되고 강건하고 생명을 얻되 넘치게 얻는 삶을 살 수 있다는 것을 믿으시기를 바랍니다.

목마른 자는 내게로 와서 마셔라 예수께로 와서 마셔라 너의 뱃속에서 생수의 강이 넘쳐나리라 이 생수가 흐르는 곳마다 만물이 소성하고 나무가 푸르고 열매를 맺고 물고기 떼가 놀고 모든 소금물이 치료함을 받을 것이라 했으니 놀라운 치료와 번영의 역사가 우리의 속에서 넘쳐나고 있다는 것을 깨닫게 되시기를 바랍니다.

30장 생명의 성령의 법을 따르는 법

(롬8:1~2)"그러므로 이제 그리스도 예수 안에 있는 자에게
는 결코 정죄함이 없나니 이는 그리스도 예수 안에 있는 생명의
성령의 법이 죄와 사망의 법에서 너를 해방하였음이라."

법이 없는 세계, 즉 무법천지의 세계를 우리는 상상할 수 없습
니다. 정말 법이 없다면 이 세계는 생지옥이 되고 말 것입니다.
그러나 실상 법이 없는 세계란 있을 수 없습니다. 자연에는 자연
의 질서 정연한 법이 있습니다. 국가에는 나라를 다스리는 국법
이 있고 각 사회단체는 그 사회단체를 운영해 나가는 법이 있습니
다. 인간에게는 개인에게 양심의 법이 있고 또 최상 최고의 법은
하나님의 성령의 법이 있는 것입니다. 우리들의 삶의 발전과 행
복은 이 법들을 알아내고 이 법을 잘 지킬 때 그리고 이 법을 이용
할 때 우리의 삶은 행복하고 하나님의 영광이 충만하게 되지만,
이 법을 어기면 조만 간에 법을 어긴 죄로써 벌을 받게 되는 것입
니다.

그것은 한 국가의 법을 어기면 국가에서 벌을 받고, 자연법을
어기면 자연의 벌을 받게 되는 것입니다. 하나님의 법을 어기면
하나님께로부터 벌을 받게 되는 것입니다. 오늘날 우리 인류 문
명의 발전은 자연의 법을 발견하고 그것을 이용함으로 옛날에는
꿈도 꿀 수 없고 상상도 할 수 없었던 거대한 일들을 만들어내게
된 것입니다. 그래서 우리 인류의 생활이 행복해지고 우리 인류

의 활동 범위가 상상을 초월하게 커지고 넓어지게 된 것입니다.

자연도 그 배후에 자연의 법을 연구하여 발견하고, 그 발견한 법칙을 활용함으로 이와 같은 인류 복지에 기여할 수 있는 것입니다. 이와 같이 성령의 법도 하나님의 법을 우리가 알아내고 그 성령의 법을 우리 생활에 활용할 때, 그 성령의 법은 자연의 법을 초월해서 위대한 역사를 우리를 위해서 베풀어주는 것입니다. 이 세상에는 자연의 법칙만 있는 것이 아니라, 그 초월한 영의 신령한 법칙도 있다는 사실을 알고 믿어야만 되는 것입니다.

1. 영적세계의 실상.

오늘 육으로 태어난 사람은 영적 세계가 있는 것조차 모르고 또 인정도 안 합니다. 그러나 원래 하나님께서는 영이신데 영이신 하나님이 만물을 지으셨습니다. 성경에는 "하나님은 영이시니 예배하는 자가 영과 진리로 예배할지니라."고 말씀한 것입니다. 영이신 하나님께서 눈에 보이는 이 모든 삼라만상을 지으셨기 때문에 이 눈에 보이는 만물은 영에서 나온 것입니다. 땅이 공허하고 혼돈하며 흑암이 깊음 위에 있을 때 하나님의 영이 수면에 운행하셨습니다. 그때 영이신 하나님이 말씀하셨습니다. "빛이 있으라" 그러자 빛은 영이신 하나님의 입술의 말로써 지어졌습니다.

물 위에와 물 아래로 갈라지고 "궁창이 생겨나라" 영이신 하나님의 입의 말씀을 통해서 하늘 위의 물과 하늘 아래의 물로 갈라지고 궁창이 생겨났습니다. 영이신 하나님이 명령하셨습니다. "온 천하의 물은 한 곳으로 모이고 육지가 드러나고 그곳에 각종 열매 맺는 풀과 나무가 생겨나라"고 하시자 물질적인 이 열매 맺는 풀과 나무가 생겨나고 육지에 창성하게 되었었습니다.

영이신 하나님이 말씀하기를 "하늘에는 해와 달과 별이 있어 땅을 비춰라" 그러자 해와 달과 별들이 나타났습니다. "공중에는 새들이 날고, 바닷 속에는 물고기가 놀도록 하라" 영이신 하나님의 명령을 따라서 그 모든 육체들이 생겨났습니다.

영이신 하나님께서 "땅은 곤충과 짐승으로 가득 차고 뛰놀게 하라" 하고 말씀하니 그대로 되었었습니다. 영이신 하나님이 사람을 흙으로 취하시고 그 속에 하나님의 영을 불어넣어 주셨습니다. '후욱' 하고 불어넣으니까 사람이 생령이 되어서 살아났었습니다. 여기에 모든 물질세계, 모든 생물 세계는 하나님이 직접 영으로써 말씀으로 지었지만, 인간은 하나님이 친히 손으로 지으시고 생기를 불어넣어서 생령이 됨으로 사람만이 영적으로 지음을 받았습니다. 그렇기 때문에 사람만이 영적인 존재로서 하나님과 대화하고 하나님과 사랑을 나눌 수 있게 된 것입니다.

그래서 오늘 우리가 보는 이 세계는 먼저 영적인 세계에서 태어났다는 것을 알아야하는 것입니다. 사람들은 영의 세계는 무력하고 물질의 세계는 힘이 있는 줄 알지만, 실상은 그렇지 않습니다. 우리가 보는 이 모든 물질세계는 눈에 안 보이는 배후의 영적인 세계가 생산해 낸 것입니다. 그리고 인간은 물질이 아니라 영입니다. 하나님의 형상과 모양대로 지음 받은 영이 이 물질 속에 살고 있는 것입니다. 그러므로 인간이 하나님과 영적으로 동행하는 이상, 인간은 물질세계를 지배하고 살 수 있도록 만들어진 것입니다. 왜냐하면 물질은 영에서 나왔으며 영이 물질세계를 지배합니다.

사람은 영이기 때문에 자기의 육체를 지배할 뿐만 아니라, 자기의 주변 세계를 지배하도록 만들어 놓은 것입니다. 왜냐하면 영은 물질 보다 높은 차원이기 때문인 것입니다.

 "하나님이 자기 형상 곧 하나님의 형상대로 사람을 창조하시되 남자와 여자를 창조하시고 하나님이 그들에게 복을 주시며 하나님이 그들에게 이르시되 생육하고 번성하여 땅에 충만하라, 땅을 정복하라, 바다의 물고기와 하늘의 새와 땅에 움직이는 모든 생물을 다스리라 하시니라."(창세기 1:27-28)

여기에 영인 사람은 땅을 정복하고 모든 만물을 다스리도록 하나님께서 명령하신 것입니다. 그러므로 사람이 영적인 존재인 이상 사람은 물질의 노예가 되지 않습니다. 그런데도 불구하고 우리가 현재의 인간을 보면 죄의 노예 생활을 하고, 절망의 다스림을 받으며, 질병의 포로가 되고, 가난과 실망과 저주에 짓밟히고, 최후에는 죽음의 노예가 되어서, 그 육체가 썩어져 버리고 맙니다.

왜 이처럼 인간은 처참하게 물질 환경의 노예로 전락해버리고 말았을까요? 그것은 인간의 타락과 영이 죽음으로 그런 일이 생

기게 된 것입니다. 인간의 영이 살아있었으면 인간의 영은 하나
님과 교제하고 물질적인 세계를 창조하고 지배하고 다스렸을 것
입니다. 그런데 인간의 영이 죽고 인간이 육체로 전락함으로 말
미암아 물질의 포로가 되어버리고 만 것입니다. 하나님께서 에덴
동산에 모든 아름다운 것을 다 예비해 놓으시고 동산 모든 것을
다 마음대로 다스리고 즐기되 하나님의 특권인 "선악을 아는 열매
는 먹지 말라, 먹으면 죽으리라"고 말씀하셨습니다.

　인간이 영으로 지음 받아 모든 것을 다스릴 권한이 있지만 하
나님을 다스릴 권한은 없습니다. 그러므로 하나님의 권위만은 반
드시 인정을 해야 인간은 영으로서 다스림을 가지고 살 수 있는
것입니다. 그런데 그만 아담과 하와가 마귀의 꾐을 받아서 하나
님과 동등하게 되려고 하나님의 권위를 짓밟고 선악과를 따먹자,
그 길로 하나님과의 교제가 끊어지고 그 영은 죽어버리고 만 것입
니다. 영이 없어진 것이 아니라, 영이 그만 하나님과 교제가 끊어
지고 마귀의 소유가 되어 죽어버린 것입니다. 그래서 영이 죽어
버린 인간은 별도리 없이 이제는 자기의 마음과 육체만 의지하는
자연인이 되었고, 육체의 사람이 되었고, 자연의 법칙의 노예가
되어버리고 만 것입니다.

　마귀의 종이 된 것입니다. 자연인은 이제 영적 세계를 전혀 알
수 없습니다. 영이 죽었기 때문에 영의 세계와는 절대로 교제 할
수 없고 영의 세계에 대한 관념은 전혀 없습니다. 그러나 하나님
은 인간을 지을 때 영적이면서 육적인 존재로 지었습니다. 그래
서 영이 죽어 마귀의 소유가 된 사람은 스스로 문제를 해결할 능

력이 없습니다. 그래서 우상을 숭배하여 그들에게서 무엇을 얻으려고 하는 것입니다. 성경은 고린도전서 2장 14절에 "육에 속한 사람은 하나님의 성령의 일들을 받지 아니하나니 이는 그것들이 그에게는 어리석게 보임이요, 또 그는 그것들을 알 수도 없나니 그러한 일은 영적으로 분별되기 때문이라."고 말씀하는 것입니다.

그러므로 영이 죽은 육에 속한 사람은 하나님의 신령한 일은 절대로 깨닫지 못합니다. 또 하나님의 신령한 일은 어리석기 짝이 없게 보이는 것입니다. 육에 속한 사람이 성경을 읽으면 성경은 완전히 어리석은 신화로 보이는 것입니다. 육에 속한 사람은 교회에 와서 하나님을 예배하라고 하면 비웃고 시간 낭비라고 말합니다. 육에 속한 사람은 하나님의 신령한 일을 깨달을 수가 없습니다. 깨달을 능력도 없는 것입니다. 오늘 부정모혈로 태어난 모든 인간은 육의 사람들입니다. 이런 사람들은 자연환경을 지배하고 살기 위해서는 이성을 통해서 과학을 발전시켜서 이성과 과학으로 살지 그 위에 믿음으로 사는 길은 전혀 알지 못하는 것입니다. 이와 같은 인간은 처절한 상황 속에 살게 되는 것입니다. 영화롭게 지음 받은 인간이지만은 별도리 없이 자연 법칙의 노예가 되어서 살고 있는 것입니다. 그러면 우리가 다시 영적으로 살아날 수 있는 길은 없을까요? 다시 하나님과 교제하고 하나님처럼 영적으로 자연과 운명을 창조하고 지배하면서 살아갈 수 없을까요? 바로 그 일을 얻게 하기 위해서 예수께서 이 세상에 오신 것입니다.

2.영적인 세계를 도로 찾는 길

하나님의 아들 예수님께서는 인간의 육신을 입으시고 이 땅에 오셨지만 영적인 사람이 어떠한 것인가를 모범적으로 보여주신 것입니다. 예수님을 보십시오. 예수님은 우리와 같이 피와 육을 가진 사람으로 태어났지만, 그 영이 살아있었고 하나님과 교제했던 영적인 사람입니다. 모든 사람이 육의 사람인데 예수님은 영의 사람으로 태어나셔서 영의 사람으로서의 모습을 보여주신 것입니다. 예수님은 요단강에서 세례요한으로부터 물세례를 받으셨습니다. 물세례를 받자 하늘이 열리고 성령이 비들기 같이 임하셨습니다.

그리고 음성이 들리기를 이는 내 사랑하는 자요 기뻐하는 자니 너희들은 예수의 말을 들을 지어다. 하며 보증하여 주셨습니다. 그 후 예수님은 성령의 이끌림으로 광야에 가서서 사십 주야를 주리시면서 마귀의 시험을 받으셨습니다. 마귀의 시험을 말씀으로 이기시고 천사들에 받들려서 예수님이 가시는 곳마다 영의 사람으로서 말씀으로 죄를 다스렸습니다. 말씀으로써 귀신을 다스렸습니다.

말씀으로써 질병을 좋아내고 다스렸습니다. 말씀으로써 환경을 지배했습니다. 파도 치는 바다도 잠잠케 하셨습니다. 주님께서 말씀으로 죽은 자도 살려내셨습니다. 말씀으로 없는 것도 있게 하셨습니다. 영의 사람이 인간의 운명과 환경을 지배하고 다스릴 수 있다는 그 모범을 예수님께서 보여주셨습니다. 그리고 예수께서 말씀하기를 "나를 믿는 자는 내가 하는 일을 저도 행할 것이요, 이 보다 더 큰 것도 행하리니 이는 내가 아버지께로 감이니라"고 말씀하신 것입니다. 이러므로 영으로 살아난 사람은 예수님처럼 살 수 있게 되고, 예수님보다도 더 큰 일을 하면서 살 수 있다는 보장을 해주신 것입니다.

그러면 우리가 어떻게 영적으로 살아날 수 있을까요? 예수님의 교훈에 귀를 기울여 보십시다. 요한복음 3장 5절로 6절에 "예수께서 대답하시되 진실로 진실로 네게 이르노니 사람이 물과 성령으로 나지 아니하면 하나님의 나라에 들어갈 수 없느니라. 육으로 난 것은 육이요 영으로 난 것은 영이니." 이처럼 말씀하셨습니다. 육으로 난 것은 어디까지나 육이기 때문에 육의 세계의 지배를 받지만 영으로 태어난 사람은 육의 세계를 지배하고 다스리는 것입니다. 영으로 태어나는 것은 무엇일까요? 물과 성령으로 태어나라고 말씀합니다. 물은 회개를 의미합니다. 우리가 영으로 태어나자면, 하나님을 거역하고 하나님의 법을 무시하고 인본주의로 살았던 죄를 철저히 회개해야 하는 것입니다.

회개하지 않고 영으로 태어날 수 없습니다. 그러므로 우리는 인본주의로 살고 하나님을 무시하고 하나님의 법을 거역한 죄악을 회개해야 합니다. 그 다음 우리를 위해서 십자가에 못 박혀서 우리의 죄와 불의와 저주를 한 몸에 걸머지시고 죽었다가 장사한 지 사흘만에 부활하신 예수 그리스도를 나의 구주로 받아들여야 합니다. 이 예수가 나의 구주가 되었다는 것을 입으로 시인하게 될 때 하나님의 성령이 우리 속에 들어와서 우리 죽은 영을 살려주시는 것입니다. 우리의 죽은 영이 살아나게 되는 것입니다. 영이 살아나서 육의 사람이 영의 사람으로 변화되는 것입니다. 성경은 말씀하기를"누구든지 그리스도 안에 있으면 새로운 피조물이라 이전 것은 지나갔으니 보라 새것이 되었도다."라고 말씀하는 것입니다.

이처럼 육의 사람이 영의 사람으로 변화되어서 비로소 하나님을 향하여 아빠 아버지라고 부르고, 아버지와 교통이 있고, 하나님의 말씀을 받아들이게 될 때 이제 하나님의 위대한 인간으로 변화된 것입니다. 이제 육의 사람이 아니라 영의 사람인 것입니다. 당신이 예수를 구주로 믿으시면 아멘 하세요. 아멘. 그러면 당신은 육에 있지 않고 영에 있습니다. 당신은 육의 사람이 아니고 영의 사람인 것입니다. 이 세상에 수많은 사람들이 살지만 똑같지 않습니다. 육의 사람과 영의 사람이 분명하게 분별되는 것입니다. 땅에 속한 사람과 하늘에 속한 사람이 분명하게 분별되는 것입니다.

그러므로 우리가 영의 사람으로 태어났으면 이제 영의 사람으로 성장해야 되는 것입니다. 우리가 장성해야 영의 사람으로서의 그 능력을 발휘할 수 있는 것입니다.

어떻게 하면 영적인 세계에서 성장할 수 있을까요? 영의 사람으로 태어나면 영의 사람으로 성장하기 위해서는 곧장 성령 충만함을 받아야만 되는 것입니다. 영의 사람이 성령으로 충만함을 받지 못하면 하나님의 신령한 깊은 세계를 깊이 이해할 수 없기 때문에 자라지 않습니다. 이러므로 예수 믿고 난 다음 반드시 우리가 해야 될 일은 성령 충만함을 받아야 합니다. 바울 선생이 에베소 교인들에게 "너희가 믿을 때 성령을 받았느냐?"고 질문하신 것처럼, 우리도 반드시 예수 믿고 난 다음에는 성령 충만 받도록 하나님께 간절히 기도하고, 그 결과로 성령 충만함을 받아야 되는 것입니다.

그리고 영의 사람은 영의 양식인 말씀을 늘 먹어야 되는 것입니다. 이 말씀은 바로 영의 양식인 것입니다. 아무리 건장한 사람도 먹지 않고는 그 생명을 유지할 수 없습니다. 이처럼 영으로 태어난 사람이 하나님 말씀을 듣고 읽고 묵상해서 말씀의 영양분을 취하지 아니하면 그는 곧장 영의 사람으로서 성장하지 못하고 죽을 수밖에 없습니다. 그리고 우리는 열심히 기도를 해야 합니다. 기도는 영의 사람의 호흡입니다. 신령한 하늘나라의 대기를 끊임없이 호흡하기 위해서 영의 사람은 끊임없이 기도해야 됩니다. 하루에 집중적으로 적어도 한 시간쯤 기도해야 됩니다.

그 외에 시시각각으로 늘 마음속에 하나님께 기도하는 생활을 해야 됩니다. 기도는 영적인 호흡이요, 기도를 통해서 영의 세계를 마셔드리는 것입니다. 그리고 영의 사람은 영적인 말씀의 법칙을 따라 믿음으로 실천함으로 영적인 세계의 창조적인 기적을 체험해야 되는 것입니다. 내 영혼 속에 체험하고, 내 육체 속에 체험하고, 내 생활 속에 영의 세계의 놀라운 기적들을 체험하게 되면 우리의 신앙이 부쩍부쩍 자라나게 되는 것입니다.

3. 영적인 법칙의 나타남

우리는 이 세상에 오랫동안 육체 속에 속하여서 자연 법칙의 노예로 살았기 때문에 영적인 법칙이 어떻게 나타나는지 잘 모릅니다. 구약시대에 보면 이스라엘에 3년 6개월 동안 기근이 왔을 때가 있습니다. 하나님께서 맹렬히 심판하사 이스라엘 전역에 기근이 와서 우물은 다 말라버리고 푸른 것은 다 불탔습니다. 사람들은 여기저기서 수없이 굶어 죽었습니다. 그럴 때 사렙다의 과부가 이제 마지막 조금 남은 기름과 밀가루를 가지고서 과자를 구워서 자기 외아들과 나누어 먹고 죽으려고 했었습니다.

그래서 나무를 줍는데 하나님의 종 엘리야가 나타났었습니다. 엘리야가 무엇을 하고 있느냐고 물으니까 "나는 이제 밀가루 한 움큼과 병에 조금의 기름밖에 남지 않았는데 이를 반죽해서 과자를 만들어 내 아들과 먹고 죽으려고 합니다." 라고 하자. "그래요? 그러면 그 과자를 만들어서 물 한 사발과 함께 내게 가져오시오. 그래서 그 과자를 내게 먹게 하고 그 물을 내게 마시우게 하면 내가 당신에게 선언합니다. 이 기근이 끝날 때까지 그 밀가루 통에서 밀가루가 떨어지지 아니하고 그 기름병에서 기름이 마르지 아니할 것입니다." 라고 영적인 법칙을 말했습니다.

영적인 법칙은 심고 거두는 법칙인 것입니다. 그래서 그 과부에게 "당신이 믿음으로 영적인 법칙을 담대하게 실천해 볼 각오가 되어 있으면 기근을 살아나갈 것이요, 영적인 법칙을 실천해 볼 용기가 없으면 자연 법칙대로 기근에 시달려 죽고 말 것입니다"라고 말한 것입니다. 이 사렙다의 과부는 담대하게 영적인 법칙을 실행하기로 결심을 하고 마지막 남은 밀가루와 기름으로 과자를 구워서 물 한 사발과 함께 가지고 와서 엘리야를 대접했습니다. 엘리야는 바로 하나님의 종이기 때문에 하나님을 대변합니다. 하나님에게 그 과자를 심었습니다. 믿음의 씨앗을 심자 그때로부터 시작해서 하나님의 영적인 법칙이 생겨났습니다.

자연법으로는 있을 수가 없는 일인데, 영적인 법칙은 자연의 법칙을 초월해서 창조하고 지배하는 법칙인 것입니다. 곧장 그 밀가루 통에서 밀가루가 떨어지지 아니하고 그 기름병에서 기름이 마르지 아니하기를 가뭄이 다 지나도록 그렇게 된 것입니다. 신약 성경에 보면 예수님께서 가나의 혼인 잔치에 갔을 때, 예수님의 어머니 마리아가 오셔서 이 집에 포도주가 떨어졌다고 했습니다. 그럴 때 예수님께서는 영적인 법칙을 적용했습니다. 그 종들로 하여금 결례 통 여섯에 물을 가득히 채우라고 했습니다. 심고 거두는 법칙입니다. 먼저 포도주를 거두기 전에 물로써 심어야 합니다. 그래서 믿음으로 결례 통에 물을 가득 심어놓으니까 예수님께서 이 물을 퍼서 연회장에게 갖다 주라고 했습니다.

연회장에게 갖다 주니 그가 마셔보고 아주 좋은 포도주라고 말합니다. 그래서 그가 말하기를 "보통 집에서는 처음에는 좋은 포도주를 내었다가 취한 후에는 나쁜 포도주를 내는데, 이 집에서는 끝까지 좋은 포도주를 내었다"고 말했습니다. 여기에서 자연 법칙을 능가한 영적인 창조의 법칙을 주님이 보여주신 것입니다. 그들이 벳새다 광야에 갔을 때, 사람들은 하루 종일 말씀을 듣고

허기증에 취해서 해거름에는 집에 돌아갈 수가 없었습니다. 예수
님께서 빌립을 불러서"빌립아, 이 사람들에게 먹을 것을 주라"고
말씀했을 때 빌립은 자연 법칙으로 생각했습니다.

그는 신속히 계산해 보고 난 다음 주님께 말씀드렸습니다."주
여, 3백 데나리온이나 되는 떡이 있어도 이 사람들을 조금씩 먹
일 수가 없는데, 또 이곳은 광야이고 떡을 살 곳도 없는데 어디에
서 이 많은 사람들에게 떡을 먹이겠습니까? 각자 흩어서 집으로
돌아가게 하는 것이 좋겠습니다." 이것은 빌립으로서는 자연 법칙
으로 생각한 것이기 때문에 조금도 잘못된 것이 아닙니다.

그러나 예수 믿는 사람은 모든 것을 자연 법칙으로만 생각하지
말고 영의 법칙으로 생각할 줄 알아야만 되는 것입니다. 자연과
운명의 지배를 받는 노예가 아니라 자연과 운명을 지배하고 창조
하는 그런 사람이 되어야 하는 것입니다. 그것은 삶의 태도가 달
라져야 되는 것입니다.

그럴 때 안드레는 보리떡 다섯 개와 물고기 두 마리를 가지고
서 예수님의 손에 얹어 놓았습니다. 이것은 심고 거두는 법칙인
것입니다. 예수님에게 보리떡 다섯 개와 물고기 두 마리를 심는
다는 것을 다른 사람들이 볼 때 이것은 바보 같은 일인 것입니다.
그러나 이것이 영적인 법칙을 적용하는 것입니다. 예수님께서는
어린 아이의 보리떡 다섯 개와 물고기 두 마리를 받으시자 이를
가지고 하나님께 축사하시고 그리고 사람들을 50명, 100명씩 앉
게 하고서 떡을 나누어주고 고기를 나누어주는데, 떡을 떼면 또
생기고 떼고 나면 또 생기고, 고기도 잘라주고 나면 또 생겨나고

잘라주고 나면 또 생겨나고, 이것이 끝이 없는 일인 것입니다. 모든 사람들이 다 배불리 먹고 남은 것만 하더라도 열두 광주리에 찼습니다.

이와 같은 예는 영적인 법칙이 자연법을 지배하고 창조함을 보여줍니다. 그렇기 때문에 하나님을 진실로 믿고 그 나라와 그 의를 구하는 사람은 이 세상에 살면서 영적인 법칙을 적용하고 살 때에 무엇을 먹을까, 무엇을 입을까, 무엇을 마실까 염려하지 않고 살도록 되어 있는 것입니다. 왜냐하면 사람이 떡으로만 살 것이 아니라 하나님의 입으로 나오는 말씀으로 살 것이라고 성경은 말하고 있는 것입니다.

이 세상에는 자연의 법칙만 있는 것이 아니라 영적인 법칙이 있는 것입니다. 자연의 법을 영적인 법이 지배하고 다스리기 때문에 예수님께서 나를 믿는 백성은 머리가 되고 꼬리가 되지 않고, 위에 있고 아래로 내려가지 않고, 남에게 꾸어 줄지언정 꾸지 않겠다는 이유가 거기에 있는 것입니다.

4.영적인 법칙에 따라서 사는 길

영은 법입니다. 그 법칙을 우리가 성경에서 찾아내야 합니다. 자연법칙은 연구실에서 그 법칙을 찾아내서 그것을 실생활에 활용하여 과학을 발전시키는 것처럼, 영적인 법칙은 성령으로 성경에서 찾아내야 하는 것입니다. 하나님은 성경에 하나님의 신령한 법칙을 가득 담아 놓으셨습니다. 이 신령한 법칙은 우리가 무릎을 꿇어 기도하면서 성령의 도움을 받아서 읽으면 그 법칙이 마음에 깨달아집니다. 신령한 법을 성경에서 개발해서 그 법대로 우리가 적용하면 우리 모든 자연적인 인간 생각으로는 상상할 수 없는 일들이 일어나게 되는 것입니다. 몇 가지 영적 법칙을 말씀드리겠습니다.

구원받는 영적 법칙이 있습니다. 구원받는 법칙을 모르면 인간은 자기의 좋은 윤리와 도덕적인 행위로써 구원받으려고 아무리 애를 쓴들 됩니까? 안됩니다. 그러나 구원받는 영적인 법칙은 성경에 있습니다. 그것을 보면 우리 불신앙과 불순종과 불법적인 삶을 회개하고, 우리를 위해서 십자가에 못 박혀 죽었다가 부활하신 예수를 내 구주로 모셔드리고 입술로 고백해야 합니다.

그러면 성령이 오셔서 영적인 법칙이 작용해서 우리의 죄가 다 용서함 받고 구원받는다고 말씀하고 있는 것입니다. 성경은 말씀하기를 영적인 법칙으로 로마서에 "네가 만일 네 입으로 예수를 주로 시인하며 또 하나님께서 그를 죽은 자 가운데서 살리신 것을 네 마음에 믿으면 구원을 얻으리니"라고 말씀하는 것입니다.

이것은 영적인 법칙입니다. 그렇기 때문에 아무리 죄를 짓고 불의하고 추악하며 버림을 받아야 마땅한 인간이라도 이 영적 법칙을 이용해서 자기 죄를 고백하고 예수를 구주로 모시고, 입술로 예수가 나의 구주 된 것을 시인하면, 그 자리에서 성령의 기적적인 역사가 일어납니다. 하나님의 기적적인 역사로 자신의 죄는 용서함 받고, 의롭다함을 얻고, 그 영혼이 거듭나고, 하나님의 성령이 그 영혼 속에 들어와 거하게 되는 것입니다.

이 세상에는 성결케 사는 법칙도 있는 것입니다. 어떻게 하면 성결케 살까요? 성경은 말씀하기를 "이는 그리스도 예수 안에 있는 생명의 성령의 법이 죄와 사망의 법에서 너를 해방하였음이라."고 말씀하는 것입니다. 우리가 성결하게 살 수 있는 것은 인간의 결심과 각오만으로는 안 됩니다. 그것은 며칠 못 가서 도로 다 희석되어 버리고 마는 것입니다. 성결하게 사는 법칙은 성령의 역사가 일어나야 되는데 예수님께서 십자가에서 모든 죄를 다 멸한 사실을 우리가 알고 믿어야 되는 것입니다. 예수님이 십자가에서 죄만 사한 것이 아니라 죄악의 모든 권세를 다 깨뜨려버리고 만 것입니다.

그러므로 나에게 죄를 짓게 하고 나를 유혹하는 모든 것이 십자가에서 다 깨뜨려졌다는 사실을 알고 믿어야 합니다. 그 다음 이것을 우리에게 가져오는 것은 성령님이십니다. 이러므로 성령으로 충만함 받기를 간절히 기도해서 우리가 성령 충만함 받아야 합니다. 그 다음에는 모든 생활 속에 수시로 성령님을 인정하고 환영하고 모시어드리고 의지하면 하나님의 성령의 능력으로 말미암아 성령의 법칙으로 죄와 사망의 법에서 벗어나고 우리는 성결한 삶을 살수가 있는 것입니다.

이러므로 이것도 성결하게 되는 법칙인 것입니다. 이 법칙을 적용하지 아니하고는 어떠한 사람도 예수 믿고 성결하게 될 수 있는 힘이 없습니다. 성결은 바로 예수님께서 십자가에서 이루어 놓으신 사실을 하나님의 성령께서 오셔서 우리의 생활 가운데 전개해 주시는 것입니다. 이 법칙을 이용하면 우리는 모든 죄악의 습관에서 벗어나서 성결함을 얻을 수가 있는 것입니다.

성경에는 또한 병 낫는 법칙도 기록하고 있습니다. 우리가 병들어 고생하고 있는 사람, 병 낫는 법칙도 있습니다. 야고보서 5장에 보면 그 법칙을 분명하게 기록하고 있습니다. 우리가 병에서 고침 받으려면 먼저 죄를 고백해야 됩니다. "너희 죄를 서로 고하며 병 낫기를 위하여 서로 기도하라."고 말씀하신 것입니다. 그러므로 우리가 죄를 고백해야 됩니다. 많은 병들이 내가 직접 죄를 지으므로 죄의 형벌로 오는 때가 있습니다. 내가 직접 죄를 안 지어도 우리 조상 아담의 죄, 우리 사회적인 죄 때문에 병이 들기도 하는 것입니다. 그러므로 우리는 죄를 회개해야 치료함을 받을 수가 있는 것입니다. 병 낫는 법칙은 하나님 앞에 철저히 우리 죄를 회개하는 것입니다.

그 다음에는 죄를 회개했으면 교회에 와서 장로님들이나 주의 종에게 안수 기도를 받든지 그보다 더 좋은 것은 기름을 바르며 위하여 기도 받는 것입니다. 성경에는 기름을 바르고 기도하라고 말씀합니다. 기름 바른다는 것은 성령의 능력이 임하시고 또 성결하게 된다는 의미인 것입니다. 그러므로 기름 바르고 기도하든지 기름이 없으면 "손을 얹은즉 나으리라"고 했으니 안수 기도를 받아야 되는 것입니다.

그리고 난 다음에 그것으로 끝나는 것이 아닙니다. 계속해서 믿음이 좋은 두 세 사람이 합심해서 기도해야 하는 것입니다. "너희 죄를 서로 고하며 병 낫기를 위하여 서로 기도하라 의인의 간구는 역사하는 힘이 많으니라." 두 세 사람 의인들, 믿음이 있는 사람들이 계속해서 병의 뿌리가 완전히 뽑힐 때까지 간절히 기도해야합니다.

그러면 병 낫는 영적인 법칙을 적용했기 때문에 하나님의 성령이 역사하여 주셔서 기적이 일어나 버리고 마는 것입니다. 대다수의 사람들이 병을 고침 받지 못하는 것은 죄를 회개 안 하든지, 주의 종들에게 와서 기름 부음을 받지 않고 기도를 안 받든지, 기도만 받고 돌아가고 두 세 사람 믿음이 좋은 사람과 병이 뿌리가 뽑힐 때까지 계속해서 부르짖어 기도하는 이런 역사가 없었기 때문에 병이 낫지 아니하는 것입니다.

또한 저주에서 해방을 얻는 법칙도 있습니다. 저주에서 해방을 얻는 법칙은 어떻게 알까요? 이 영적인 법칙을 적용하려면 먼저 예수께서 저주를 다 담당했다는 사실을 확실히 알아야 됩니다. 모르면 믿을 수가 없어요. 갈라디아서 3장 13절의 말씀대로 "그리스도께서 우리를 위하여 저주를 받은 바 되사 율법의 저주에서 우리를 속량하셨으니 기록된바 나무에 달린 자마다 저주 아래에 있는 자라 하였음이라."라고 말씀하고 있는 것입니다. 예수께서 십자가에서 내 일생의 가시와 엉겅퀴와 저주를 다 청산한 것을 확실히 알고 난 다음에는 이 축복의 법칙을 적용하기 위해서는 십일조를 드려야만 되는 것입니다.

십일조는 하나님의 소유물입니다. 그러므로 십일조를 도둑질하면 온 나라가 저주를 받는다고 말라기에서 말하고 있는 것입니다. 그러므로 우리가 많든 적든 반드시 하나님 앞에 십일조를 심어야 되는 것입니다. 그리고 난 다음에 나누어주기를 힘써야 합니다. 성경에는 "주라 그리하면 너희에게 줄 것이니 곧 후히 되어 누르고 흔들어 넘치도록 하여 너희에게 안겨 주리라."고 말씀하기 때문에 나누어주기를 힘써야 되는 것입니다. 무엇이든지 내가 움켜쥐면 그 때로부터 영적인 축복의 법칙이 작용하지 않습니다. 우리가 할 수 있는 한도 내에서 이웃과 서로 나누어 갖기를 해야 하는 것입니다.

그리고 난 다음 하나님께 엎드려서 강렬한 믿음으로 기도하고 열심히 일하고 실천하면 영적인 축복의 법칙이 역사함으로 말미암아 도저히 사람으로 상상할 수 없는 번영의 역사가 일어나기 시작하는 것입니다.

이처럼 성경을 찾아보면 성경에는 신령한 영적인 법칙이 많이 감추어져 있습니다. 이 법칙을 발견해서 이것을 우리의 생활에 적용할 때 인간의 자연 법칙을 초월해서 위대한 능력이 나타나게 되는 것입니다. 제가 여기에서 특별히 강조해서 말하고 싶은 것은 모든 물질세계는 영의 세계에서 태어난 것입니다. 그러므로 물질세계는 영이 창조하고 지배할 수 있습니다.

그런데 우리 예수 믿고 거듭 난 사람은 육에 있지 아니하고 영에 있습니다. 우리는 육신의 사람이 아니라 영의 사람들인 것입니다. 그렇기 때문에 육신의 사람들이 운명과 환경의 지배를 받는 것처럼 지배를 받아서는 안 됩니다. 우리는 영의 사람이므로 이제는 영적인 법칙인 하나님 말씀을 알 수 있습니다. 영의 능력인 성령을 모시고 있으며, 영원한 영의 근원이신 우리 아버지 하나님께 예수 이름으로 기도할 수 있는 것입니다. 그러므로 우리는 기도와 믿음으로 운명과 환경을 정복할 수 있는 것입니다.

영적인 세계는 성령의 법을 말씀으로 깨닫고 그것을 우리 마음 속에 꿈으로 받아들이고 이것을 확실히 내 것으로 믿고 입으로 시인하며 기도하며 나갈 때 홍해 수는 갈라지고 여리고는 무너집니다. 기적은 일어나고 하나님의 창조는 나타나게 되는 것입니다. 우리는 보통 사람들이 아닙니다. 우리들은 영의 사람들인 것입니다. 우리는 하나님과 연결된 사람들인 것입니다. 우리는 운명과 환경의 노예가 아닙니다. 이제 하나님께서 영적으로 죽지 않았을 때의 아담에게"땅을 정복하고 다스려라 만물을 다스려라"고 말씀 했던 것처럼 이제 영적으로 거듭난 우리에게도 하나님께서 말씀 합니다."땅을 정복하고 다스려라 운명과 환경을 다스려라"고 말 씀하시는 것입니다. 우리는 운명과 환경보다 더 위대한 하나님의 피조물이 되었다는 사실을 알아야 합니다.

성령님이 우리에게 주신 권능이 무엇인지 알고 사용할 줄 알아 야 합니다.

이 책을 통해 예수님이 땅끝까지 전파 되기를 소원합니다.
(출판으로 인한 이익금은 문서선교와 개척교회 선교에 사용합니다.)

성령의 불로 충만 받는 법

발 행 일 l 2013.11.19초판 1쇄 발행

지 은 이 l 강요셉

펴 낸 이 l 강무신

편집담당 l 강무신

디 자 인 l 강요셉

교정담당 l 원영자/최옥희

펴 낸 곳 l 도서출판 성령

신고번호 l 제22-3134호(2007.5.25)

등록번호 l 114-90-70539

주   소 l 서울 서초구 방배천로 4안길 20(방배동)

전   화 l 02)3474-0675/ 3472-0191

E-mail l kangms113@hanmail.net

유   통 l 하늘유통. 031)947-7777

ISBN l 978-89-97999-16-3 부가기호 l 03230

가   격 l 18,000원